TRAITÉ ÉLÉMENTAIRE

DE

LA MACHINE A VAPEUR MARINE

Paris. — Typographie RENOU et MAULDE, rue de Rivoli, n° 144.

TRAITÉ ÉLÉMENTAIRE

DE

LA MACHINE A VAPEUR

MARINE

RÉDIGÉ D'APRÈS LE PROGRAMME OFFICIEL

POUR LES CANDIDATS AU COMMANDEMENT DES NAVIRES DU COMMERCE

PAR

E. COLLET-CORBINIÈRE

ANCIEN PROFESSEUR DE MÉCANIQUE A L'ÉCOLE NAVALE IMPÉRIALE

PARIS

ROBIQUET, LIBRAIRE-ÉDITEUR

6, QUAI DES ORFÈVRES

1868

TRAITÉ ÉLÉMENTAIRE

DE

LA MACHINE A VAPEUR

MARINE

INTRODUCTION ET PLAN DE L'OUVRAGE.

1. Origine de la machine à vapeur. — L'étude de la machine à vapeur, considérée dans son ensemble le plus général (*transformation de l'eau en vapeur et utilisation mécanique de cette vapeur*), comporte la solution de plusieurs questions distinctes que l'on doit examiner séparément, et qui constituent, par leur réunion, l'étude complète de cette machine motrice.

L'invention de la machine à vapeur n'est due, ni à un seul individu ni à un seul peuple. Pour acquérir des idées historiques complètes à cet égard, il faudrait remonter jusqu'aux temps les plus reculés, et suivre, pas à pas, les découvertes qui se sont succédé; mais, sans aller si loin, on peut dire pourtant que c'est vers la fin du XVIIe siècle seulement que l'on rencontre la machine à vapeur, pour ainsi dire à son berceau.

Dans l'année 1643, TORICELLI avait inventé le *baromètre*, cet instrument qui manifeste la pesanteur de l'air (45). Quelques années plus tard (1650), l'invention de la *machine pneumatique*, véritable pompe à air, due à OTTO DE GUERICKE, *bourgmestre de Magdebourg*, donnait le moyen de faire le *vide* dans une capacité fermée; c'est-à-dire, le moyen d'enlever la majeure partie de l'air qu'elle contient, et achevait de produire la plus vive impression dans le monde savant et dans le monde industriel, en faisant présager une application prochaine de ce remarquable fait : la *pression atmosphérique*.

En 1678, l'abbé d'HAUTEFEUILLE émit, le premier, l'idée de se servir de la poudre à canon pour faire également le vide; le célèbre HUYGENS, l'inventeur des horloges à pendule, l'aida dans ses expériences et substitua bientôt, au grossier mécanisme proposé par l'abbé, *l'emploi d'un corps de pompe parcouru par un piston*.

Tout en remarquant que l'on rencontre ici, pour la première fois, l'idée des *récepteurs* employés de nos jours dans la machine à vapeur (*cylindres et pistons*), pour recueillir l'action de cette vapeur, hâtons-nous de dire que l'appareil d'HUYGENS, pas plus que divers autres moyens proposés ultérieurement, ne produisit aucun résultat pratique (1).

(1) Les *cylindres* dont il est ici question, et que nous aurons à considérer si fréquemment dans la suite de cet ouvrage, sont des vases métalliques qui possèdent à

II. Découverte de Denis Papin. — Telle était, vers la fin du XVIIe siècle, l'état de l'importante question qui occupait tous les esprits, lorsque, *au mois d'août 1690*, DENIS PAPIN vint en donner la plus brillante et la plus inattendue des solutions. En effet, dans un mémoire qu'il publia dans les *Actes de Leipsick*, Denis Papin proposa, pour la première fois, l'emploi d'une machine composée d'un cylindre et d'un piston, et ayant pour principe moteur, non-seulement l'expansion de la vapeur d'eau pour *faire ressort contre l'air*, mais encore la propriété que possède cette vapeur de *se condenser si bien par le froid qu'il ne lui reste plus aucune apparence de cette force de ressort*.

Cet important mémoire contient évidemment le germe de la machine à vapeur actuelle, où l'on utilise, à la fois, ces deux propriétés de la vapeur. On trouve, en outre, dans ce mémoire, la description du petit appareil dont Papin se servit pour essayer son invention. La figure 1 en donne une idée suffisante, sans qu'il soit besoin d'en faire la description détaillée. Nous ajouterons seulement, pour en bien faire comprendre le jeu, qu'un orifice C pratiqué sur le piston permettait, en premier lieu, à l'air du dessous de s'échapper, lorsqu'on abaissait, préalablement, ce piston jusqu'à ce que sa face inférieure vînt toucher l'eau que l'on mettait d'abord dans le cylindre. Le piston étant ainsi descendu, on bouchait, une fois pour toutes, l'orifice C avec la tige M. Alors, chauffant l'eau, à l'aide d'un brasier, la vapeur se produisait et acquérait bientôt assez de puissance expansive pour soulever le piston jusqu'en haut du cylindre. Cet effet obtenu, on poussait le cliquet E contre la tige dentée H, afin de maintenir le piston dans sa position supérieure; éloignant alors le brasier, le cylindre se refroidissait, la vapeur se condensait et le vide se produisait, intérieurement, en grande partie. On retirait à ce moment le cliquet, et le piston, pressé par tout le poids de l'atmosphère, se trouvait aussitôt entraîné vers le fond du cylindre, et pouvait ainsi servir à élever un poids P attaché à l'extrémité d'une corde TL fixée, d'autre part, à la tige du piston.

Fig. 1.

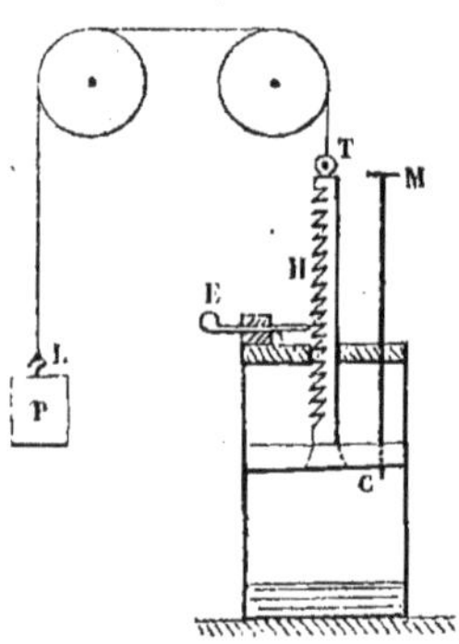

l'intérieur exactement la forme du solide géométrique dont ils portent le nom. Quant aux *pistons*, ce sont des disques métalliques, exactement cylindriques, aussi, pleins ou creux intérieurement, qui peuvent glisser à frottement doux dans les cylindres creux. Ces pistons sont d'ailleurs rendus parfaitement *étanches* sur leur contour à l'aide de garnitures convenables. Les cylindres sont hermétiquement fermés à chacune de leurs extrémités par des disques métalliques qui portent le nom de *fond* et de *couvercle*. Le couvercle porte à son centre une ouverture qui permet le passage de la *tige* du cylindre. Cette tige est une barre de fer forgé, parfaitement ronde, implantée perpendiculairement au piston, qui transmet au dehors le mouvement de *va-et-vient* de ce piston; elle traverse à cet effet une boîte métallique, qu'on appelle *presse-étoupe*, située sur le couvercle du cylindre, et qui contient

III. Application de la découverte de Papin à la machine atmosphérique. — L'idée, si neuve et si hardie, d'employer la vapeur d'eau comme moyen de faire le vide, est, sans contredit, une inspiration de génie et suffit à immortaliser le nom de Denis Papin. Mais, il faut bien le dire, l'appareil de Papin, et surtout le mode de condensation qu'il employait, ne permettaient point d'en faire une application immédiate; aussi, ce ne fut que vers l'année 1712 que cette grande idée passa du domaine spéculatif dans le domaine de la pratique. Cette réalisation des idées théoriques de Papin fut l'œuvre de deux simples ouvriers de la ville de Darmouth, en Devonshire : le serrurier THOMAS NEWCOMEN et le vitrier JOHN CAWLEY.

Nous devons dire que, précédemment, le capitaine SAVERY, dans des essais qu'il avait tentés après la découverte de Papin, était parvenu à obtenir, d'une manière très-praticable, la condensation de la vapeur enfermée dans un vase métallique, en projetant de l'eau froide sur les parois de ce vase. Ce fut par suite de cette découverte que le capitaine Savery participa à l'invention de la machine connue sous le nom de *machine atmosphérique*.

Nous n'entreprendrons point de décrire, ni la machine atmosphérique, ni les perfectionnements qui y furent successivement apportés; nous dirons seulement :

1° Que, grâce à l'heureuse idée de former la vapeur dans un vase séparé (la chaudière), puis de condenser cette même vapeur dans le cylindre où fonctionnait le piston, soit en entourant ce cylindre d'eau froide au moment opportun, soit en y injectant cette eau froide sous forme de pluie;

2° Que, grâce enfin à l'idée que l'on eut d'attacher, à l'aide de chaînes, aux deux extrémités d'un balancier en bois, pouvant osciller autour de son milieu, d'une part la tige du piston à vapeur et, d'autre part, la tige d'une pompe ordinaire à épuisement, l'appareil de Denis Papin fut transformé en une machine essentiellement pratique (*véritable pompe à vapeur*), dans laquelle *la pression atmosphérique était le principe moteur*.

IV. Travaux de J. Watt. — Dans l'année 1763, J. Watt fut

---

une garniture en étoupe que l'on peut maintenir plus ou moins serrée sur la tige du piston, de telle sorte que la vapeur ne peut trouver d'issue le long de cette tige cependant mobile.

Pour représenter un cylindre, son piston, sa tige et la boîte à étoupe, on imagine une section faite par un plan passant par l'axe du cylindre. Ce plan *sécant* détermine, sur le papier, les *vides* et les *épaisseurs*, et permet, à l'aide de *hachures* sur les parties pleines, de faire comprendre aisément les dispositions intérieures que l'on veut étudier. Avec cette méthode, ingénieuse que l'on peut appeler *méthode des coupes*, il n'est pas de pièce de la machine à vapeur, si compliquée qu'elle puisse être, qu'on ne parvienne à faire connaître complétement. Ce procédé, qui n'offre, d'ailleurs, aucune difficulté sérieuse dans son principe et dans son application, exige quelquefois, pour arriver à la connaissance complète d'une partie de machine, que l'on fasse différentes sections. Ainsi, un cylindre et une caisse parallélipipédique sont représentés également par un rectangle dont les côtés *hachés* représentent les épaisseurs; mais, une seconde section, faite par un plan perpendiculaire au premier, suffit pour préciser la forme du système; car, dans le cas du cylindre, la seconde coupe donne un cercle, et, dans le cas du parallélipipède, la seconde section donne un rectangle ou un carré.

chargé de réparer un modèle de la machine atmosphérique, appartenant au collége de Glascow, et eut ainsi l'occasion d'étudier le jeu et les dispositions de cet appareil encore dans toute sa nouveauté; mais il paraît que ce ne fut que dans l'année 1765 que Watt, alors âgé de trente-neuf ans, conçut les idées générales et si fécondes qui devaient plus tard illustrer son nom; ce ne fut même qu'en 1769, après bien des essais tentés sur une petite machine qu'il construisit lui-même, que Watt prit *une patente* où l'on trouve énumérées toutes ses premières et principales découvertes.

Dans la machine de Newcomen, la condensation de la vapeur s'opérant dans le cylindre même, il en résultait qu'à chaque coup de piston, alors que l'on introduisait de nouvelle vapeur pour équilibrer la pression atmosphérique, la majeure partie de cette vapeur, ainsi admise, était d'abord condensée jusqu'à ce que l'intérieur du cylindre fût devenu aussi chaud que la vapeur affluente. Cette circonstance nécessitait, à chaque coup de piston, une dépense de vapeur au moins trois fois plus considérable que si le cylindre eût été maintenu aussi chaud que la vapeur. Ce vice inhérent au mode même de condensation adopté, *qui triplait la dépense de vapeur*, frappa Watt tout d'abord, et c'est alors que lui vint l'idée capitale *d'opérer la condensation dans un vase séparé du cylindre*. Ce vase séparé, auquel Watt donna le nom de *condenseur*, fut, comme il le dit lui-même, *la clef de voûte* de toutes ses découvertes ultérieures. Watt s'assura, en effet, par l'expérience, qu'en établissant une communication, en temps convenable, entre le cylindre et le condenseur, maintenu toujours suffisamment froid, la vapeur du cylindre venait s'y précipiter et s'y condensait aussi complétement, et, à peu près, aussi rapidement que lorsque la condensation se faisait dans le cylindre même. Mais, dans cette nouvelle circonstance, l'intérieur du cylindre restant toujours aussi chaud que la vapeur affluente, chaque coup de piston n'exigeait plus une dépense de vapeur considérable, consommée en pure perte pour réchauffer le cylindre, refroidi chaque fois par l'eau de condensation, et on réalisait dès lors une grande économie de combustible.

Cette découverte (le condenseur séparé) qui, disons-le en passant, peut nous paraître aujourd'hui si simple et si facilement réalisable, avait pourtant, durant quarante ans, défié la sagacité des célèbres ingénieurs qui s'étaient occupés, sans relâche, des améliorations que réclamait la machine primitive de Newcomen, et qui étaient parvenus à la transformer, presque complétement, dans son agencement principal et dans ses moindres détails.

V. **Exposition du principe de la machine de Watt.** — La machine atmosphérique est une machine à simple effet, c'est-à-dire que l'action du moteur (pression atmosphérique) n'agit que pendant la descente du piston. Par suite des améliorations capitales qu'il apporta à son principe, Watt sut bientôt la transformer en machine à double effet; c'est-à-dire qu'il en fit la machine que nous possédons aujourd'hui, dans laquelle la vapeur agit tout aussi bien pendant l'ascension que pendant la descente du piston.

Nous allons maintenant décrire le mode de fonctionnement de

cette machine, que l'on doit considérer comme le type de toute machine à vapeur. L'exposé très-succinct que nous allons en faire va nous permettre, tout en donnant une idée générale du mode d'emploi de la vapeur comme moteur, d'établir, nettement et méthodiquement, le programme de toutes les questions que nous nous proposons d'étudier.

La machine à vapeur à double effet de Watt (Figure 2) se compose, comme toute machine à vapeur, de deux parties essentiellement distinctes, savoir :

Fig. 2 *bis*. Fig. 2.

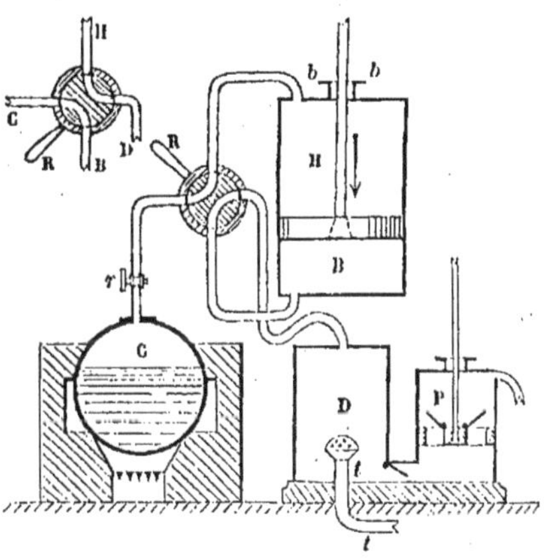

1° Une première partie qui n'est autre que le générateur, c'est-à-dire une chaudière C avec son fourneau et tous les accessoires nécessaires à la transformation de l'eau en vapeur ;

2° Une seconde partie qui est l'appareil moteur proprement dit, et qui est mis en communication avec la chaudière C, à l'aide du robinet *r*.

C'est de cette partie dont nous allons actuellement essayer de faire comprendre le jeu.

Pendant tout le temps que la machine fonctionne, le robinet *r* reste ouvert. A l'aide du robinet R qu'on appelle *robinet à quatre fins* (1), on peut, ainsi que le montre la figure 2, qui représente une coupe faite par un plan vertical dans tout l'appareil, établir une communication avec la chaudière C et la partie supérieure H du cylindre, et, simultanément, une communication entre la partie inférieure B du même cylindre et le con-

(1) Nous nous hâtons de dire que le robinet à quatre fins dont nous nous servons ici comme moyen de démonstration n'est point l'organe qui fut jamais employé par Watt pour effectuer la distribution de la vapeur dans ses machines. Nous ferons connaître dans la suite de cet ouvrage (IIe partie, chap. II) les divers systèmes employés à cet effet, tant par Watt que par les autres mécaniciens qui sont venus après lui ; mais, comme le but que nous nous proposons pour le moment est de faire comprendre uniquement le principe de la machine, nous avons choisi, afin de simplifier notre exposition, cet ingénieux organe, dont la découverte est due à Papin. Le robinet à quatre fins se compose, comme le robinet ordinaire, si usité et si connu de tout le monde, d'un tronc de cône métallique plein, qu'on appelle la *noix* et qu'on peut faire mouvoir à l'aide d'une clef dans un tronc de cône creux et fixe que l'on nomme le *boisseau*. Seulement, ainsi que l'indiquent clairement les figures 2 et 2 *bis*, la *noix*, au lieu de porter un seul conduit transversal, comme dans le robinet ordinaire, est traversée par deux conduits coudés qui permettent de faire communiquer à volonté les tuyaux C et D (Figure 2 *bis*), soit (Figure 2) le premier avec le tuyau H et le second avec le tuyau B, soit (Figure 2 *bis*) le premier avec le tuyau B et le second avec le tuyau H. Les quatre tuyaux C, H, D, B sont d'ailleurs fixés invariablement sur le boisseau du robinet.

denseur D, dont nous parlerons tout à l'heure avec détail. Le cylindre et le piston satisfont d'ailleurs aux conditions que nous avons fait connaître dans la note (1) du paragraphe I, et la tige du piston, parfaitement ronde, sort du cylindre, en traversant la boîte à étoupe *b*, ainsi qu'il a été expliqué dans la même note.

Cela posé, voyons maintenant pourquoi et comment le piston acquiert un mouvement de va-et-vient.

Pour bien comprendre ce résultat, admettons d'abord que la machine soit en marche et que le piston descende ainsi que l'indique la flèche. Or, pour que ce mouvement ait lieu, il faut simplement que le robinet R soit dans la position qu'indique la figure 2, depuis le départ du piston jusqu'à son arrivée, car alors, d'une part, la vapeur de la chaudière affluant sur lui et, d'autre part, la communication étant établie entre le bas du cylindre et le condenseur où nous supposons le vide, il en résultera évidemment que le piston descendra sous l'influence de la force expansive de la vapeur. Le piston étant maintenant au bas de sa course, si l'on tourne le robinet R de manière à placer les conduits de la *noix*, ainsi que l'indique la figure 2 *bis*, il est clair que la vapeur de la chaudière sera introduite au-dessous et que le dessus communiquera avec le condenseur, d'où il résultera évidemment que le piston remontera de la même manière, et pour les mêmes causes, qu'il est descendu.

Le mouvement de va-et-vient du piston est donc dû, en résumé, au changement intermittent que l'on imprime à la noix du robinet R, chaque fois que le piston est rendu à bout de course.

Quant au condenseur qui (grâce à une pompe spéciale P que fait fonctionner la machine elle-même, et que l'on nomme *pompe à air*) se trouve débarrassé à chaque coup de piston de l'eau de condensation, ainsi que de la majeure partie de l'air qui s'y introduit avec l'eau froide; le condenseur, disons-nous, lorsque toutes les dispositions sont bien prises, possède toujours un degré de vide suffisant, pour que l'eau froide, provenant d'un réservoir convenablement situé, s'y précipite incessamment en jet, par l'intermédiaire d'un tuyau spécial *t*.

Tout ceci étant bien compris, on voit que la tige du piston possède, en définitive, un mouvement de va-et-vient qu'il ne s'agit plus que d'utiliser en le transformant, s'il y a lieu, en mouvement circulaire, à l'aide de moyens mécaniques, comme, par exemple, dans le cas des machines marines, où il faut obtenir finalement le mouvement de rotation qui convient exclusivement au mode d'action des roues à aubes et des hélices.

VI. Plan de l'ouvrage; divisions et subdivisions. — D'après tout ce que nous venons de dire, il va nous être facile d'établir une classification méthodique des diverses questions dont l'ensemble constitue l'étude que nous nous proposons de faire. Mais, comme, avant d'aborder l'étude spéciale de la machine à vapeur, il est indispensable qu'on acquière sommairement quelques notions élémentaires relatives à la mécanique et à la physique, nous sommes amené à nous occuper, tout d'abord, de ces notions préliminaires qui doivent être nécessairement la base de notre enseignement.

Par suite de toutes ces considérations, nous diviserons cet ouvrage en deux parties principales :

La première, comprenant les préliminaires de mécanique et de physique;

La seconde, ayant pour objet l'étude de la machine à vapeur marine.

L'examen du tableau ci-dessous indique les divisions et les subdivisions auxquelles nous avons été conduit tout naturellement, d'après l'exposé que nous venons de faire du principe fondamental de la machine de Watt.

PREMIÈRE PARTIE.

Notions élémentaires de mécanique et de physique.

PREMIÈRE SECTION.

Notions de mécanique.

Chapitre I. — Du mouvement. — Des moteurs. — Des forces et de leur travail.

Chapitre II. — Généralités sur les machines. — Organes principaux. — Bielle et manivelle. — Excentrique circulaire. — Parallélogramme de Watt. — Principe de la transmission du travail. — Rendement d'une machine. — Résistances nuisibles.

DEUXIÈME SECTION.

Notions de physique.

Chapitre I. — Équilibre des fluides. — Atmosphère.

Chapitre II. — De la chaleur et de ses propriétés.

DEUXIÈME PARTIE.

Machines à vapeur marines.

PREMIÈRE SECTION.

Production de la vapeur.

Chapitre I. — De la combustion et des combustibles.

Chapitre II. — Lois de la formation de la vapeur.

Chapitre III. — Description d'un générateur complet de la vapeur, en usage dans la navigation.

Chapitre IV. — Des extractions et des explosions.

DEUXIÈME SECTION.

Utilisation mécanique de la vapeur d'eau.

Chapitre I. — Des appareils marins, au point de vue de la transmission du mouvement.

Chapitre II. — Distribution et régulation.

Chapitre III. — Du renversement de marche des machines.

Chapitre IV. — Condensation et alimentation.

Chapitre V. — Divers modes d'emploi de la vapeur. — Évaluation de la puissance mécanique des machines.

Chapitre VI. — Des propulseurs. — Roues à aubes. — Hélices.

Chapitre VII. — Entretien des machines et des chaudières. — Approvisionnements et rechanges. — Avaries.

Tel est le plan d'étude que nous avons adopté. Mais, tout en nous conformant au programme officiel et en nous bornant à l'examen des questions qu'il comporte, nous ferons remarquer que la marche que nous avons suivie a l'avantage de faire connaître au lecteur le programme à peu près complet de l'étude de la machine à vapeur marine, car nous avons pris à tâche d'indiquer, à l'occasion, toutes les questions importantes, à l'ordre du jour, qui ont trait aux améliorations, si nombreuses encore, que réclame cette machine motrice.

Nous terminerons cet exposé, en disant aussi deux mots de la méthode que nous avons suivie dans notre enseignement théorique relatif aux notions préliminaires de mécanique et de physique. D'abord nous n'avons fait que de la théorie *purement usuelle*. Vingt-cinq années consacrées à l'enseignement de la mécanique appliquée nous ont mis à même de nous former des idées bien arrêtées relativement à l'exposition des principes. Indépendamment de notre propre expérience, ces idées, hâtons-nous de le dire, nous ont été suggérées en étudiant les travaux des maîtres qui ont créé la mécanique industrielle, et, finalement, nous avons acquis la conviction qu'en suivant les méthodes des NAVIER, des CORIOLIS, des PONCELET, etc., les abords de cette science peuvent être rendus facilement accessibles aux esprits même les moins habitués aux raisonnements mathématiques.

D'après ces idées, nous n'avons pas hésité à considérer la force, non pas, ainsi qu'on le dit trop souvent d'une manière vague, *comme une cause quelconque de mouvement*, mais bien plutôt comme un des effets *d'un moteur* : un effort simple, dont chacun a une idée parfaitement nette, et que l'on apprend à mesurer, sans difficulté, en le comparant à l'effort que nous ressentons journellement lorsque nous soulevons un corps déterminé. Nous avons eu soin de spécifier en quoi consiste le *travail mécanique*, et nous nous sommes bien gardé de définir cette nouvelle espèce de quantité, en disant : que c'est *le produit d'une force par un chemin;* car ce produit n'en est, en définitive, que la mesure, lorsque, encore, on l'envisage avec certaines restrictions : de même que le produit de deux lignes, qui représente, si on veut, un rectangle, avec certaines restrictions aussi, ne saurait être pris pour ce rectangle lui-même.

A l'égard des notions de physique, nous avons considéré la chaleur comme un moteur, et nous nous sommes attaché surtout à donner des idées bien nettes sur la température et sur l'évaluation numérique d'une quantité de chaleur. Nous n'avons pas hésité à parler de *l'équivalent mécanique de la chaleur*, et nous espérons avoir fait comprendre, en quelques mots, ce point très-clair et très-précis de la nouvelle théorie, ce qui nous a permis d'en déduire, ultérieurement, les conséquences les plus importantes à l'égard de l'*utilisation* de la machine à vapeur marine.

PREMIÈRE PARTIE.

NOTIONS ÉLÉMENTAIRES DE MÉCANIQUE ET DE PHYSIQUE.

PREMIÈRE SECTION.

NOTIONS DE MÉCANIQUE.

CHAPITRE PREMIER.

Du mouvement. — Des moteurs. — Des forces et de leur travail.

1. **Mouvement et repos.** — On dit qu'un corps est en mouvement lorsqu'il occupe, d'une manière successive, différentes positions dans l'espace; on dit qu'il est en repos lorsque, au contraire, il conserve une position invariable.

Lorsqu'il s'agit d'un corps de dimensions appréciables, le mouvement de ce corps peut être très-complexe, et pour avoir une idée nette du mouvement envisagé, pour ainsi dire dans sa forme primitive, il convient de considérer, tout d'abord, ce qu'on nomme *un point matériel*, c'est-à-dire un corps dont on néglige les dimensions et qu'on assimile à un point géométrique où l'on imagine que toute la matière soit condensée. Dans cette hypothèse, toute abstractive, dans laquelle nous allons nous maintenir, afin de bien préciser les choses, il n'y a que deux formes de mouvement : le mouvement *rectiligne* et le mouvement *curviligne*.

Le mouvement rectiligne est celui dans lequel la ligne décrite par le point, c'est-à-dire la *trajectoire*, est une ligne droite; le mouvement curviligne est celui dans lequel la trajectoire est une courbe quelconque.

Pour étudier le mouvement d'un point dans l'espace, il faut prendre en considération non-seulement la forme et la longueur de la trajectoire qu'il décrit, mais encore le temps pendant lequel cette trajectoire est parcourue. Nous devrons donc considérer deux espèces d'unité : l'unité de longueur et l'unité de temps. En général, pour unité de longueur nous prendrons le mètre, et pour unité de temps nous adopterons la seconde, et quelquefois la minute. Les unités de longueur et de temps étant ainsi choisies, en comparant la position qu'occupe le mobile à chaque instant à celle de certains points fixes qu'on nomme *points de repère* le mouvement de ce mobile se trouvera complétement déterminé par la connaissance des changements qu'éprouveront successivement les distances de ses divers points aux points fixes.

2. **Définition du mouvement et du repos relatifs.** — Mais si, au lieu de rapporter les positions successives du mobile à des points fixes, on les rapporte à des points de repère qui sont eux-mêmes en mouvement, il est clair d'abord que le mouvement que l'on trouvera ainsi, pour le mobile dont on s'occupe, ne sera pas son mouvement réel. Dans ce cas, d'un mobile considéré en se servant de points de repère qui ne sont pas fixes et qui possèdent avec lui un mouvement commun, comme par exemple dans le cas de corps qui se meuvent sur un navire en marche, l'état du mobile se nomme un mouvement ou un repos relatif. Par opposition, le mouvement et le repos réels du point dans l'espace se nomment *mouvement* et *repos absolus*.

En réalité, la terre se mouvant, comme on le sait, autour d'elle-même et autour du soleil, il s'ensuit que tous les mouvements que nous observons ne sont que des mouvements relatifs, et qu'aussi nous ne pouvons constater que le repos relatif.

3. **Mouvement uniforme.** — Le mouvement le plus simple dont on puisse concevoir un point animé est le mouvement rectiligne dans lequel des espaces égaux sont parcourus dans des temps égaux, *quelque petits que soient ces temps;* autrement dit, le mouvement dans lequel des espaces e, e', e''.... sont proportionnels aux temps t, t', t''.... employés à les parcourir; d'où l'on a :

$$\frac{e}{t} = \frac{e'}{t'} = \frac{e''}{t''} \cdots$$

On nomme ce mouvement *mouvement uniforme*. Le rapport constant $\frac{e}{t}$, qui représente évidemment l'espace parcouru pendant l'unité de temps, se nomme la *vitesse du mobile*. On désigne habituellement cette quantité par la lettre v, et l'on écrit :

$$v = \frac{e}{t}.$$

Cette équation est nécessaire et suffisante pour résoudre toutes les questions relatives au mouvement uniforme.

Si la trajectoire du point est une courbe, le mouvement est encore uniforme lorsque des arcs égaux sont décrits pendant des temps égaux, *quelque petits que soient ces temps*.

Le mouvement rigoureusement uniforme est, sinon impossible, du moins excessivement difficile à réaliser dans les machines; on ne le rencontre que très-exceptionnellement. Aussi disons de suite que, dans la pratique, ce qu'on entend par la vitesse d'un mobile, considéré comme se mouvant uniformément, n'est jamais que celle d'un mouvement rigoureusement uniforme que l'on substitue, par la pensée, à celui du mobile que l'on envisage; alors, c'est la vitesse de ce mouvement *fictif*, auquel on suppose d'ailleurs la même durée que celle du mouvement réel, que l'on prend pour la vitesse du mobile; et c'est cette vitesse, dont la valeur s'obtient évidemment en divisant la longueur parcourue par le temps employé à la parcourir, que l'on nomme *vitesse moyenne* ou *réduite*.

La considération de la *vitesse réduite* est d'un usage continuel dans la mécanique appliquée, et généralement dans toutes les questions relatives au mouvement. En voici un exemple :

La distance de Paris au Havre est de 228 kilomètres, le trajet est parcouru en huit heures par le train direct, et l'on trouve, d'après les considérations précédentes, que la vitesse moyenne du train est de $\frac{228}{8} = 28^k.5$, bien que la locomotive n'ait pas réellement un mouvement uniforme, et qu'elle parcoure, pendant une heure, un espace tantôt plus grand, tantôt plus petit que $28^k.5$.

4. Mouvement de rotation. — Lorsqu'un corps a deux points fixes, ce corps ne peut prendre évidemment qu'un mouvement autour de la ligne qui joint ces deux points. Ce mouvement est un *mouvement de rotation,* et la ligne qui joint les points fixes est appelée *axe de rotation.* Un tel mouvement est celui que l'on rencontre le plus ordinairement et presque exclusivement dans les machines. Il peut être d'ailleurs continu dans le même sens, comme dans le cas des roues à aubes ou de l'hélice d'un navire; ou bien il peut être alternatif, comme dans le cas des balanciers. Dans l'un ou l'autre cas, les différents points du corps décrivent simultanément des arcs circulaires concentriques autour de l'axe fixe; et tous les points du système se meuvent, évidemment, dans des plans perpendiculaires à cet axe, en parcourant, pendant un temps donné, des arcs d'un même nombre de degrés, et, par conséquent, dont les longueurs sont proportionnelles aux distances respectives de ces points à l'axe.

Cela posé, si nous considérons le mouvement circulaire d'un corps, dans lequel mouvement un point quelconque décrive sa circonférence d'un mouvement uniforme, ce qui exige évidemment que tous les autres points se meuvent aussi uniformément; si nous désignons, par r, la distance d'un point quelconque à l'axe; par v, la vitesse circulaire de ce point; par n, le nombre de tours faits, pendant un temps t; enfin, par π, le rapport de la circonférence au diamètre : il est clair que nous pourrons écrire

$$v = \frac{2\pi\, r \,.\, n}{t},$$

puisque le mouvement du point est uniforme.

Dans cette expression il est important de remarquer que le facteur $\frac{(2\pi\, n)}{t}$ représente la vitesse de tous les points du corps qui sont situés à l'unité de distance de l'axe de rotation; c'est cette vitesse que l'on appelle *vitesse angulaire du corps.* Cette dénomination provient de ce que cette vitesse dépend uniquement, pour un mouvement donné, de l'angle que décrit un rayon quelconque pendant l'unité de temps. On la représente habituellement par la lettre ω, et l'on voit de suite, d'après l'expression ci-dessus, que, lorsqu'elle est connue, on connaît par là même la vitesse d'un point quelconque du corps; car il suffit, pour obtenir cette dernière, de multiplier la vitesse angulaire par la distance du point à l'axe fixe.

Si on rapporte, comme on le fait souvent, le nombre de tours faits par le corps à la minute, au lieu de le rapporter à la seconde, alors l'expression de la vitesse angulaire prend la forme :

$$\omega = \frac{2\pi\, n}{60} = \frac{\pi\, n}{30}.$$

A l'aide de cette relation, on trouve de suite que la vitesse angulaire d'une hélice, qui fait, par exemple, 60 révolutions par minute, est de $2 \times 3^{m}.14159 = 6^{m}.283$.

Dans le mouvement circulaire, pas plus que dans le mouvement rectiligne, on ne saurait obtenir qu'exceptionnellement un mouvement rigoureusement uniforme; mais ce que l'on peut espérer obtenir, et ce que l'on doit se proposer de réaliser dans toute machine dont le mouvement est suffisamment prolongé, c'est que chaque révolution, ou chaque oscillation, se fasse dans le même temps; alors on obtient ce que l'on appelle le *mouvement périodiquement uniforme;* ou, plus simplement, le *mouvement périodique.*

Le mouvement des roues à aubes, celui de l'hélice, celui d'un pendule, etc... fournissent autant d'exemples du mouvement périodique.

5. **De l'inertie.** — L'expérience et l'observation prouvent qu'un corps ne peut jamais modifier de *lui-même* ni le mouvement ni le repos qu'il peut, d'ailleurs, posséder actuellement. On nomme *inertie* cette propriété que possède tout corps. C'est ainsi, par exemple, qu'un train de wagons, lancé à toute vitesse, continue à se mouvoir, en parcourant des distances considérables, bien que la locomotive qui l'a mis en mouvement en soit détachée; et il faut bien s'imaginer que le train continuerait à se mouvoir indéfiniment, et d'un mouvement uniforme, si la résistance de l'air et le frottement des pièces en mouvement ne lui enlevaient, à chaque instant et peu à peu, la vitesse qui lui avait été communiquée préalablement par la locomotive.

Mais, pour définir nettement la propriété générale dont il s'agit, il convient de considérer un simple point matériel; alors, de l'ensemble de toutes les expériences et de tous les faits, on déduit la loi d'inertie que l'on peut énoncer ainsi :

Tout point matériel, s'il était en repos, y resterait indéfiniment, s'il ne survenait aucune action étrangère, extérieure; et si, lorsqu'un point se meut, aucune action étrangère n'existe ni ne survient à partir du moment actuel, son mouvement deviendra et restera rectiligne et uniforme.

6. **Moteurs et forces.** — Puisqu'un corps ne peut modifier de lui-même l'état de mouvement ou de repos qu'il possède, et que, d'un autre côté, nous constatons journellement des modifications dans l'état des corps, il faut bien qu'il existe dans la nature des *causes extérieures* susceptibles de faire naître ces modifications. Ces

causes, qui nous sont totalement inconnues, on les désigne, en industrie, par le nom de *puissances motrices;* ou, plus simplement, par le nom de *moteurs*. Dans l'état actuel de nos connaissances, les moteurs dont l'industrie fait usage avec fruit proviennent seulement de trois sources, savoir :

1° Le principe vital, qui fournit la puissance musculaire de l'homme et des animaux;

2° La pesanteur ou gravité, d'où résulte la puissance motrice des chutes et des courants d'eau;

3° La chaleur, qui produit la puissance motrice de la vapeur d'eau, et, d'une manière moins immédiate, la puissance motrice du vent.

Quoi qu'il en soit de ces diverses causes et des sources dont elles émanent, toutes choses dont nous n'avons pas à nous occuper ici, nous reconnaissons clairement que l'action d'un moteur ne dépend, quant à sa grandeur ou son énergie, que de deux éléments distincts; deux effets, l'un palpable, l'autre visible, dont la considération est de la plus haute importance pour les besoins de l'industrie, à savoir : l'*effort* ou la *force*, et le *mouvement*.

Quant à l'effort ou la force, bien que nous ignorions également sa nature, nous nous en formons néanmoins une idée nette et précise eu égard à la sensation particulière que nous éprouvons, dès l'âge le plus tendre, lorsque nous voulons modifier nous-mêmes l'état d'un corps. Cette sensation un peu vague, il est vrai, que nous ressentons, mais qui, comme nous allons le voir bientôt, est susceptible d'une mesure précise, fait que nous concevons la force comme une quantité toujours identique à elle-même, ne différant que du plus au moins, quel que soit le moteur dont elle émane. Comme nous constatons toujours l'existence de la force, soit que nous cherchions à empêcher le mouvement d'un corps, soit que nous cherchions à le faire naître; et, comme d'un autre côté, l'expérience nous apprend, ainsi que nous le verrons plus loin (11), que les intensités des forces que l'on ressent dans la modification de mouvements identiques varient proportionnellement à cette qualité des corps dont il sera bientôt question, et qu'on appele leur *masse;* comme nous constaterons aussi (12) que ces forces sont proportionnelles aux grandeurs des mouvements produits, lorsque les masses sont identiques, il en résulte que nous pouvons considérer les forces comme les causes immédiates, *mais secondaires*, des mouvements que nous observons. C'est ainsi que, en se plaçant à ce point de vue, on peut définir la force, ainsi qu'on le fait habituellement, en disant : *que c'est une cause quelconque de mouvement.* Mais, en s'exprimant ainsi, il est bon d'observer que l'on confond l'effet avec la cause; car, pour peu que l'on y réfléchisse attentivement, on reconnaîtra que la force n'est réellement que l'un des deux effets du *moteur*, qui produit tantôt un effort simple, et tantôt, à la fois, l'effort et le mouvement; comme, par exemple, dans le cas de la gravité, qui s'exerce tout aussi bien sur les corps empêchés dans leur mouvement que sur les corps qui obéissent librement à son action. Quoi qu'il en soit, et surtout afin de bien préciser les choses, nous n'attacherons jamais à l'idée de force que l'idée d'*effort simple, pression* ou *traction.*

Nous sommes conduits à distinguer dans une force trois choses essentielles dont la connaissance est nécessaire et suffisante pour la détermination des effets qu'elle peut produire ; ce sont :

1° Le point d'application de la force ; 2° la direction ; c'est-à-dire la direction de la droite suivant laquelle le point se mettrait en mouvement, s'il ne cédait qu'à l'action seule du moteur ; 3° l'intensité de la force, c'est-à-dire la force elle-même.

7. Mode d'action des moteurs ; principe de l'action égale et contraire à la réaction. — Lorsqu'un moteur agit sur un point matériel, on peut concevoir que ce point soit fixé invariablement, ou bien on peut concevoir que ce point, quoique empêché dans son mouvement par une résistance, cède néanmoins à l'action du moteur : tel est le cas d'un corps que l'on élève verticalement ; ou bien enfin on peut imaginer que le point soit entièrement libre. Dans le premier cas, l'effet du moteur se réduit à un simple effort, pression ou traction ; dans le second cas, l'effet du moteur est un effort accompagné du mouvement du point ; enfin dans le troisième cas, l'action du moteur se traduit par une modification incessante dans le mouvement du point ; et, bien que dans cette circonstance le mobile soit entièrement libre, il résulte du principe même de l'inertie, ainsi du reste que l'expérience le prouve, que le moteur exerce néanmoins un effort incessant. Or, dans ces divers cas, l'expérience prouve aussi que les choses se passent de la même manière que si, abstraction faite de la matérialité du point, il existait, en sens contraire de l'action du moteur, une force identique à celle que produit ce moteur, et qui tendrait à empêcher le mouvement. De là le principe formulé en ces termes par Newton : *La réaction est toujours égale à l'action et dirigée en sens contraire.* Ce principe, dont nous ferons un fréquent usage, se vérifie à chaque instant de mille manières ; nous nous contenterons d'en citer deux exemples, afin de bien en faire comprendre la vraie signification.

En premier lieu, considérons deux embarcations, parfaitement identiques de forme, de poids, etc., placées en regard l'une de l'autre sur une eau tranquille, à une distance d ; imaginons maintenant que de l'avant de l'une d'elles nous exercions, à l'aide d'une corde, une action sur l'avant de l'autre, nous verrons les deux embarcations se rapprocher et venir se rencontrer précisément au milieu de la distance d, qui les séparait.

En second lieu, supposons que placés sur un bateau nous exercions, à l'aide d'une corde, une traction sur un point fixe du rivage ; nous verrons encore le bateau s'en rapprocher exactement comme si du rivage nous exercions une traction sur le bateau. Or, de ces deux faits, il résulte évidemment que l'action exercée par nous a fait naître, en sens contraire, une réaction égale et contraire à l'action.

8. Mesure de l'intensité des forces. — Comme nous l'avons fait observer plus haut, la force étant une quantité toujours de même nature, quel que soit le moteur dont elle émane, nous sommes conduits, tout naturellement, pour comparer les forces entre elles, à les rapporter à celle de la pesanteur dont nous ressentons journellement les effets. Pour arriver de cette manière à une mesure précise, nous devons préalablement définir l'égalité des forces en disant que deux forces, quelles qu'elles soient, de quelques moteurs qu'elles émanent, sont réputées égales lorsqu'elles produisent les mêmes effets dans des circonstances identiques. Cela posé, si on choisit, comme on le fait habituellement, pour unité de force le kilogramme qui, comme on le sait, est le poids d'un litre ou d'un décimètre cube d'eau distillée, prise dans des circonstances physiques que nous mentionnerons ultérieurement, rien de plus facile que de faire comprendre comment on peut mesurer une force; car, par exemple, si une force est telle qu'elle puisse maintenir en suspens 1, 2, 3.... litres d'eau distillée, on en conclura que cette force est de 1, 2, 3.... kilogrammes.

Mais, comme il serait assez incommode, pour mesurer les forces, de les comparer directement aux poids des corps, on se sert, pour éviter cet inconvénient, d'instruments particuliers, nommés *dynamomètres*, qui sont des appareils à ressorts d'ailleurs bien connus, plus ou moins commodes, plus ou moins précis, et qui ne diffèrent entre eux que par la forme et la disposition des ressorts. Tous ces appareils étant préalablement gradués à l'aide de poids étalons, on comprend, sans qu'il soit besoin d'insister, comment à l'aide de ces instruments on pourra, plus ou moins commodément, mesurer une force et l'évaluer numériquement, en interposant simplement le dynamomètre entre le point d'application de la force et le point du corps sur lequel elle exercera son action.

On conçoit aussi, d'après ces considérations, comment les forces pourront être représentées par des lignes droites, rapportées à une unité de longueur convenable, dont les directions représenteront aussi celles des forces.

L'intensité d'une force peut être constante ou variable; le poids d'un corps considéré dans le même lieu nous représente une force constante; l'effort qu'il nous faut faire pour comprimer un ressort, graduellement et de plus en plus, nous donne la représentation d'une force variable. Dans les machines en mouvement, l'action des forces n'est presque jamais constante; mais nous verrons bientôt comment, dans la pratique, on peut toujours ramener le cas d'une force variable à celui de forces constantes.

9. Principe relatif à l'effet d'une force sur un point matériel en mouvement. — L'effet d'une force sur un point matériel en mouvement *coexiste*, à chaque instant, avec l'effet que produit, de son côté, le mouvement antérieurement acquis; en d'autres termes, si une force vient à agir sur un point matériel en mouvement, la force produit son effet sur ce point tout comme si le point eût été préalablement en repos. Mais il faudrait bien se garder de conclure de là que le mouvement du point, sous l'influence de la force, sera le même que celui qui aurait été produit par la force, si cette dernière eût trouvé le point en repos. Du reste voici un exemple très-propre à faire comprendre la signification exacte du principe en question.

Si, dans un wagon, animé d'un mouvement de translation, on abandonne un corps à lui-même, on le voit tomber verticalement comme si le wagon était en repos; donc, conformément au principe, la force de la pesanteur produit son effet propre, identiquement de la même manière, dans le cas du mouvement comme dans le cas du repos; mais, un observateur placé sur la voie constatera que, dans le cas du wagon en repos, le corps décrit une verticale en tombant, tandis que, dans le cas du wagon en mouvement, la trajectoire de chute est une courbe dont la nature dépend de la combinaison des effets produits simultanément par la pesanteur et par le mouvement de translation du wagon.

10. **Mouvement rectiligne uniformément varié.** — Le principe précédent va nous permettre de déterminer immédiatement le mouvement que prend un point matériel sous l'action d'une force constante en grandeur et en direction. Imaginons, en effet, un point matériel en repos et supposons qu'une force constante vienne à agir sur lui pendant une seconde, et puis qu'alors elle cesse son action. Il est bien clair que ce point acquerra un certain mouvement qu'il conservera indéfiniment, en vertu du principe de l'inertie; et de plus, toujours d'après le principe de l'inertie, le mouvement qu'il possédera sera rectiligne et uniforme. Désignons par a la vitesse de ce mouvement uniforme. Cette vitesse du mouvement uniforme, qui succédera au mouvement quelconque qu'aura possédé le mobile pendant l'action de la force, se nomme la *vitesse acquise*. Mais si, après la première seconde, la force continue son action, il est bien clair aussi que, au bout de la deuxième seconde, la vitesse acquise sera $2a$; puisque, en vertu du principe précédent, la force doit produire son effet indépendamment du mouvement acquis. Après le temps t le mobile aura donc une vitesse acquise v dont la valeur sera :

$$v = at. \quad (1)$$

Le mobile possédera donc, sous l'influence de la force constante qui le sollicite continuellement, un genre de mouvement caractérisé par l'équation (1); c'est-à-dire un mouvement dans lequel la vitesse acquise v croît proportionnellement au temps. Ce genre de mouvement, le plus simple après le mouvement uniforme, est celui que l'on nomme *mouvement uniformément accéléré*.

Si le mobile, préalablement en mouvement, eût été sollicité par une force constante agissant continuellement en sens contraire du mouvement qu'il eût possédé, on aurait eu pour résultat le mouvement *uniformément retardé*. On comprend sous la dénomination de mouvement *uniformément varié* l'ensemble de ces deux mouvements; mais bien que l'étude du mouvement uniformément retardé soit aussi simple que celle du mouvement accéléré, comme sa considération nous est inutile pour le but que nous nous proposons, nous nous bornerons à l'examen du mouvement accéléré.

Dans ce mouvement, la vitesse a, acquise au bout de l'unité de temps, se nomme l'*accélération*.

En partant de la relation (1), on peut arriver à faire voir assez élémentairement que, dans le mouvement uniformément accéléré, l'espace parcouru par le point, à partir du repos, augmente proportionnellement au carré du temps pendant lequel on considère le mouvement; de telle sorte que, si e représente l'espace parcouru pendant le temps t, on a la relation bien simple

$$e = \frac{1}{2} a t^2. \quad (2)$$

Nous nous bornons simplement ici à présenter ce résultat, et à faire remarquer aussi que si l'on substitue dans la relation (2) la valeur de t tirée de l'équation (1), il viendra : $e = \frac{v^2}{2a}$, d'où $v^2 = 2ae$, d'où enfin

$$v = \sqrt{2ae}, \quad (3)$$

relation nouvelle dont nous aurons bientôt besoin, et qui permet de calculer, dans le mouvement uniformément accéléré, la vitesse acquise lorsqu'on connaît l'accélération et l'espace parcouru.

L'expérience directe ayant prouvé que le poids d'un corps peut être considéré comme une force constante pendant sa chute à la surface de la terre, il en résulte que le mouvement d'un corps qui tombe, quand on fait abstraction de la résistance de l'air, est un mouvement uniformément accéléré. Mais comme d'ailleurs, ainsi qu'on le sait, le poids d'un corps varie avec la latitude du lieu, il s'ensuit aussi que, bien que les mouvements des *graves* soient en tous lieux des mouvements uniformément accélérés, les accélérations en sont néanmoins différentes, suivant les lieux où les expériences sont faites. C'est ainsi qu'à la latitude de Paris, l'accélération constante pour tous les corps, quels qu'ils soient, qui tombent dans le vide, est représentée (ainsi que l'expérience le prouve) par le nombre $9^{m}.8088$; ce qui signifie, d'après ce que nous avons dit ci-dessus, que si, après la première seconde, un corps tombant sous l'influence de son poids venait à être soustrait incontinent à l'action de ce poids, il continuerait à se mouvoir uniformément avec une vitesse de $9^{m}.8088$.

On désigne ordinairement par la lettre g l'accélération due à la pesanteur, et par h la hauteur de chute; alors les trois formules du mouvement sont :

$$v = gt, \quad h = \frac{1}{2} g t^2, \quad v = \sqrt{2gh}.$$

11. Masse des corps. — L'expérience nous apprend que, si l'on prend des volumes inégaux d'une même substance, que l'on peut d'abord considérer comme homogène (soit, pour fixer les idées, des petites sphères de cuivre, par exemple, disposées sur un plan parfaitement horizontal), il faudra employer des forces constantes, proportionnelles à leurs volumes, pour communiquer horizontalement à ces sphères, dans des circonstances identiques, des accélérations égales. Un pareil fait ne peut provenir des poids de ces sphères, puisque, étant soutenues par le plan horizontal que nous supposons d'ailleurs parfaitement poli, on peut considérer ces poids comme entièrement anéantis par ce plan. Il existe donc une qualité particulière aux corps, dont nous acquérons l'idée par une telle expérience, et qui se rapporte évidemment *ici* à la quantité plus ou moins considérable de matière qui compose les corps; de là l'idée de *masse*. Si tous les corps étaient formés d'une même substance homogène on pourrait bien attacher à l'idée de masse l'idée d'une quantité plus ou moins grande de particules matérielles identiques et également volumineuses, mais, il est bien loin d'en être ainsi, et lorsqu'on considère des corps de natures différentes, tels que du plomb, du liége, du duvet, etc..., on ne peut plus s'arrêter à la même idée et il est nécessaire de préciser ce qu'on doit entendre par masses égales, au point de vue mécanique.

Cela posé, voici comment on définit l'égalité à l'égard des masses. On dit que deux points matériels ont la même masse, quelles que soient d'ailleurs leurs natures, lorsqu'en les prenant à l'état de repos, il faut faire agir des forces constantes égales pendant le même temps, une seconde par exemple, pour leur faire acquérir des accélérations identiques. De là on conclut immédiatement, en agglomérant par la pensée des points matériels égaux, que les masses ainsi formées seront exprimées par des nombres proportionnels aux intensités des forces qu'il faudra employer pendant le même temps, pour communiquer à ces masses, prises à l'état de repos, une même accélération.

Or, maintenant, comme l'expérience prouve d'autre part que, dans le vide, tous les corps, quels qu'ils soient, plomb, liége, duvet, etc., tombent identiquement; autrement dit, qu'ils acquièrent tous sous l'action de leurs poids, qui sont des forces constantes, la même accélération g, à la même latitude, il s'ensuit qu'en désignant par P et par P′ les poids de deux corps quelconques dont nous représentons les masses par m et par m', nous aurons

$$\frac{m}{m'} = \frac{P}{P'},$$

relation qui nous fait voir d'abord que, pour le même lieu, les masses des corps sont exprimées par des nombres proportionnels à leurs poids.

Si maintenant nous voulons fixer la valeur de l'unité de masse, qui, comme toutes les unités, est arbitraire, faisons dans l'expression ci-dessus $m' = 1$, et donnons à P′ (le poids qui y correspond) une valeur numérique de g kilogrammes (ce qui revient à dire que nous choisissons pour unité de masse celle du corps qui pèse g kilogrammes), il viendra

$$m = \frac{P}{g},$$

expression qui donne la masse d'un corps en fonction de son poids, ou réciproquement, et qui permet de substituer dans les calculs ces quantités l'une à l'autre.

A la latitude de Paris, l'expérience ayant fait reconnaître, comme nous l'avons dit plus haut, que la valeur numérique de g est de 9.8088, il en résulte que l'unité de masse que l'on choisit est celle du corps qui pèse $9^k.8088$.

L'expression ci-dessus permet de définir la masse d'un corps en disant : que c'est le rapport du nombre abstrait, qui exprime le poids de ce corps, à celui qui représente l'accélération de la pesanteur; et de fait ce rapport est bien constant, ainsi que la masse qu'il représente, quel que soit le lieu de la surface de la terre; car, bien que les termes du rapport changent avec la latitude, ce changement de l'un et de l'autre a lieu d'une manière proportionnelle.

12. Proportionnalité des forces aux accélérations. — L'expérience fait reconnaître que des forces constantes, agissant successivement sur un même point matériel, lui communiquent des accélérations qui sont directement proportionnelles à ces forces.

Ce principe fondamental, qui résulte uniquement de l'expérience, se traduit algébriquement de la manière suivante :

$$\frac{F}{F'} = \frac{a}{a'}.$$

F et F' étant deux forces qui communiquent successivement des accélérations a et a' à un même point matériel m.

Une conséquence immédiate et bien simple peut être déduite du principe précédent. En effet, si l'on désigne toujours par F l'intensité d'une force qui communique à la masse m une accélération a, et que P soit le poids du corps dont la masse est m, d'après le principe ci-dessus, on aura :

$$\frac{F}{P} = \frac{a}{g}, \text{ d'où } F = \frac{P}{g}\,a = m\,a.$$

Exemple : Une force F communique à un corps qui pèse 100 kilogrammes une accélération de $19^m.6176$, on demande l'intensité de cette force en kilogrammes?

$$\text{Réponse : } F = \left(\frac{100}{9.8088} \times 19.6176\right)^k = 200^k.$$

C'est-à-dire que l'intensité de la force en question devra être le double du poids du corps, ce qu'on pouvait prévoir *a priori*, d'après les données du problème, puisque effectivement l'accélération donnée se trouve être précisément le double de l'accélération due à la pesanteur.

Si on représente par v la vitesse que la force F doit communiquer à la masse m après le temps t, comme on a d'ailleurs $v = at$, puisque le mouvement de cette masse sera uniformément accéléré, et que nous supposons que le mobile est parti du repos, en remplaçant dans l'expression $F = ma$, a par $\frac{v}{t}$, nous obtiendrons encore, $F = \frac{mv}{t}$, pour la mesure de l'intensité de la force.

On donne habituellement le nom de *quantité de mouvement* au produit d'une masse par la vitesse qu'elle possède; alors, de toutes les considérations précédentes, on conclut que l'intensité d'une force constante, qui communique à une masse m une vitesse v, au bout du temps t, est égale à un nombre de kilogrammes représenté par la quantité de mouvement divisée par le temps pendant lequel la force agit.

13. Équilibre et composition des forces. — Lorsque plusieurs forces, P, P′, P″...., émanant de divers moteurs, agissent simultanément sur un point m suivant des directions quelconques ainsi que le représente la figure 3, on conçoit qu'il puisse arriver que, malgré l'influence simultanée des moteurs, l'état actuel de repos ou de mouvement du point n'en soit pas modifié, parce que ces moteurs se neutralisent mutuellement quant au mouvement qu'ils tendent à produire; alors on dit que ce point, tout en subissant l'action des forces qui s'exercent sur lui d'une manière incessante, est en équilibre.

Fig. 3.

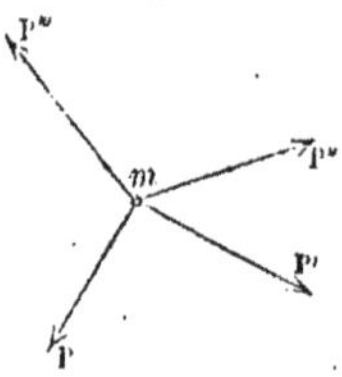

Il y a lieu de considérer deux espèces d'équilibre : l'*équilibre statique* et l'*équilibre dynamique*. Si la position du point demeure invariable par rapport à des points de repère, l'équilibre est dit statique; si au contraire, le point se meut, d'ailleurs, indépendamment de l'action de puissances motrices qui s'annulent mutuellement, l'équilibre est dit *équilibre dynamique*.

Il est important de ne pas confondre l'état d'équilibre statique avec le repos. Dans le premier cas, le point subit, nonobstant sa position stable, l'action des forces qui agissent sur lui; dans le second cas, il n'est sollicité par aucune force.

14. Résultante et composantes. — Si dans l'état du système ci-dessus on considère l'une quelconque des forces, la force P, par exemple, on voit de suite qu'à elle seule elle s'oppose à l'action motrice de toutes les autres, de même que toutes les autres, agissant ensemble, s'opposent à l'action motrice de la force P; or, comme évidemment la force P neutraliserait aussi l'action motrice que communiquerait au point une force égale et directement opposée qui agirait seule sur ce point, il en résulte que l'on peut dire, en définitive, que lorsque plusieurs forces P′, P″, P‴... agissent simultanément sur un point, elles peuvent être remplacées par une force unique P qu'on appelle leur *résultante* et dont elles sont elles-mêmes les composantes. Le problème de la composition des forces et le problème inverse de la décomposition d'une force donnée en plusieurs autres, ainsi que la recherche des conditions d'équilibre des forces, sont du ressort de la *statique;* nous n'avons pas à nous occuper ici de cette étude et nous nous bornerons à énoncer quelques principes et théorèmes fondamentaux tant à cause de leur simplicité et de leur netteté qu'à cause des conséquences importantes qu'on en déduit constamment dans l'étude que nous avons en vue.

15. Résultante des forces concourantes. — Lorsque plusieurs forces agissent simultanément sur un même point, on dit que ces forces sont concourantes. D'après l'idée même que nous avons des forces, on admet, comme évident, que *lorsque plusieurs forces, qui n'ont aucune dépendance mutuelle, agissent simultanément sur un point matériel, les effets de ces forces coëxistent sans se modifier l'un l'autre.* De ce principe, d'ailleurs, complétement confirmé par l'expérience, et qu'on nomme *principe de l'indépendance des forces,* il résulte immédiatement que, si toutes les forces agissent sur le point, suivant la même droite, les unes dans un sens et les autres en sens contraire, on pourra remplacer les actions simultanées de toutes ces forces, qui sont des composantes, par l'action unique d'une seule force qui est la résultante; de telle sorte que la résultante est égale, comme on le dit abréviativement, à la somme algébrique de toutes les composantes, en entendant, *par définition,* que *la somme de deux ou de plusieurs forces n'est autre chose qu'une force unique qui produit le même effet que toutes ces forces agissant simultanément.* Ainsi, P, P′, P″.... étant des forces agissant simultanément sur un même point, le long d'une droite et dans un certain sens, la résultante de toutes ces forces sera $P + P' + P'' + \ldots$; si en outre, Q, Q′, Q″.... représentent d'autres forces agissant aussi sur le même point, suivant la même droite, mais en sens contraire des premières, elles auront une résultante réprésentée par $Q + Q' + Q'' + \ldots$; et, finalement, le point se trouvera comme s'il était sollicité par la force unique $R = (P + P' + P'' + \ldots) - (Q + Q' + Q'' + \ldots)$; et cette résultante agira dans le sens du premier groupe ou dans le sens du second, suivant que le premier groupe sera plus grand ou plus petit que le second.

Le cas le plus simple des forces concourantes, après celui que nous venons d'examiner, est le cas où l'on a deux forces P et Q dont les directions font entre elles un certain angle (Figure 4).

Fig. 4.

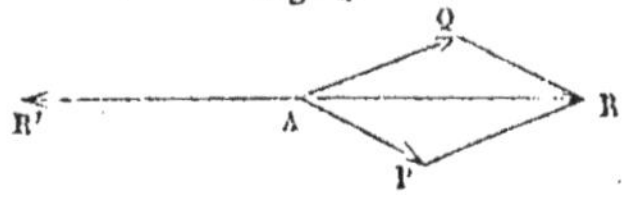

Toujours d'après le principe de l'indépendance des forces, et par suite d'autres considérations que, bien que très-simples, nous ne pouvons développer ici, on arrive à ce théorème fondamental de la statique, savoir :

Que les actions simultanées des forces P *et* Q *peuvent être remplacées par l'action unique d'une force* R, LEUR RÉSULTANTE, *qui est représentée, en grandeur et en direction par la diagonale* AR *du parallélogramme construit sur les grandeurs* AP *et* AQ, *qui représentent les composantes.*

C'est à ce théorème qu'on a donné le nom de *parallélogramme des forces.*

Il en résulte, comme on le voit, que si l'on appliquait la force R en sens contraire, agissant de A en R', par exemple, elle neutraliserait l'effet des forces P et Q, eu égard au mouvement qu'elles tendent à imprimer au point A, de telle sorte que les trois forces P, Q et R' seraient en équilibre sur le point.

Réciproquement, la force R étant donnée *a priori*, en grandeur et en direction, il est clair qu'on pourrait remplacer son action sur le point A par les actions simultanées des forces P et Q, dont on obtiendrait les grandeurs en construisant un parallélogramme ayant pour diagonale la force donnée. Mais, tant qu'on ne fixe pas les directions des composantes, il est bien à remarquer que la question de la décomposition de la force donnée en deux autres est tout à fait indéterminée; car on peut faire une infinité de parallélogrammes ayant une diagonale déterminée. Ce qui signifie qu'on peut remplacer, d'une infinité de manières, l'action d'une force par celles de deux autres qui concourent au même point et qui agissent simultanément.

16. **Résultante des forces parallèles.** —Lorsque deux forces égales et de directions parallèles agissent simultanément sur deux points qui sont les extrémités d'une droite rigide, faisant un angle quelconque avec ces forces, ainsi que le montre la figure 5, les deux forces P et Q peuvent être remplacées par une force unique, R, qui leur est parallèle, égale à leur somme P + Q, dirigée dans le même sens qu'elles et appliquée au point C, milieu de AB; de telle sorte que, si la force R est prise en sens contraire, son action seule maintiendra en équilibre les actions simultanées des forces P et Q s'exerçant sur la droite AB.

Fig. 5.

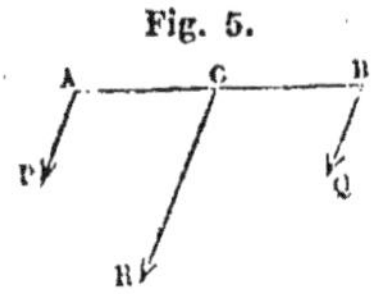

Si les forces P et Q, sans cesser d'être parallèles et d'agir dans le même sens, ne sont plus égales (Figure 6), leur résultante R leur sera encore parallèle, égale à leur somme, dirigée dans le même sens; seulement elle ne sera plus appliquée au milieu de AB, car on démontre que son point d'application C divise la distance AB en deux parties qui sont réciproquement proportionnelles aux intensités des deux composantes; de telle sorte que l'on aura la relation

$$\frac{P}{Q} = \frac{CB}{CA}.$$

Fig. 6.

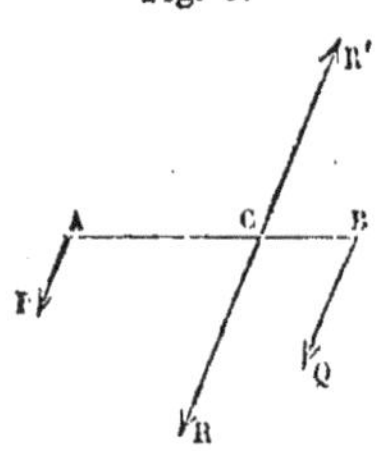

Ici encore, comme précédemment, si on applique en C une force R' égale et directement opposée à la force R, les trois forces P, Q et R' se feront équilibre sur la droite AB.

Réciproquement, il est bien évident que la force R étant donnée en grandeur et en direction, et appliquée en un point C d'une droite AB aussi donnée, on pourra toujours remplacer cette force R, considérée comme une résultante, par ses deux composantes P et Q, dont on déterminera les grandeurs à l'aide des deux relations $P + Q = R$ et $\frac{P}{Q} = \frac{CB}{CA}$; ces relations seront suffisantes, puisqu'on suppose connue la force R et les distances CB et CA.

Si maintenant les forces P et Q, toujours parallèles et inégales, sont dirigées en sens contraire (Figure 7) on déduit aisément des considérations précédentes que leur résultante R leur sera encore parallèle, égale à leur différence et appliquée du côté de la plus grande Q, agissant dans le même sens qu'elle, en un point C tel que les distances de ce point aux points d'application A et B des composantes P et Q soient inversement proportionnelles à ces composantes.

Fig. 7.

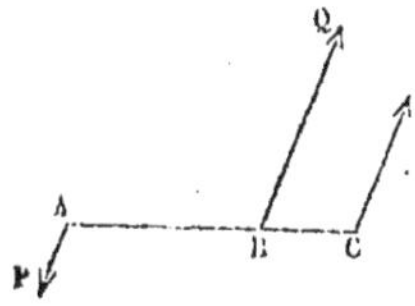

Tels sont les principaux théorèmes relatifs à la composition des forces, et qui permettent facilement d'arriver, de proche en proche, à la détermination de la résultante totale, lorsqu'il s'agit du cas le plus général où les forces sont en nombre quelconque, que ces forces soient d'ailleurs concourantes ou parallèles.

17. Puissance mécanique des moteurs et travail des forces constantes. — Nous avons déjà dit (6) que l'évaluation numérique de l'action d'un moteur se présentait à nous avec deux éléments distincts desquels dépend uniquement ce que l'on peut appeler sa *puissance mécanique*. Ces deux éléments sont : 1° l'intensité de la force que peut développer le moteur; 2° la vitesse avec laquelle il a la faculté de déplacer le point résistant sur lequel il agit directement.

Considérons donc un moteur quelconque et désignons par φ sa puissance mécanique, par P la force constante qu'il déploie et par V la vitesse du mouvement uniforme qu'il a la faculté d'imprimer à son point d'application. Il est manifeste que cette puissance φ variera proportionnellement au produit de l'effort P par la vitesse V, de sorte que si nous désignons par φ', par P' et par V' la puissance mécanique, la force et la vitesse d'un second moteur, nous pourrons écrire :

$$\frac{\varphi}{\varphi'} = \frac{PV}{P'V'}. \quad (1)$$

Si maintenant nous représentons par H et H' les déplacements subis par les points d'application des forces P et P' pendant les temps t et t'; à cause de $H = Vt$ et de $H' = V't'$ (puisque nous supposons les mouvements uniformes), il viendra :

$$\frac{\varphi}{\varphi'} = \frac{PH}{P'H'} \times \frac{t'}{t}. \quad (2)$$

Posant maintenant $\varphi' = 1$, $P' = 1$, $H' = 1$ et $t' = 1$, c'est-à-dire prenant pour unité de puissance mécanique celle d'un moteur dont on convient de considérer l'effort comme l'unité d'effort et la vitesse comme l'unité de vitesse, il viendra enfin :

$$\varphi = \frac{PH}{t}, \quad (3)$$

ce qui signifie que la puissance mécanique d'un moteur quelconque est directement proportionnelle au produit PH, et inversement proportionnelle au temps qu'il met à produit son effet. Or, c'est évidemment le produit PH qui représente cet effet, *lequel consiste à déplacer le long du chemin* H *le point qui résiste à la force* P. On nomme cet effet, d'une force, *travail mécanique de la force;* et, comme évidemment il est proportionnel, et à l'intensité de cette force et au déplacement effectué, il se trouve représenté numériquement par le produit PH, lorsqu'on prend pour unité de travail celui qui consiste à déplacer l'unité de force le long de l'unité de chemin.

D'après cela, nous pourrons donc écrire :

Travail de la force P, ou, par abréviation, $T_p = PH$,

expression qui signifie *que le travail de la force* P *contient le travail pris pour unité autant de fois que le produit* PH, *considéré comme nombre abstrait, contient l'unité.*

On nomme *kilogrammètre* le travail unité qui consiste à élever 1 kilogramme à la hauteur de 1 mètre, et on représente un travail quelconque, évalué en kilogrammètres, en mettant en exposant les deux lettres *k* et *m*. Ainsi on écrira

$$T_p = PH^{km}.$$

Pour en finir avec l'évaluation numérique de la puissance mécanique d'un moteur, nous dirons qu'on prend habituellement pour unité de puissance celle qui est susceptible de développer 75^{km} en une seconde.

D'après Watt, et par suite de certaines considérations sur lesquelles il est inutile de s'étendre ici, on nomme cette unité *cheval vapeur* ou *force de cheval,* de sorte que, si l'on reprend l'expression

$$\frac{\varphi}{\varphi'} = \frac{PH}{P'H'} \times \frac{t'}{t},$$

et qu'on y fasse $P'H' = 75^{km}$, $t' = 1''$ et $\varphi' = 1$; c'est-à-dire, si l'on prend pour unité de puissance mécanique le cheval vapeur, on trouve

$$\varphi = \frac{PH^{km}}{75\,t} \quad (4)$$

pour l'évaluation numérique de la puissance mécanique φ d'un moteur quelconque agissant pendant un temps t de secondes.

Exemple : Un moteur quelconque (une chute d'eau ou la vapeur) exerce un effort de 450 kilogrammes sur un point qui parcourt ainsi 100 mètres pendant une minute, quelle est sa valeur en chevaux vapeur?

Réponse : $$\varphi = \frac{450 \times 100}{75 \times 60}^{\text{ch. v.}} = 10^{\text{ch. v.}}$$

Si l'on a bien compris tout ce que nous venons de dire relativement à la puissance mécanique et au travail mécanique, on remarquera que l'on ne doit pas confondre ces deux quantités pour l'évaluation desquelles nous avons deux unités; l'une, pour le travail mécanique, est le *kilogrammètre,* complétement indépendant du temps; l'autre, pour la puissance mécanique, est le *cheval-vapeur* qui représente un travail de 75 kilogr. développé dans une seconde.

Une remarque que nous pouvons faire aussi, c'est que le travail d'une force constante sera représenté géométriquement par un rectangle dont les dimensions seront, d'une part, le chemin parcouru, et de l'autre, l'intensité de la force, pourvu que l'on représente l'unité de force par la longueur qui représente l'unité de chemin, de telle sorte que le kilogrammètre se trouvera représenté par le carré construit sur l'unité choisie. En vertu du principe de l'action égale et contraire à la réaction, on doit remarquer qu'il existe toujours, en sens contraire du mouvement que produit une force, une autre force égale et directement opposée qui résiste au déplacement; on nomme la première, *force mouvante,* et *travail moteur,* le travail qu'elle produit; on nomme la force opposée, *force résistante;* et, bien que cette dernière ne produise pas de travail, (puisque, loin de déplacer son point d'application, celui-ci est au contraire entraîné par la force mouvante), on entend par *travail resistant* le travail qu'elle ferait si, à son tour, elle devenait force mouvante. Désignant alors par T_m et par T_r ces travaux qui sont évidemment égaux, on écrit :

$$T_m = T_r;$$

telle est la signification précise que l'on doit attacher à l'expression de travail résistant.

18. Travail d'une force oblique. — Dans la question du travail des forces, le plus ordinairement les forces mouvantes et les forces résistantes n'agissent pas suivant la direction même des déplacements; nous rencontrerons par la suite une foule d'exemples à l'appui de ce que nous avançons. Il est donc des plus intéressant d'étudier ce cas qui jette un grand jour sur l'effet des forces dans les machines en mouvement; et d'ailleurs les considérations auxquelles nous allons nous livrer sont des plus simples. Soit donc P (Figure 8) l'intensité d'une force constante représentée en grandeur et en direction par la ligne AP qui fait un angle constant avec la direction AB que le point résistant est astreint à parcourir, comme s'il était maintenu dans une *rainure.* Il est clair que lorsque le point A sera venu en B, il se sera déplacé dans la direction AP, constante par hypothèse, d'une quantité AK; le point K étant le pied de la perpendiculaire abaissée de B sur la direction AP. Le travail de la force P sera donc exprimé par le produit $P \times AK$. Mais, d'un autre côté, si nous décomposons la force P en ses deux composantes perpendiculaires entre elles, Q et P (15), nous voyons clairement que le point résistant A se sera déplacé de A en B uniquement sous l'influence de la composante P, car la composante Q

Fig. 8.

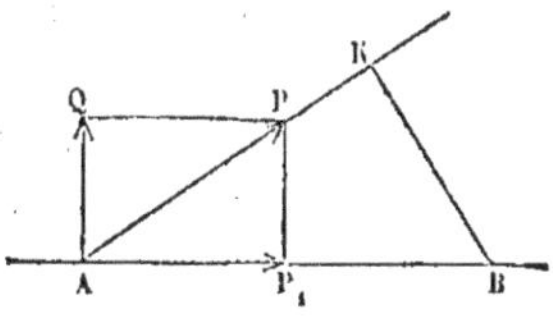

n'a évidemment d'autre effet que de presser le point mobile normalement à la rainure AB. Le travail de la force P_1 sera donc exprimé par le produit $P_1 \times AB$. Or, si nous remarquons que les deux triangles APP_1 et AKB sont semblables, et que leurs côtés homologues donnent par conséquent la relation

$$\frac{P}{AB} = \frac{P_1}{AK}, \text{ d'où } P \times AK = P_1 \times AB,$$

nous en conclurons ce théorème des plus remarquables et des plus importants, savoir :

Que lorsqu'une force constante en intensité et en direction agit obliquement par rapport au déplacement qu'elle occasionne, son travail est égal au travail de sa composante ESTIMÉE *dans le sens même du déplacement.*

Il résulte de ce théorème diverses conséquences importantes que nous ne saurions passer sous silence, tant elles jettent de lumière sur le jeu des machines en mouvement. Ainsi, on en conclut immédiatement que, si l'on fait abstraction du surcroît de résistance que font toujours naître les pressions normales aux déplacements (parce que, comme nous le verrons par la suite, elles occasionnent des frottements), il y a autant d'avantage, *ni plus ni moins,* au point de vue du travail qu'il faut dépenser pour déplacer des résistances, soit que l'on applique les forces directement dans la direction des déplacements que l'on veut obtenir, soit que l'on applique ces forces obliquement à ces déplacements. Mais dans ce dernier cas, en outre que l'on peut toujours amoindrir les frottements, il peut arriver et il arrive ordinairement que, par suite des appareils que l'on emploie comme intermédiaires entre les forces mouvantes et les forces résistantes, on peut parvenir à décomposer une résistance en deux composantes, dont l'une est maintenue en équilibre par l'appareil, et qu'alors on n'a plus à s'inquiéter que du déplacement de la plus petite, dont on parvient à mettre ainsi l'intensité en rapport avec l'effort moteur que l'on a à sa disposition. Tel est le rôle, purement passif, que jouent précisément les leviers, le treuil, le cabestan, les moufles, etc., tous appareils bien connus par les résultats qu'ils produisent; à savoir de permettre finalement de vaincre les résistances les plus grandes, en n'employant pourtant que des efforts relativement très-minimes.

Fig. 9.

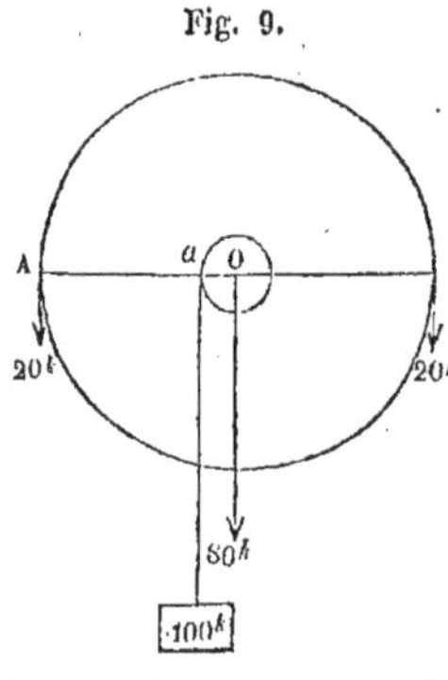

Je veux soulever, par exemple, un fardeau de 100 kilogrammes, et je ne puis disposer que d'un effort moteur de 20 kilogrammes. Alors je dispose (Figure 9) un cylindre fixe de rayon *oa* sur lequel j'enroule une corde, qui soutient le poids de 100 kilogrammes; puis j'établis sur le même axe du cylindre une roue dont le rayon *o*A soit précisément égal à 5 fois le rayon du cylindre. Cela posé, je puis considérer les 100 kilogrammes comme la résultante de deux forces parallèles, l'une de 80 kilogrammes appliquée au point o, et l'autre de 20 kilogrammes appliquée en A tangentiellement à la roue : cela résulte du n° 16 et des dimensions choisies pour le treuil. Mais la fixité de l'axe o, qui ne peut que tourner, détruit les 80 kilogrammes qui y sont appliqués; il ne reste donc plus qu'à exercer un effort de 20 kilogrammes tangentiellement à la roue pour faire tourner le treuil et faire monter le poids primitif de 100 kilogrammes. En résumé donc, en installant un tel appareil, on s'est arrangé de manière à n'avoir plus à déplacer qu'une résistance de 20 kilogrammes au lieu d'une résistance de 100 kilogrammes. Mais, nonobstant cet avantage que nous a procuré la machine, il est bien important de remarquer que, au point de vue du travail moteur dépensé, on n'a rien gagné; car, pour un tour du treuil, les 100 kilogrammes ont été élevés d'une hauteur de $2\pi . ao$ mètres, ce qui a donné lieu à un travail de $(2\pi . ao \times 100)^{km}$, lequel représente précisément le travail développé par l'effort moteur, égal à 20 kilogrammes, car, de son côté, ce travail est représenté par $(2\pi\, oA \times 20)^{km}$; mais, comme $oA = 5\, oa$, il en résulte bien que ces deux travaux sont égaux.

Ce résultat, qui a lieu dans toute machine en mouvement uniforme, ou même périodiquement uniforme, s'exprime en disant : *que ce que l'on gagne en force on le perd en vitesse et réciproquement*. Mais par suite des résistances nuisibles dont nous parlerons plus loin, et qui existent toujours plus ou moins dans toute machine quelque simple qu'elle soit, il faut dépenser, par le fait, plus de travail moteur que si l'on pouvait agir directement sur les résistances que l'on a à surmonter; d'où l'on peut pressentir déjà que, loin de *créer de la puissance*, l'emploi des machines en fait toujours perdre une quantité notable, et, qu'en résumé, leur avantage ne réside que dans la propriété qu'elles possèdent, entre autres, de permettre, pour les machines que l'on désigne sous le nom d'*appareils de force*, de faire pour ainsi dire un échange, le plus souvent avantageux, quelquefois indispensable, entre les deux facteurs P et V du produit PV, qui exprime, comme nous le savons, la valeur absolue de la puissance du moteur.

19. Travail d'une force variable en intensité, mais constante en direction. — Jusqu'à présent nous avons supposé les forces constantes, mais, en réalité dans les machines, les forces que l'on a à considérer sont variables en intensité et aussi en direction. Examinons donc, en premier lieu, comment, la direction restant constante et la force variant en intensité d'une manière continue, on ramène ce cas à celui d'une force constante.

Pour y parvenir facilement, remarquons d'abord que, bien que la force soit variable, il y a toujours travail mécanique du moment qu'il y a déplacement d'un point résistant, puisque c'est en cela uniquement que consiste le travail. Cela posé, supposons qu'il s'agisse d'évaluer le travail que produit une force variable dont l'intensité serait représentée, à chaque instant, par les perpendiculaires *a, b, c, d*,.... élevées aux différents points A, B, C, D.... du chemin total AI (Figure 10), qui serait parcouru par le point d'application de la force. Si on joint les sommets de toutes les perpendiculaires *a, b, c, d*,... par une courbe continue que nous supposons formée de telle sorte que, pour un point quelconque K, par exemple, la perpendiculaire correspondante K*m* représente la valeur actuelle de la force, nous allons faire voir que la surface plane AMNI, comprise entre cette courbe, que l'on nomme la *courbe des efforts*, et les ordonnées extrêmes AM et IM, représente précisément le travail de la force variable. En effet, si on considère la force en C et en D, le travail de la force pour venir de C en D est évidemment $> (c \times CD)^{km}$ et $< (d \times CD)^{km}$; il est donc compris entre ces deux travaux, de même que le trapèze curviligne est compris entre les deux rectangles $c \times CD$ et $d \times CD$. Or, à la limite, c'est-à-dire quand les deux ordonnées *c* et *d* seront assez rapprochées pour être sur le point de se confondre, les deux petits rectangles seront aussi sur le point de se confondre entre eux et avec le petit trapèze curviligne qui reste toujours compris entre eux deux, et alors, l'un ou l'autre, le petit rectangle inférieur, par exemple, représentera ce que l'on peut appeler le travail élémentaire, de même que le petit trapèze curviligne est l'élément de la surface AMNI. De A en I le travail de la force variable sera donc représenté par la somme des petits trapèzes curvilignes qui, évidemment aussi, forment par leur réunion la surface totale AMNI.

Fig. 10.

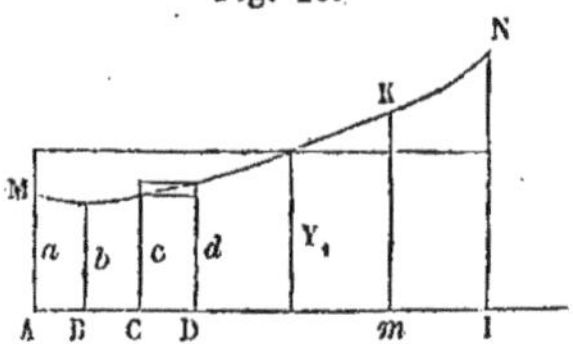

Donc le travail T de la force variable, agissant de A en I, est représenté par la surface AMNI; autrement dit, ce travail T contient le kilogrammètre autant de fois que la surface en question contient le petit carré contruit sur l'unité de longueur adoptée pour représenter à la fois le kilogramme et le mètre, ainsi qu'il a été dit (17).

Lorsqu'on connaît la relation mathématique qui lie l'intensité de la force au chemin parcouru, la détermination du travail d'une force variable se ramène à une question de pure analyse; mais, si cette relation n'est pas connue, ce qui est le cas le plus fréquent dans les applications industrielles, on peut généralement, à l'aide d'instruments appelés *dynamomètres traceurs*, construire la courbe des efforts, et alors la question de la recherche du travail d'une force variable se ramène à une question de géométrie: à savoir de déterminer la surface plane AMNI. Or, de même qu'il existe des instruments et des méthodes pour tracer la courbe des efforts, de même il existe des instruments et des méthodes qui permettent d'évaluer avec une très-grande approximation la surface comprise entre la courbe des efforts, le chemin parcouru, et les perpendiculaires extrêmes; ce qui fait, qu'au point de vue de la pratique, on peut toujours considérer la question du travail d'une force variable comme susceptible d'être ramenée au cas du travail d'une force constante.

20. **Effort moyen.** — De même que l'on conçoit que la surface AMNI puisse être équivalente à un certain rectangle ayant pour base le chemin AI et pour hauteur une certaine ordonnée Y_1 de la courbe, de même on comprend que le travail T de la force variable soit égal au travail d'une force constante, représentée par Y_1 kilogrammes, travaillant le long du même chemin AI. C'est cette force constante que l'on appelle *effort moyen*, et on voit que, pour en trouver la valeur, il suffit de poser la relation

$$Y_1 \times AI = T; \text{ d'où } Y_1 = \frac{T}{AI}.$$

D'où l'on conclut que ce que l'on nomme l'*effort moyen* est représenté par le rapport $\frac{T}{AI} = \frac{\text{surf. AMNI}}{AI}$, qui représente aussi l'ordonnée moyenne de la courbe; *cet effort* n'est donc pas, comme on le dit à tort quelquefois, la moyenne arithmétique des diverses valeurs de la force variable, que l'on peut connaître en plus ou moins grand nombre.

D'après toutes ces considérations, nous voyons donc comment tout ce qui a trait aux forces constantes peut s'appliquer aux forces variables en intensité, pourvu que l'on substitue à ces dernières leurs valeurs moyennes respectives.

21. **Force vive.** — Si nous considérons un point matériel, entièrement libre, dont la masse est m, et, pour fixer les idées, actuellement en repos, nous allons faire voir que, malgré cette entière liberté que nous lui supposons, il faut néanmoins dépenser un certain travail pour lui communiquer une vitesse v, et que ce travail est représenté numériquement par le produit $\frac{mv^2}{2}$.

Soit, en effet, F l'intensité que doit avoir une force constante pour communiquer au point m la vitesse v, dans la direction suivant laquelle agit la force. Nous savons (12), d'une part, que l'intensité de cette force est représentée par ma (a étant l'accélération du mouvement uniformément accéléré que la force communique), et, d'autre part, que la vitesse v est telle que l'on a $v^2 = 2ae$, e étant l'espace qu'a parcouru le mobile pour acquérir cette vitesse v. Nous aurons donc en conséquence

$$F = ma = \frac{mv^2}{2e}; \text{ d'où } F \times e = \frac{mv^2}{2}.$$

Or, $F \times e$ est le travail de la force F, travail qu'elle a développé pour mettre le point matériel m en mouvement, en lui communiquant une vitesse v; de sorte que l'on voit que le travail de la force F est représenté numériquement, soit par le produit Fe (comme d'habitude), soit par l'expression $\frac{mv^2}{2}$.

Le produit d'une masse par le carré de la vitesse que possède actuellement cette masse se nomme en mécanique *force vive;* et le résultat précédent nous fait connaître ce théorème remarquable, savoir : *Que la moitié de la force vive que possède actuellement un point matériel, représente numériquement le travail de la force constante qui a communiqué à cette petite masse la vitesse qu'elle possède actuellement.*

Vérifions de suite ce théorème par un exemple simple :

On laisse tomber une petite sphère qui pèse P kilogrammes d'une hauteur h; à l'instant où elle a parcouru cette hauteur, on sait (10) que sa vitesse est $v = \sqrt{2gh}$, et que (11) la masse du corps est aussi $m = \frac{P}{g}$. D'après notre définition, la force vive du corps sera donc mv^2; or, si l'on substitue à m et à v les valeurs ci-dessus, on a

$$mv^2 = \frac{P}{g} \times 2gh = 2Ph.$$

La force vive est donc bien ici égale au double du travail qu'aurait développé le poids P, si, au lieu de s'exercer sur la masse m entièrement libre, à laquelle il a communiqué une vitesse v, après lui avoir fait parcourir un chemin h, il eût entraîné un point résistant, *sans masse*, le long de la même trajectoire h.

Il y a plus, et nous allons faire voir, par un exemple bien simple, que cette force vive mv^2 que possède une masse animée d'une vitesse v représente un *travail disponible*, susceptible d'être utilisé ultérieurement pour déplacer une résistance.

Considérons, pour cela (Figure 11), le mouvement d'un pendule abandonné à lui-même à partir de la position m. Ce pendule, qui n'est autre chose qu'une petite sphère métallique du poids P suspendue par un fil très-flexible mo à un point fixe o, arrivera au point le plus bas m' avec une vitesse acquise v et remontera, comme on le sait par l'expérience, jusqu'en m'', les deux positions m et m'' se trouvant sur la même horizontale mm''. De m en m' la force P a développé un travail moteur représenté par le produit $P \times m'K$, puisque cette force est constante en intensité et en direction, et ce travail a eu pour effet de communiquer à la sphère une vitesse v qu'elle a acquise lorsqu'elle est arrivée en m'. De m' la sphère est remontée en m'', et cela en vertu évidemment de sa seule force vive acquise, malgré l'action de la force P qui, pendant cet intervalle, a joué le rôle de résistance. Cette force vive acquise mv^2 a donc développé à son tour un travail susceptible d'élever le poids P à la hauteur $m'K$, et, conséquemment, égal au travail moteur qui l'avait fait naître.

Fig. 11.

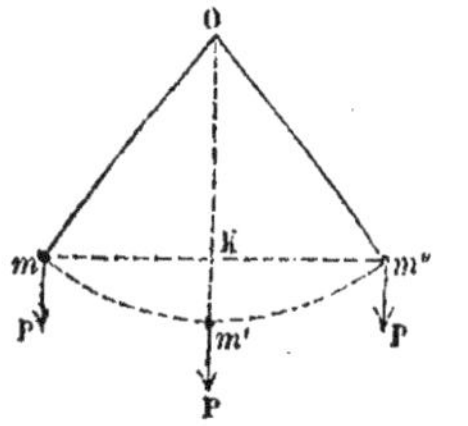

En résumé, c'est en vertu de l'inertie que la balle arrivée en m' a continué à remonter jusqu'en m'', bien que la force mouvante qui la sollicitait ait cessé son action, et tout en surmontant une résistance qui agissait à l'encontre de son mouvement. C'est grâce à cette propriété de la matière que le mouvement de la bielle et la manivelle peut se continuer, ainsi qu'il sera dit plus loin, malgré les intermittences de la puissance motrice.

22. Travail d'une force dans le mouvement circulaire. — Dans les applications, le cas qui se rencontre le plus ordinairement, et le seul que nous examinerons, est celui où la force agit tangentiellement à la circonférence que décrit le point résistant. Ce cas se ramène immédiatement à celui où la force agit sur une résistance qui se déplace suivant une ligne droite. En effet, si nous supposons la circonférence divisée en petits arcs égaux assez petits pour se confondre avec leurs cordes, il est clair qu'à chaque instant la force tangente p, qu'elle soit constante ou variable, développera un petit travail élémentaire représenté par $p \times s$, s étant la longueur d'un des petits arcs. Si la force est constante, le travail total pour un tour sera donc $(2\pi rp)^{km}$, r étant le rayon de la circonférence décrite. Si la force est variable, on prendra sur une ligne droite quelconque une longueur égale au développement de la circonférence, et, en chacun des points de cette droite correspondant aux divers éléments s de la circonférence, on élèvera, dans un même plan, des perpendiculaires auxquelles on donnera des longueurs proportionnelles aux diverses valeurs de p, supposées connues; on obtiendra ainsi la courbe des efforts, et l'on sera ramené au cas du n° 19.

Connaissant ainsi, dans l'un ou l'autre cas, le travail pour un tour, on en déduira immédiatement le travail pour un nombre quelconque n de tours.

23. Forces tangentielle, centripète et centrifuge. — Dans le mouvement circulaire des corps, il y a lieu de considérer un effet très-remarquable dû à l'inertie. Cet effet doit être pris en très-grande considération dans le mouvement circulaire rapide; aussi allons-nous en dire quelques mots.

Considérons (Figure 12) le point matériel m se mouvant uniformément autour de l'axe o avec une vitesse constante v, en décrivant une circonférence dont le rayon est $om = r$. Supposons le point maintenu sur la trajectoire par un fil om. Arrivé en m, si nous supposons le fil rompu, il est clair d'abord que le point matériel conservera, en vertu de l'inertie, sa vitesse v; mais, de plus, ce que l'on pressent et ce que l'on démontre en mécanique rationnelle, c'est qu'il s'échappera suivant la tangente et qu'il continuera à s'y mouvoir d'un mouvement uniforme avec sa vitesse acquise v. Pour le ramener au repos, il faudrait donc lui appliquer, en sens contraire, une force dont l'intensité serait représentée (12) par mv; c'est cette force qu'on appelle la *force tangentielle*. Mais si le fil était subitement rompu, au bout du temps θ qui suivrait cette rup-

Fig. 12.

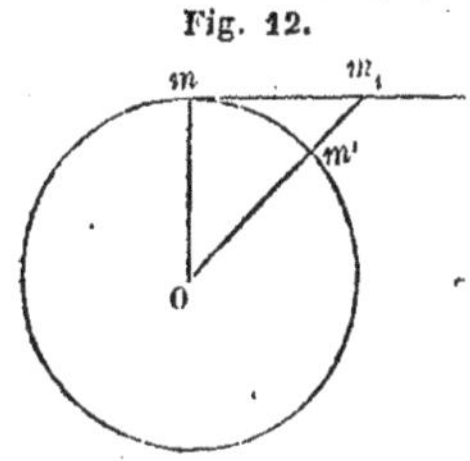

ture, le point matériel se trouverait en m_1, par exemple, tandis que, par suite de l'action du fil, il se trouve, après le même temps θ, en m' sur la circonférence. C'est cette action du fil qui agit continuellement sur le mobile, de la circonférence au centre, qu'on nomme *force centripète*. Elle est précisément égale, à chaque instant, à l'effort qu'il faut faire pour ramener le point matériel sur la courbe de laquelle il tend continuellement à s'échapper, en vertu de son inertie. Le point matériel réagit donc constamment sur le fil, et c'est cette réaction, due à l'inertie, qu'on appelle *force centrifuge*. On démontre d'ailleurs que l'expression de l'une ou l'autre de ces force est $\frac{mv^2}{r}$; c'est-à-dire que, pour le même point, la force centrifuge est directement proportionnelle au carré de la vitesse et inversement proportionnelle au rayon de la circonférence décrite.

Ce que nous venons de dire pour un point du corps s'étend évidemment à tous les autres; d'où il suit que, si tous ces points ne sont pas distribués symétriquement autour de l'axe (ce qui est le cas des roues mal centrées) cet axe supportera, pendant le mouvement du corps, un effort, variable de direction, qui aura pour effet de le presser contre ses supports. Si, au contraire, la masse du corps est distribuée symétriquement autour de l'axe (ce qui est le cas des roues bien centrées), alors les actions des diverses forces centrifuges se détruisent mutuellement, et l'axe ne supporte aucune pression. Mais, dans l'un ou l'autre cas, il est bien important de remarquer que l'action des forces centrifuges tend à rompre le corps, et que cette rupture pourrait avoir lieu, notamment lorsqu'il s'agit de roues à jantes, telles que les *volants,* reliées à leur moyeu par des rayons ou bras, si ces bras n'etaient pas en rapport avec la masse de la jante et, surtout, avec la vitesse de rotation que l'on imprime au système.

CHAPITRE II.

Généralités sur les machines. — Organes principaux. — Bielle et manivelle. — Excentrique circulaire. — Parallélogramme de Watt. — Principes de la transmission du travail. — Rendement d'une machine. — Résistances nuisibles.

24. Définition des machines. — Les divers moteurs qu'emploie l'industrie nous seraient complétement inutiles si nous n'avions pas des appareils spéciaux susceptibles de recevoir l'action des moteurs et de la transporter, pour ainsi dire, jusqu'aux points résistants que l'on veut déplacer.

Ces appareils ne sont autres que les machines, que l'on peut définir en disant : *que ce sont des appareils quelconques dont l'objet est de recevoir l'action d'un moteur et de l'utiliser pour surmonter les résistances qui, presque toujours, ne pourraient l'être sans leur secours.*

Considérées sous le point de vue géométrique, on peut dire aussi que les machines sont des appareils composés de pièces que l'on peut regarder, avec certaines restrictions, comme rigides et inextensibles, les unes fixes et les autres mobiles, dont la liaison est telle que, si l'on imprime à l'une d'elles un certain mouvement, on produit, par cela même, d'autres mouvements déterminés et généralement différents du mouvement imprimé.

25. Parties principales des machines. — Dans toute machine on distingue d'abord les parties fixes; ensuite les parties mobiles.

Les parties fixes ont pour objet de soutenir les parties mobiles tout en les dirigeant dans les mouvements qu'elles doivent prendre; on peut les classer comme suit :

1° Les bâtis ou charpentes des machines;

2° Les supports ou paliers;

3° Les guides.

Parmi les pièces mobiles on distingue, comme pièces fondamentales, les *tiges*, les *arbres* et les *leviers*.

Les tiges sont généralement des pièces cylindriques longitudinales, ordinairement en fer forgé, destinées à transmettre le mouvement dans le sens de leur longueur; les guides ne sont autres que des pièces destinées à maintenir rectiligne le mouvement longitudinal des tiges.

Les arbres sont des pièces longitudinales prismatiques ou cylindriques, ordinairement en fer forgé, qui affectent toujours le mouvement circulaire; et les supports, ou *paliers*, ne sont autre chose que des appareils destinés à supporter les arbres tout en maintenant leur mouvement circulaire.

Les arbres comportent trois parties principales, savoir :

1° Le corps de l'arbre, qui consiste en un cylindre ou, quelquefois, en un prisme régulier, dont la longueur est très-variable.

2° Les tourillons, qui sont des parties parfaitement rondes dont les longueurs dépassent peu le diamètre.

3° Les portées, sortes d'anneaux situés à chaque extrémité des tourillons et ayant pour objet d'empêcher le déplacement longitudinal de l'arbre.

La figure 13 représente un arbre et ses tourillons. Un arbre porte toujours au moins deux tourillons qui sont enveloppés chacun de deux demi-cylindres creux entre lesquels l'arbre opère son mouvement de rotation. Ces demi-cylindres portent le nom de *coussinets;* ils sont ordinairement en laiton ou en bronze, et encastrés dans le palier, dont la figure 14 donne une idée suffisante, et dont les principales parties sont au nombre de trois, savoir : 1° le corps; 2° le chapeau; 3° le patin. Le corps est

Fig. 13.

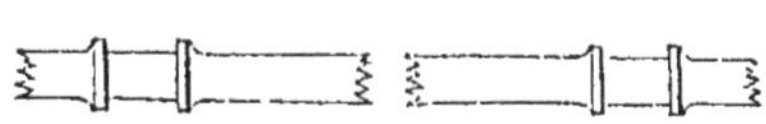

Fig. 14.

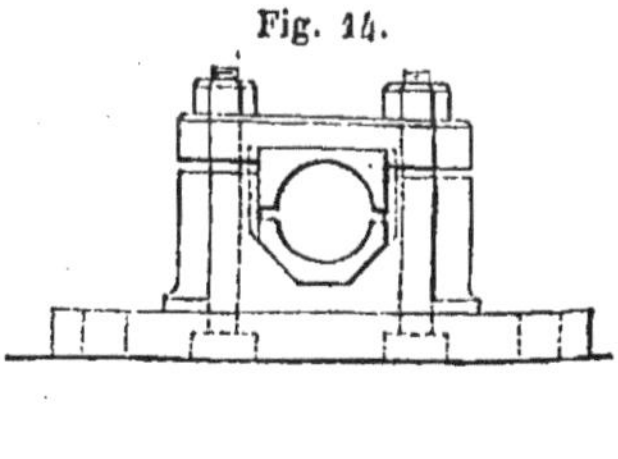

la partie qui porte les coussinets ; le chapeau est la partie qui maintient les coussinets en place; le patin est la partie plate où se fait l'assemblage avec les pièces fixes attenant au bâti de la machine.

Quant aux leviers, ce sont des pièces longitudinales, sortes de tiges de formes quelconques, assujéties, en pratique, à se mouvoir circulairement autour d'un axe fixe situé dans n'importe quelle partie de la tige, et ordinairement implanté perpendiculairement à la direction longitudinale de cette tige.

26. **Principales parties mobiles des machines.** — Dans le cas le plus général d'une machine, comme par exemple dans le cas de la machine à vapeur marine, les parties mobiles principales peuvent être classées en trois catégories, d'après leur mode de fonctionnement.

1° Le récepteur, partie de la machine qui reçoit directement l'action du moteur : dans la machine à vapeur c'est le cylindre et le piston ;

2° L'opérateur, partie de la machine qui opère directement le travail utile : dans la machine marine, ce sont les roues à aubes ou l'hélice ;

3° Les organes de communication, de transformation ou de modification du mouvement; ces organes, très-variés en apparence, se réduisent, dans la réalité, à quelques organes simples et fondamentaux que nous apprendrons à connaître au fur et à mesure que nous les rencontrerons, mais parmi lesquels nous mentionnons, en première ligne, le *levier :* l'organe fondamental le plus simple et le plus connu, d'où dérivent presque tous les autres.

27. **Des diverses transformations de mouvement.** — Le tableau ci-dessous comprend les diverses transformations de mouvement que comporte la machine à vapeur.

Mouvement circulaire continu transformé en	1° Circulaire continu.	Transformé en..	4° Circulaire altern.
	2° Rectiligne alternatif.		5° Rectiligne altern.
	3° Circulaire alternatif.		

28. **Mouvement circulaire continu en circulaire continu.** — Parmi les divers moyens employés pour opérer cette transformation, nous citerons seulement celui qui consiste dans l'emploi des engrenages.

Lorsqu'il s'agit du mouvement de deux arbres parallèles, on fait usage de l'ensemble de deux roues cylindriques, dentées extérieurement, dont l'ensemble porte le nom d'*engrenage droit* ou *cylindrique.* La figure 15 suffit pour faire comprendre un tel système. Les dents sont des saillies égales, séparées par des intervalles vides, qu'on appelle *creux de la dent.* Ces dents et ces creux sont disposés régulièrement sur le contour de deux cylindres fixés sur deux arbres parallèles o et o', de

Fig. 15.

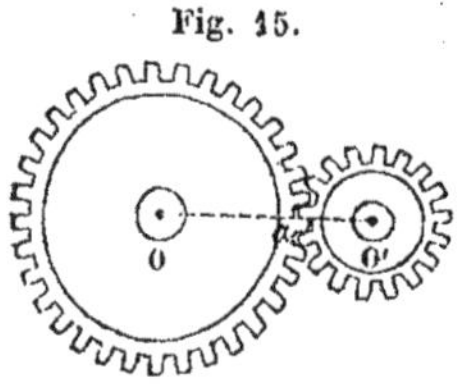

telle sorte que, les dents de l'une des roues étant engagées entre les dents de l'autre, le mouvement circulaire de la première détermine le mouvement de la seconde. Le profil des dents de l'une et de l'autre roue est déterminé de telle manière que, si l'une se meut d'un mouvement circulaire uniforme, l'autre possédera un mouvement semblable. De là résulte évidemment que les nombres de tours faits, dans le même temps, par les deux arbres o et o', sont inversement proportionnels aux nombres de tours des roues.

Si les nombres de dents sont les mêmes, les roues feront simultanément les mêmes nombres de tours; mais, si l'une possède quarante dents, par exemple, et l'autre vingt dents, il est clair que lorsque la première fera un tour la seconde en fera deux.

Il est bien évident aussi que, dans tous les cas, les roues tourneront en sens contraire.

On appelle *pas de l'engrenage* la somme de l'épaisseur d'une dent et de la largeur du creux comptées sur l'une ou l'autre des circonférences tangentes en a.

Ces circonférences s'appellent les *circonférences primitives* de l'engrenage, elles passent par le point de contact a de deux dents en prise sur la ligne des centres, et ce point divise cette ligne des centres en deux parties réciproquement proportionnelles aux nombres de tours faits dans le même temps par les deux roues. Le problème du tracé des engrenages consiste à déterminer le profil des dents, de telle sorte que les roues dentées se conduisent, dans le mouvement, précisément comme le feraient les circonférences primitives par le simple contact, si le frottement des deux cylindres primitifs était suffisant pour que le mouvement de l'un déterminât le mouvement de l'autre, sans qu'il y ait glissement.

Fig. 16.

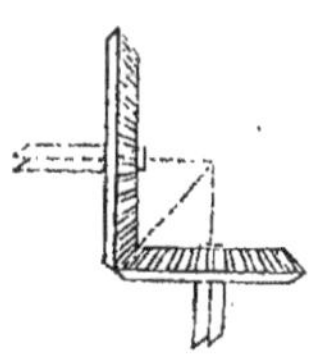

Dans certains cas, que l'on rencontre aussi quelquefois dans quelques mécanismes secondaires de la machine à vapeur, les axes, au lieu d'être parallèles, ont des directions concourantes; alors on fait usage de roues dentées coniques ainsi que le représente la figure 16, et tout ce que nous venons de dire relativement aux engrenages cylindriques est applicable aux engrenages coniques, dans lesquels des *cônes primitifs* sont substitués aux cylindres primitifs des engrenages droits.

29. **Mouvement circulaire continu en rectiligne alternatif et réciproquement.** — Si l'on considère deux arbres parallèles o et o' (Figure 17) portant, à leurs extrémités, chacun un rayon solide tel que oa pour l'un et $o'a'$ pour l'autre; ces deux rayons étant pris égaux et dans des directions parallèles, si l'on imagine qu'on les articule en a et en a' à l'aide de petits tourillons sur une pièce rigide longitudinale aa', il est clair que, par suite de cette liaison articulée, le mouvement de l'axe o, par exemple, se

Fig. 17.

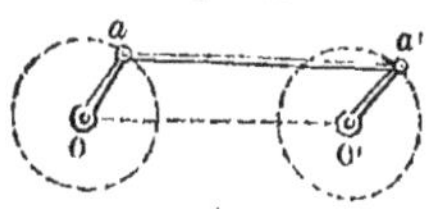

communiquera à l'axe o'. Dans toutes leurs positions les deux rayons oa et $o'a'$ resteront parallèles, le quadrilatère $oaa'o'$ ne cessera pas d'être un parallélogramme, et conséquemment dans toutes ses positions la tringle aa' ne cessera pas de rester parallèle à elle-même.

L'ensemble de la tringle et d'un des rayons constitue l'organe qu'on appelle *bielle* et *manivelle*. La tringle est la *bielle* et l'un des rayons est la *manivelle*.

Tout en remarquant que cet organe opère la transformation du mouvement circulaire continu en circulaire continu, moyen employé, soit dit en passant, dans les locomotives pour accoupler deux roues et les rendre solidaires, on doit aussi observer que si l'on considère un tour complet de l'arbre o', par exemple, la bielle aa' tout en restant parallèle à elle-même se mouvera d'un mouvement rectiligne alternatif, avec cette condition toutefois que cette bielle se déplacera, en même temps, parallèlement à elle-même, tantôt dans un sens tantôt dans l'autre, par rapport à la ligne des centres oo'.

Nous allons voir bientôt comment on peut astreindre le pied de la bielle à rester constamment sur une droite passant par le centre de rotation o; mais, avant d'en arriver là, il convient d'examiner attentivement le mouvement actuel où la bielle reste constamment parallèle à elle-même, mouvement dont nous déduirons les conséquences les plus importantes.

Considérant donc (Figure 18) la manivelle oa et la bielle ab que nous supposerons verticale pour toutes les positions de la manivelle; on voit d'abord que, pour la position a_1, la bielle et la manivelle sont dans le prolongement l'une de l'autre; que pour la position a_2 diamétralement opposée, la bielle recouvre la manivelle; ensuite que, dans le passage de a_1 en a_2, le pied de la bielle monte verticalement de deux fois la longueur de la manivelle; et, qu'enfin, lorsque la manivelle est devenue horizontale, le pied de la bielle s'est élevé d'une hauteur égale à la manivelle même.

Fig. 18.

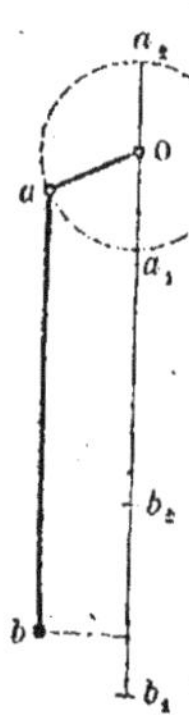

Pour revenir de a_2 en a_1 (la manivelle marchant toujours dans le même sens), les choses se passent, dans le mouvement descendant de la bielle, identiquement de la même manière que dans le mouvement ascendant.

Réciproquement, si, au lieu de considérer le mouvement de l'arbre comme déterminant le déplacement de la bielle, on suppose qu'une force agisse suivant cette bielle, tantôt de bas en haut, tantôt de haut en bas, cette force déterminera évidemment le mouvement circulaire continu de l'arbre. Mais, dans cette transformation, il est bien important de remarquer que, pour les deux positions a_1 et a_2, diamétralement opposées, l'effort sur la bielle sera complétement annulé par la fixité de l'axe o; et que conséquemment, quelque grande que puisse être l'intensité de la force, le mouvement cesserait incontinent si le système ne possédait pas une force vive acquise, laquelle (21) remplace l'action de la force mouvante.

Les points a_1 et a_2 sont nommés *points morts.*

30. **Mouvement du pied de la bielle.** — De ce que la bielle reste parallèle à elle-même, on voit qu'un point quelconque, le pied b, par exemple, décrit, dans l'espace, identiquement le même mouvement que le bouton de la manivelle; de sorte que, pour avoir le chemin parcouru par ce pied, il suffit de projeter à chaque instant le bouton de la manivelle sur le diamètre $a_1\ a_2$. Ainsi (Figure 19), le bouton de la manivelle étant venu en a, si l'on veut avoir le chemin dont s'est élevé le pied de la bielle, il suffit d'abaisser du point a une perpendiculaire ak sur la direction $a_1 a_2$, et le chemin cherché est représenté par $a_1 k$.

Fig. 19.

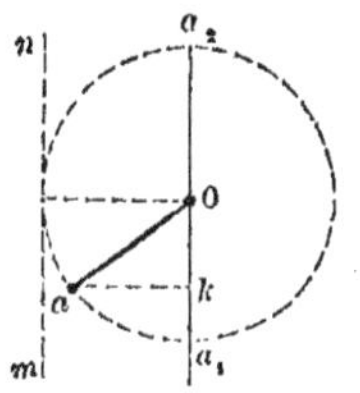

Au lieu de compter le chemin parcouru par le pied de la bielle sur le diamètre $a_1 a_2$, il est clair qu'on peut le rapporter à toute autre ligne parallèle, notamment à la tangente mn parallèle à la direction constante de la bielle.

Soient encore oA et oA′ (Figure 20) deux manivelles, fixées sur le même arbre o, se mouvant simultanément de manière à faire entre elles un angle constant γ, et de telle sorte que les bielles AB, A′B′ restent parallèles à elles-mêmes dans toutes leurs positions. Si nous considérons la position oa de la première manivelle correspondant à la position oa' du *point mort* de la seconde, il est clair qu'en abaissant une perpendiculaire AK sur la ligne mK parallèle à la première bielle et tangente à la circonférence décrite par les boutons A et A′ des manivelles, la ligne mK représentera le chemin que le pied de la première bielle aura parcouru à partir de son point mort inférieur, et que la ligne aK′ représentera de même le chemin parcouru par le pied de la seconde bielle à partir de son point mort supérieur a'; car AK′ et A′e étant des perpendiculaires abaissées sur les rayons ao et $a'o$, et les arcs aA, a'A′ étant égaux, aK′ est égal à $a'e$, qui représente évidemment l'espace parcouru par le pied de la bielle A′B′.

Fig. 20.

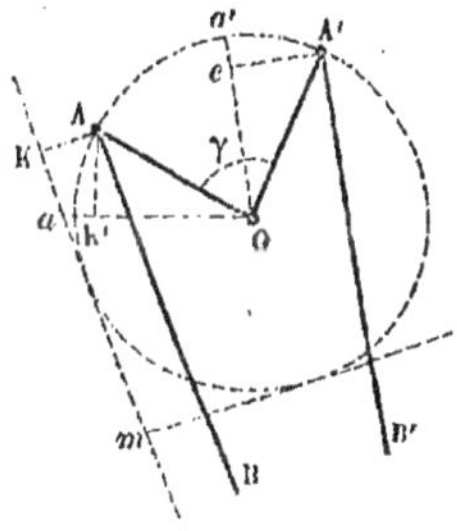

De là résulte qu'à l'aide de la simple épure suivante (Figure 21), on pourra obtenir bien facilement les chemins parcourus simultanément par les pieds des deux bielles. Il suffira pour cela de décrire une circonférence ayant pour rayon l'une des mani-

Fig. 21.

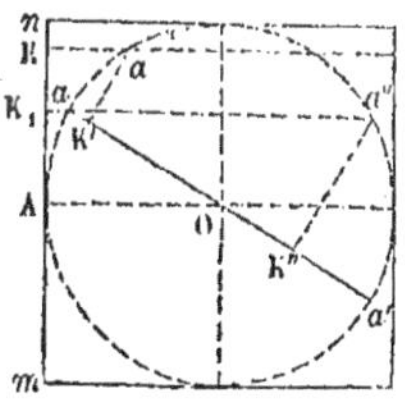

velles, puis de circonscrire à cette circonférence un carré dont le côté *mn* représentera la course du pied des bielles. On prendra l'angle A*oa* égal à l'angle que fait la première manivelle avec sa position moyenne, lorsque la seconde est à son point mort, et le diamètre *aa'* sera celui sur lequel on devra compter les chemins parcourus par le pied de la seconde bielle.

Par exemple, le bouton de la première manivelle étant en *a*, on demande les positions relatives des pieds des deux bielles. Le pied de la première bielle sera en K et le pied de la seconde sera en K'. Réciproquement, si le pied de la seconde bielle étant en K'', on demande la position du pied de la première, on élèvera en K'' une perpendiculaire au diamètre *aa'*, et l'on trouvera en *a''* le bouton de la première manivelle; puis l'horizontale $a''K_1$ nous donnera en K_1 le pied de la première bielle dans son mouvement descendant.

Nous pouvons remarquer que, si les deux manivelles accouplées n'étaient pas égales, si la seconde, *o*A' par exemple, était plus grande que la première *o*A, les points K',K'', etc., de l'épure ci-dessus représenteraient toujours les positions relatives du pied de la seconde bielle; car, bien que dans ce cas les longueurs *a*K', *a*K'' ne représentassent pas les vraies distances parcourues par le pied de la seconde bielle, ces longueurs sont néanmoins proportionnelles aux chemins réels correspondants que parcourrait le pied de cette bielle.

31. Cas où le pied de la bielle se meut sur une droite fixe passant par le centre de rotation. — Examinons actuellement comment on peut passer du cas du parallélisme de la bielle à celui où le pied de la bielle décrit une droite fixe passant par le centre de rotation. Pour cela, remarquons (Figure 22) que, pour une position quelconque de la bielle, dans le cas du parallélisme, on peut toujours ramener le pied *b* de la bielle à occuper une position correspondante b_1, sur la ligne B_1B_2, qui, prolongée, passe par le centre *o*. Il suffit, en effet, de décrire du point *a* comme centre, avec un rayon égal à la longueur de la bielle, un arc de cercle qui vient couper la ligne B_1B_2 en b_1. Donc, à toute position *b* du pied de la bielle parallèle correspond une position b_1 possible et compatible avec la nature de la transformation de mouvement qu'on se propose de réaliser.

Fig. 22.

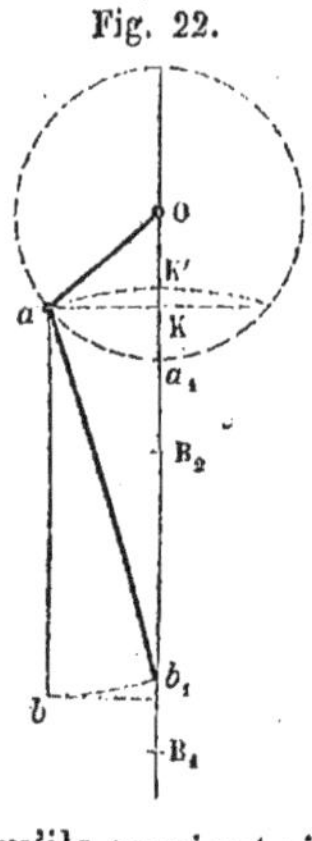

La construction ci-dessus fera connaître géométriquement la position de la bielle pour chaque position du bouton de la manivelle, et la transformation du mouvement aura lieu comme dans le cas du parallélisme, avec cette légère modification toutefois que les chemins parcourus par le pied de la bielle différeront un peu de ce qu'ils seraient si la bielle restait parallèle à elle-même.

Ainsi, pour l'arc $a_1 a$ décrit par le bouton de la manivelle, si la bielle restait parallèle à elle-même, le chemin parcouru par son pied serait, comme nous le savons, représenté par a_1K; mais, dans le cas actuel, ce chemin est réellement $B_1 b_1 = a_1 K + KK'$. Cette quantité KK', variable avec la position de la manivelle, dépend aussi du rapport qui existe entre les longueurs de la bielle et de la manivelle, et elle est additive ou soustractive, suivant que le pied de la bielle s'avance dans un sens ou revient en sens contraire. C'est l'obliquité de la bielle qui fait, par exemple, que son pied ne se trouve pas au milieu de sa course, lorsque le bouton de la manivelle est au milieu de la sienne.

32. Mouvement circulaire continu en circulaire alternatif et réciproquement. — Si, partant de la transformation précédente, nous élevons une perpendiculaire sur le milieu de $B_1 B_2$, et si nous prenons sur cette perpendiculaire un certain point o' (Figure 23), tel que la distance bo' soit plus grande que la manivelle ao, il est évident qu'en articulant le pied de la bielle ab sur l'extrémité b du levier bo', nous astreindrons ce pied à décrire l'arc $B_1 b B_2$, tantôt dans un sens, tantôt dans l'autre, pendant que la manivelle aO se mouvra circulairement. De cette manière, nous réaliserons la transformation en question, ou sa réciproque.

Fig. 23.

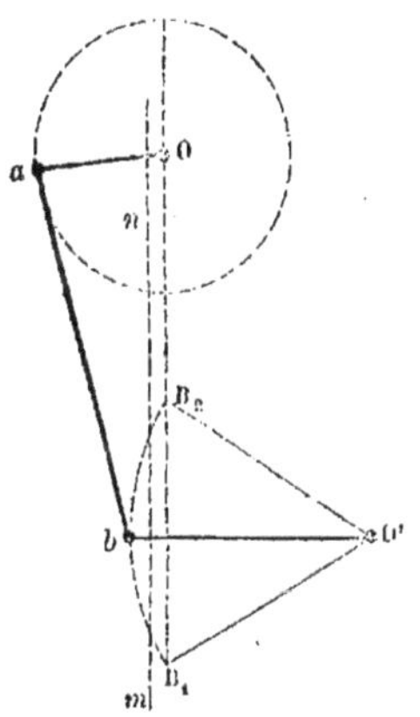

Dans la pratique, afin de diminuer les frottements et de rendre le mouvement plus régulier, on prend le levier $o'b$ le plus grand possible; et, de plus, on place le centre de rotation sur la perpendiculaire mn qui divise en deux parties égales la flèche de l'arc $B_1 b B_2$.

Les figures 24, 25, 26, 27 font comprendre les dispositions pratiques relatives à la bielle et à la manivelle. La figure 24 représente une manivelle simple; l'arbre est tout a fait interrompu à droite. La figure 25 représente une manivelle double qui permet de continuer l'arbre de rotation. La figure 26 représente une manivelle

Fig. 24.

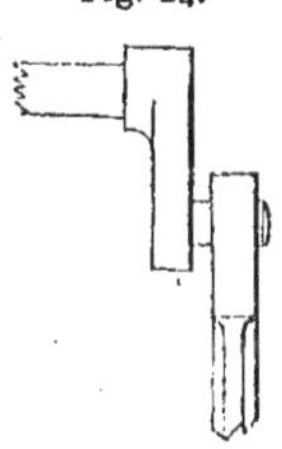

Fig. 25.

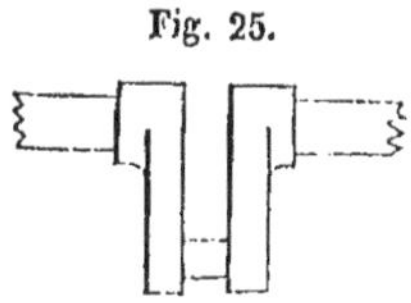

Fig. 26.

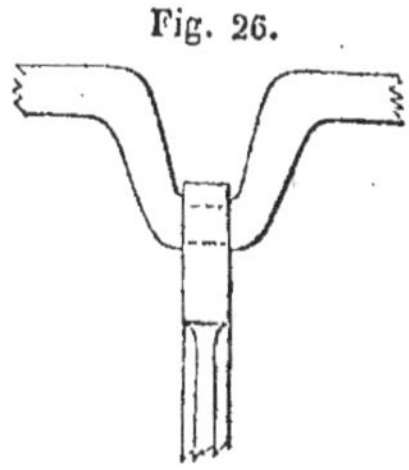

double venue de forge avec l'arbre, et ne formant ainsi qu'une seule pièce avec lui; cette sorte de manivelle prend le nom de *vilebrequin*. La réunion de la bielle et de la manivelle se fait, comme l'indique la figure 27, à l'aide d'une sorte de coussinet qui forme *tête de bielle* et dans lequel se meut, comme un tourillon, le *bouton* de la manivelle; une disposition analogue est établie sur le pied de la bielle, afin de la relier avec la pièce ou tige qui la conduit ou qu'elle doit conduire.

Fig. 27.

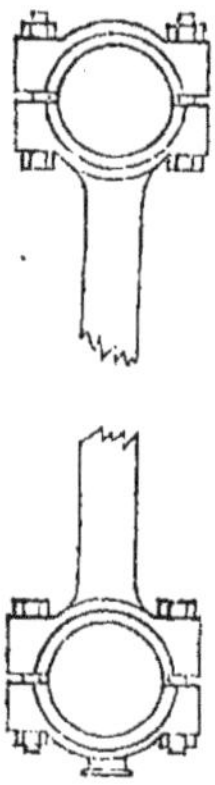

On conçoit facilement qu'en raison du jeu des articulations, le renversement du mouvement de la bielle ne puisse avoir lieu instantanément, comme s'il s'agissait d'un point mathématique; aussi, dans la réalité, existe-t-il, de part et d'autre du point mort, un certain espace pendant lequel le pied de la bielle subit un temps d'arrêt, quelquefois sensible à l'œil, et pendant lequel, pourtant, la manivelle ne cesse pas de tourner. On désigne sous le nom d'*espaces morts* ces petits espaces situés de part et d'autre du point mort; on estime qu'ils mesurent des arcs de 5 à 6 degrés de part et d'autre de ce point.

Il est clair, d'après tout ce que nous avons dit à ce sujet, que, si, au moment de la mise en marche d'une machine portant une bielle et une manivelle, la manivelle se trouvait dans les espaces morts, la machine ne pourrait partir. C'est pour parer à ce grave inconvénient, et aussi pour augmenter la régularité du mouvement, que, dans les machines marines, on accouple sur le même arbre deux ou plusieurs appareils dont les manivelles sont disposées de telle sorte qu'elles ne passent point ensemble dans leurs espaces morts.

33. **Excentrique circulaire.** — Lorsqu'on veut profiter du mouvement de l'arbre principal d'une machine pour obtenir le mouvement des parties secondaires, ce serait un très-grave inconvénient que d'être obligé d'employer des manivelles ordinaires pour obtenir le mouvement dont on peut avoir besoin, puisqu'il faudrait alors interrompre la continuité de l'arbre en le coudant.

L'organe dont nous allons parler remédie très-heureusement à ce grave inconvénient.

Tout ce que nous avons dit du mouvement de la bielle et de la manivelle étant tout à fait indépendant de la grandeur du bouton de cette dernière, il s'ensuit que, quel que soit le diamètre de ce bouton, le mouvement du pied de la bielle restera identiquement le même, quant à son amplitude et quant à sa nature.

Cela posé, si nous substituons (Figure 28), au bouton actuel *a*, un disque métallique A, assez grand pour envelopper l'arbre moteur *o*, et, à la bielle primitive *a*B, une nouvelle bielle B*cc* qui enveloppe le disque A, avec le collier *ccc*, comme la bielle ordinaire enveloppe le bouton de sa manivelle, il est clair que calant directement le disque A sur l'arbre moteur, on pourra supprimer la manivelle, et, par suite de la forme de la nouvelle bielle, conserver l'arbre sans interruption.

Fig. 28.

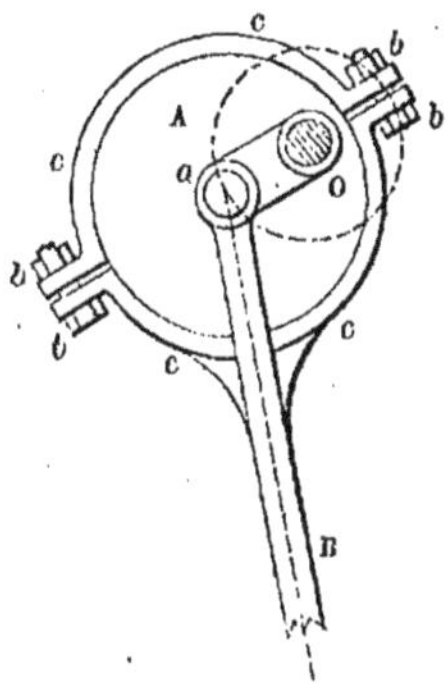

Dans ce système particulier, le disque A qui remplace la manivelle prend le nom de *cercle excentrique,* ou de *chariot d'excentrique,* ou simplement d'*excentrique;* et on donne le nom d'*excentricité* à la distance *oa* de l'axe au centre de l'excentrique. La tête de bielle prend le nom de *collier d'excentrique :* c'est une sorte de grand tourillon, ordinairement en bronze, composé de deux segments égaux *cc,* que l'on rapproche à l'aide de boulons *bb,* de manière que le collier embrasse à frottement doux le chariot d'excentrique, qui porte sur tout son contour une gorge rectangulaire où se loge ce collier.

Enfin, la bielle elle-même prend le nom de *bielle d'excentrique* ou de *tringle d'excentrique;* son pied s'articule du reste comme dans le cas ordinaire, sur la tige qu'elle doit faire mouvoir.

L'agrandissement du bouton de la manivelle entraîne avec lui beaucoup de continuité et de douceur dans le mouvement; mais il donne lieu, en même temps, à un travail résistant dû au frottement du collier, qui serait très-considérable si l'effort à vaincre était très-grand. Cet inconvénient, le seul de cet organe, fait qu'on emploie l'excentrique seulement pour transformer le mouvement de rotation en mouvement de va-et-vient, et lorsqu'il s'agit seulement de surmonter des efforts relativement faibles.

34. Transformation du mouvement circulaire alternatif en circulaire alternatif et en rectiligne alternatif, et réciproquement. — Les balanciers droits ou coudés, qui ne sont autre chose que des leviers à bras égaux ou inégaux, fournissent tout naturellement des exemples très-simples de la première de ces deux transformations de mouvement que l'on rencontre fréquemment dans la machine à vapeur, et sur laquelle il est inutile de s'étendre, tant elle se présente avec simplicité.

Quant à la seconde transformation de mouvement, dont nous trouverons aussi de fréquents exemples, nous devons la signaler particulièrement comme transformation principale dans la machine à vapeur, *type de Watt,* et dans la machine marine dite *à balanciers,* que nous examinerons plus tard.

Considérons, à cet égard (Figure 29), un demi-balancier *oa* oscillant autour de l'axe *o,* et décrivant l'arc *a'aa''*; soit *mn* la ligne droite que doit suivre dans son mouvement le point auquel on veut communiquer un mouvement rectiligne alternatif. Pour des raisons que nous allons dire tout à l'heure, on choisit la ligne *mn,* perpendiculaire au balancier *oa* dans sa position moyenne, et de manière qu'elle passe par le milieu de la flèche *ak* de l'arc *a'aa''*.

Soit maintenant une tringle *a b*, articulée, d'une part sur l'extrémité du balancier, et d'autre part, en *b*, sur la tige qu'il s'agit de faire mouvoir. Cette tringle *a b* est ce qu'on appelle une *bielle pendante;* sa longueur, indéterminée, ne dépend que des conditions particulières de l'établissement du système.

Fig. 29.

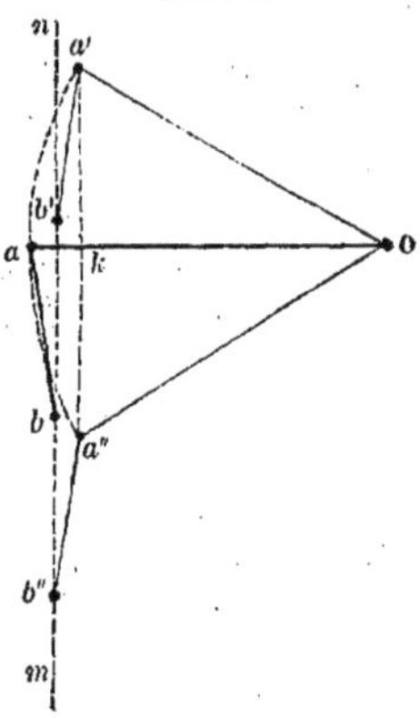

Cela posé, on voit de suite que, si le point *b* est astreint, par un procédé quelconque, à demeurer sur la ligne *mn*, on obtiendra, à l'aide de tout ce mécanisme bien simple, la transformation de mouvement en question, ainsi que la réciproque de cette transformation. Il est facile d'apercevoir aussi que le mouvement du système sera tel que l'espace *b' b b"*, parcouru par l'extrémité de la tige en question, sera précisément égal à la corde *a' a"*; on voit en outre que le point *b*, qui correspond au balancier dans sa position moyenne, se trouve juste au milieu de *b' b"*. C'est pour obtenir ce dernier résultat, et aussi pour diminuer l'obliquité de la bielle pendante, que l'on choisit la position de la ligne *mn*, comme nous l'avons indiqué plus haut.

La transformation de mouvement qui nous occupe, ainsi que sa réciproque, étant obtenue, comme on le voit, bien simplement par l'ensemble d'un balancier et d'une bielle pendante articulée, il nous reste à faire voir à l'aide de quels procédés on parvient à maintenir l'extrémité de la tige et à l'obliger à se mouvoir en ligne droite sans qu'elle dévie de sa route, et surtout sans que la tige fléchisse sous l'influence de l'action de la bielle pendante, qui agit sur elle obliquement.

35. **Guides et parallélogrammes articulés.** — Pour astreindre une tige à marcher en ligne droite, sans subir ni déviation ni flexion, le premier moyen qui se présente à l'esprit consiste à maintenir l'extrémité de cette tige, où se trouve le tourillon qui s'articule avec une bielle quelconque, dans une coulisse ou rainure formée par des pièces métalliques, parfaitement rigides et parallèles, susceptibles de supporter, sans déviation aucune, tous les efforts obliques qui s'exercent sur l'extrémité de la tige. Nonobstant les frottements assez considérables qui naissent de ce dispositif, c'est pourtant celui dont on fait exclusivement usage dans les locomotives pour guider les tiges de piston, et c'est aussi celui qu'on emploie dans presque toutes les machines marines à hélice.

Mais, dans la machine à balancier de Watt, ainsi que dans les machines marines à double balancier, les dispositions de ces appareils permettent de guider les tiges de piston à l'aide des dispositifs connus sous le nom de *parallélogrammes articulés*, qui offrent alors des avantages incontestables sur les appareils à *glissières*, que nous venons de mentionner ci-dessus.

C'est à l'illustre Watt que l'on doit la première idée du parallélogramme articulé qui porte son nom, et qu'il appliqua, pour la première fois, en 1784, à sa machine à double effet.

Considérons toujours (Figure 30) le demi-balancier *oa* et la bielle pendante *ab*; prenons entre le point *o* et le point *a* sur le balancier même un point *c*, dont la position peut être d'ailleurs très-variable, et formons un parallélogramme *abcd* articulé en ses quatre sommets, de telle sorte que tout en restant parallélogramme il puisse se déformer dans les différentes positions qu'il occupe par suite du mouvement du balancier. Imaginons maintenant que, par un moyen quelconque, on maintienne provisoirement l'extrémité de la bielle pendante sur la verticale *mn* durant que le balancier oscille de *a* en *a'* et de *a'* en *a*, ce qui sera toujours possible grâce aux articulations du parallélogramme; alors le quatrième sommet *d* parcourra une certaine trajectoire plane. Or, si les dimensions du parallélogramme sont choisies convenablement, si surtout l'amplitude des oscillations du balancier ne dépasse pas certaines limites entre lesquelles les conditions de construction exigent qu'on se maintienne, on trouve que le point *d* décrit *à très-peu près* un arc de cercle dont le centre *o'* se détermine en prenant trois positions quelconques de ce point *d* correspondant à trois positions du balancier. Si donc, réciproquement, on astreint le point *d* à se maintenir sur cet arc de cercle, à l'aide d'une tringle *o'd* articulée, d'une part sur le sommet du parallélogramme, et, d'autre part, sur l'axe fixe *o'* déterminé comme nous venons de le dire, il est clair que l'extrémité *b* de la bielle pendante *ab* se mouvra forcément en ligne droite sur la verticale *mn*, et l'on sera certain que la tige conduite par la bielle ne subira aucun effort par le fait de l'obliquité de cette dernière, car les efforts qui tendent à faire fléchir cette tige seront entièrement détruits par la fixité de l'axe *o'*.

Fig. 30.

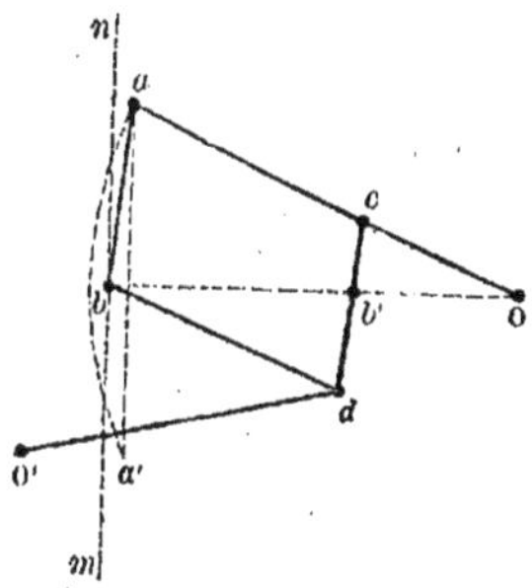

Cette tringle *o'd* prend le nom de *bride du parallélogramme.*

On peut remarquer que, si l'on joint le point *b* au point *o*, à cause de la similitude des triangles *bao*, *b'co*, qui existe pendant tout le mouvement du balancier grâce aux articulations des sommets du parallélogramme, la ligne *bo* passera constamment par le même point *b'* du côté *cd* du parallélogramme articulé; d'où il suit que le point *b'*, homologue du point *b*, se mouvra semblablement et décrira, par conséquent, une parallèle à *mn*, dont le parcours sera au parcours de *mn* dans le rapport de *oc* à *oa*.

Dans la machine à vapeur de Watt, on profite de cette circonstance (du mouvement rectiligne du point *b'*) pour mettre en mouvement la tige de la pompe à air, sans qu'on soit obligé de la guider autrement.

Dans les applications que l'on a faites ultérieurement du parallélogramme de Watt aux machines marines, on a dû s'écarter des dimensions primitives adoptées par l'illustre ingénieur, tout en se maintenant, bien entendu, dans les limites qui conviennent au bon fonctionnement de l'appareil, et l'on est parvenu, de cette manière, à appliquer cet ingénieux organe au cas des machines à vapeur marines.

Nous reconnaîtrons facilement, lorsque nous décrirons les machines à balanciers, en quoi consistent ces modifications, qu'il est inutile de signaler à présent.

Telles sont les principales transformations de mouvement que l'on rencontre dans les machines à vapeur, ainsi que les principaux organes qui s'y rapportent.

Pour terminer ce qui a trait aux considérations générales sur les machines, il nous reste maintenant à nous occuper de ce que l'on nomme le *rendement* d'une machine; et puis ensuite à signaler brièvement les principales résistances nuisibles que l'on rencontre dans les machines en mouvement, et qui font que ces dernières ne peuvent jamais rendre intégralement tout le travail qui leur est confié par les puissances motrices dont on fait usage.

36. **Principe général de la transmission du travail.** — En se basant sur les principes de la mécanique rationnelle relatifs au travail des forces et au rôle de l'inertie dans le mouvement des diverses parties d'une machine quelque compliquée qu'elle puisse être, on arrive à un principe général qui résume pour ainsi dire toute la théorie des machines en mouvement. Bien qu'il nous soit impossible d'aborder ici la démonstration de ce principe, il est si net dans son exposé, et les conséquences qu'on en déduit sont si importantes et d'une application si immédiate, que nous ne pouvons le passer sous silence.

Voici l'énoncé de ce théorème général de la théorie des machines en mouvement :

1° Si l'on considère une machine quelconque, en mouvement, à partir du repos jusqu'au moment où elle y revient : dans ce laps de temps, tout le travail que dépense le moteur est précisément égal au travail de toutes les forces résistantes, *quelles qu'elles soient*, qui tendent à s'opposer au mouvement de la machine; en d'autres termes plus concis : *Dans ce laps de temps, le travail moteur total est précisément égal au travail résistant total;*

2° Si la machine se mouvait d'un mouvement uniforme, la même égalité aurait lieu entre deux instants quelconques; si la machine se meut d'un mouvement périodique, la même égalité a lieu pendant une ou plusieurs périodes : et, même plus généralement, entre deux instants quelconques, pourvu que, au dernier instant, les vitesses de tous les points du système soient redevenues les mêmes qu'elles étaient au premier.

De ce principe il résulte que, dans une machine en mouvement, la machine à vapeur d'un navire par exemple, si on désigne par T_m le travail moteur total opéré pendant un certain temps (ici le travail de la vapeur dans le cylindre), et par T_r le travail résistant total effectué pendant le même temps, (non-seulement celui du propulseur qui en agissant sur l'eau détermine le mouvement du navire, mais encore tout le travail qui est développé par tous les frottements et autres résistances nuisibles inhérentes à l'appareil), on aura, pendant le laps de temps considéré, la relation suivante :

$$T_m = T_r.$$

Dans cette relation éminemment simple on peut décomposer le second membre T_r en deux parties ; l'une T_u représentera ce qu'on appelle le *travail utile;* l'autre T_n représentera ce qu'on appelle le *travail nuisible.*

Dans l'exemple que nous choisissons, le *travail utile* T_u est celui qu'il faudrait simplement développer en poussant l'arrière du navire avec une puissance convenable, *sans l'intermédiaire d'aucune machine,* pour le faire mouvoir avec une vitesse déterminée ; tandis que le *travail nuisible ou perdu* est celui que la vapeur devrait toujours développer pour faire marcher la machine ainsi que l'arbre de l'hélice avec son allure habituelle (l'hélice étant supprimée à l'arrière du bâtiment), en y ajoutant le travail nuisible inhérent à l'hélice elle-même (148).

L'équation ci-dessus peut donc s'écrire :

$$T_m = T_u + T_n ; \text{ d'où } T_u = T_m - T_n. \quad (1)$$

Ce résultat nous fait voir que dans toute machine en mouvement le travail utile n'est jamais qu'une partie du travail moteur dépensé. On doit s'efforcer de rendre, dans chaque circonstance, cette partie la plus grande possible en diminuant autant que faire se peut les résistances nuisibles ; mais, il ne faut pas perdre de vue que, quoi qu'on fasse, on ne pourra jamais annuler complétement le travail T_n, puisque, dans le cas même où la machine marcherait *à vide,* ce travail T_n (qui ne peut évidemment jamais être nul quelque simple qu'on imagine cette machine) représenterait précisément le travail moteur qu'il faudrait alors dépenser pour continuer le mouvement en ne réalisant aucun travail utile.

37. Rendement d'une machine ou d'un propulseur. — Si l'on divise l'expression (1) par T_m on obtiendra :

$$\frac{T_u}{T_m} = \left(1 - \frac{T_n}{T_m}\right) = K. \quad (2)$$

Dans la machine à vapeur marine, ce rapport du travail utile, évalué sur l'arbre, au travail moteur de la vapeur sur le piston, se nomme le *coefficient de rendement,* ou simplement le *rendement* de la machine. La raison de cette dénomination provient de ce que si l'on connaît la valeur numérique de ce rapport K, que l'on admet comme constant pour le même système de machine, entre certaines limites de puissance (ce qui est suffisamment exact pour les besoins de la pratique) il suffit, pour obtenir le travail utile, de multiplier le travail moteur total par ce coefficient, lorsqu'on peut arriver d'ailleurs à connaître ce travail moteur, soit par le calcul, soit par l'expérience directe ; ce qui donne en effet, d'après l'expression (2) :

$$T_u = K\,T_m.$$

C'est ainsi que, d'après des expériences faites à l'aide du dynamomètre de M. Taurines sur les machines du *Primauguet,* bateau à vapeur de 400 chevaux, et sur d'autres machines, on admet aujourd'hui que, pour les machines dont les puissances sont de 400 chevaux et au delà, le coefficient de rendement varie entre 0,70 et 0,85, et qu'on peut évaluer approximativement l'effet utile de tout autre appareil fonctionnant dans des conditions analogues lorsqu'on connaît le travail moteur effectif de cet appareil.

Exemple : supposons qu'on sache, par un moyen quelconque, que la puissance d'un appareil à vapeur est de 1200 chevaux, *puissance évaluée sur le piston,* et qu'on demande la puissance *utile* ou *disponible* sur l'arbre du propulseur. En admettant que le coefficient de rendement 0,80 convienne à ce cas, et en prenant l'expression $T_u = K\ T_m$ qui représente le travail utile et le travail moteur pendant un certain temps, soit une seconde; enfin en remarquant (17) que la puissance utile et la puissance motrice en chevaux sont alors $\frac{T_u}{75}$ et $\frac{T_m}{75}$, on aura, pour la puissance cherchée φ

$$\varphi = K \times \frac{T_m}{75} = 0{,}80 \times 1200^{\text{chev.}} = 960^{\text{chev.}}$$

S'il s'agit d'un propulseur, on est conduit aux mêmes considérations; ainsi, désignant toujours par T_u le travail utile de la machine disponible, soit sur l'arbre des roues soit sur l'arbre de l'hélice, il est clair que, si on désigne par t_u le travail utile du propulseur, qui n'est autre ici que le produit de la poussée moyenne due aux roues ou à l'hélice par le chemin parcouru par le navire, et par K' le coefficient de rendement que donne l'expérience, on aura, comme pour la machine :

$$\frac{t_u}{T_u} = K'.$$

Le coefficient de rendement des propulseurs employés dans la marine doit varier évidemment avec chaque genre de propulseur et aussi avec ses dimensions, etc....; dans l'absence presque complète d'observations précises, on admet encore aujourd'hui que ce coefficient est à peu près le même pour les divers genres de propulseurs, et, qu'en moyenne, il peut être représenté par 0,60. Quelquefois cependant il atteint 0,80, comme l'ont prouvé les expériences de l'*Elorn;* mais, d'autres fois, assez exceptionnellement il est vrai, il ne dépasse pas 0,50.

Enfin, si l'on veut comparer directement le travail effectif du propulseur, autrement dit le *travail de la poussée effective sur le bâtiment,* au travail moteur développé sur le piston de la machine, résultat qui en définitive est le plus intéressant pour le praticien, on obtient ce que l'on appelle le *rendement total* ou l'*utilisation.*

Si on rapproche les deux expressions :

$$\frac{T_u}{T_m} = K \text{ et } \frac{t_u}{T_u} = K',$$

il est facile de prouver que l'*utilisation* est représentée par le produit du *rendement de la machine* par le *rendement du propulseur,* car si on multiplie ces deux expressions l'une par l'autre, on obtient :

$$\frac{t_u}{T_m} = K.K'.$$

Ainsi, le coefficient de rendement d'une machine étant 0,75, et celui du propulseur 0,60, l'utilisation sera

$$0{,}75 \times 0{,}60 = 0{,}45.$$

Connaissant, d'un autre côté, d'une manière certaine, la quantité de houille consommée, on pressent déjà comment le praticien se trouve à même d'évaluer rigoureusement sa dépense et son produit.

38. **Résistances nuisibles.** — Les causes qui engendrent le travail nuisible T_n sont les suivantes :

1° Les vibrations;
2° La production inutile de chaleur;
3° Les chocs ou changements brusques de vitesse;
4° Les résistances passives.

Dans toute machine en mouvement, il existe toujours plus ou moins de vibrations de la part des pièces mobiles; ces vibrations se communiquent au sol, aux milieux ambiants, et donnent lieu à une consommation d'une partie du travail moteur, en pure perte pour le travail utile.

La transformation de la chaleur en travail mécanique, et, réciproquement, celle du travail mécanique en chaleur (60) est aujourd'hui un fait incontestable; il s'ensuit que dans toute machine en mouvement une partie du travail moteur se transforme en chaleur au détriment du travail utile qu'il s'agit de produire; et, comme cette chaleur se dissipe dans l'espace, il en résulte une perte nette de travail utile..

Les chocs et les changements brusques de vitesse occasionnant toujours des vibrations et des dégagements de chaleur, il en résulte encore que les chocs et les changements brusques de vitesse sont des causes permanentes de perte de travail, et qu'on doit les éviter dans les machines industrielles, pour lesquelles ils sont d'ailleurs des causes de détériorations rapides.

Quant aux *résistances passives,* dans les cas les plus généraux, on peut les classer comme suit :

1° Les frottements;
2° La raideur ou l'imparfaite flexibilité des cordes, courroies et chaînes employées dans les machines;
3° La résistance des milieux.

Toutes ces résistances passives sont évidemment autant de causes de pertes de travail. Nous sommes placés dans des circonstances physiques telles qu'il n'est pas possible de les éviter complètement; mais nous pouvons les atténuer.

Dans le cas de la machine à vapeur, il n'y a guère que les frottements dont on ait à se préoccuper, et, quant à la résistance des milieux, nous avons à la prendre en considération, non pas tant au point de vue de la résistance nuisible qu'elle peut faire naître dans les mouvements de la machine qu'à celui qu'elle oppose au mouvement des navires, pour lesquels elle représente la résistance vraiment utile.

39. **Du frottement.** — Lorsque deux corps glissent l'un sur l'autre, quelque polies que soient en apparence leurs surfaces de contact, l'expérience prouve qu'il résulte toujours du mouvement de ces corps des résistances tangentielles aux surfaces en contact, en sens contraire du mouvement produit, et que ces résistances ont pour effet d'éteindre plus ou moins promptement le mouvement existant.

On donne le nom de *force de frottement* ou simplement de *frottement* à ces résistances purement passives.

Le frottement obéit aux lois suivantes déduites de l'expérience :

1° *Le frottement est proportionnel à la pression normale aux deux surfaces en contact ;*

2° *Il est indépendant de l'étendue des surfaces, mais il varie avec leur nature et surtout avec l'état de poli et de lubrification qu'elles possèdent ;*

3° *Il est toujours dirigé en sens contraire du mouvement relatif des surfaces mouvantes, mais il paraît être indépendant de la vitesse relative des corps en mouvement.*

Enfin l'expérience prouve en outre que, toutes choses égales d'ailleurs, pour des surfaces parfaitement polies du reste, le frottement peut varier du simple au double, suivant que ces surfaces enduites d'un corps gras, saindoux ou huile, sont graissées ou huilées d'une manière permanente, ou sont simplement onctueuses. De là l'importance majeure d'entretenir par tous les moyens possibles les surfaces frottantes dans un tel état qu'il ne laisse rien à désirer.

Toujours dans le but de diminuer le frottement et les chances d'échauffement, on emploie avec succès dans les mouvements de rotation un métal composé d'un mélange d'antimoine, de cuivre et d'étain, en proportions variables. Ce métal, appelé *métal Babbit* ou *doux*, dit aussi *antifriction,* est d'un avantage incontestable pour enduire les pièces enveloppantes tels que les coussinets. Composé de 96 parties d'étain pur, de 8 d'antimoine et de 4 de cuivre, il est réputé excellent pour les coussinets, sur lesquels on le coule comme on y coulerait du plomb fondu. Il produit peu de frottement, s'écrase sans trop s'échauffer, et, en cas d'échauffement, comme l'eau ne l'attaque pas, on peut l'inonder sans inconvénient.

40. **Résistance des milieux.** — Un corps qui se meut dans un milieu tel que l'air, l'eau, etc., éprouve une certaine résistance, qui provient de deux causes, savoir : 1° du mouvement qu'il communique aux particules du milieu qu'il déplace nécessairement en s'y frayant une route; 2° du frottement des surfaces des corps sur les particules du milieu ambiant.

Les lois qui régissent la résistance des milieux sont imparfaitement connues; la théorie à cet égard est très-défectueuse, et quant aux expériences sur lesquelles on pourrait s'appuyer, elles sont d'abord en petit nombre, et très-peu concluantes.

Dans le cas d'une surface plane de 1 mètre carré d'étendue, complétement immergée dans l'eau, et se mouvant avec une vitesse de 1 mètre, normalement à elle-même, l'expérience directe prouve que la résistance au mouvement est de 60 kilogrammes. La théorie, assez d'accord avec l'expérience pour ce cas simple, indique que, pour une surface plane S, évaluée en mètres carrés, la résistance au mouvement R croît proportionnellement à la surface S et au carré de la vitesse V qu'elle possède; de sorte que l'on peut écrire :

$$R = 60\,S V^2 \text{ kilog.}$$

Mais, lorsqu'il s'agit d'évaluer la résistance au mouvement d'un navire, la loi est bien loin d'être aussi simple; car alors la résistance se complique du frottement de l'eau sur la carène, des dénivellations qui se produisent, soit à l'avant soit à l'arrière, et, dans ce cas, l'expérience prouve que la résistance doit être représentée par l'expression suivante :

$$R = K\,B^2 V^x.$$

Dans cette expression, K représente un coefficient numérique dont la valeur dépend non-seulement des formes et des dimensions du navire, mais encore, *lorsqu'il s'agit d'un navire à hélice,* du nombre d'ailes de ce propulseur, ainsi que l'ont prouvé des expériences nombreuses faites en rade de Brest sur le navire l'*Elorn*.

B^2 représente ici la surface immergée du maître couple du bâtiment; et, quant à l'exposant x, M. le professeur Taurines a trouvé, le premier, dans des expériences faites à Brest en 1848, que la valeur moyenne de cet exposant était de 2,50. D'autres expériences faites sur le *Primauguet,* en 1856, ont donné $x = 2{,}56$; enfin les expériences de l'*Elorn* ont fourni $x = 2{,}66$.

D'après cela, l'expression de la résistance peut donc s'écrire :

$$R = K\,B^2\,V^{2,66}.$$

Cette expression fait voir que la résistance de la carène croît beaucoup plus rapidement que ne l'indique la loi du carré des vitesses.

Pour faire usage de la formule ci-dessus, lorsqu'on connaît la valeur du coefficient K, la surface immergée du maître couple, et la vitesse V, évaluée en mètres, il suffit d'y appliquer le calcul logarithmique, ce qui donne :

$$\log. R = \log. K + \log. B^2 + 2{,}66 \log. V;$$

d'où l'on déduit facilement la valeur de R.

Exemple : dans une des expériences de l'*Elorn,* où l'on employait une hélice à deux ailes doubles (141), et où la vitesse était de 5 mètres, on avait :

$$K = 2^k{,}067, \text{ et } B^2 = 7^{mc}{,}415.$$

Donc :

$$\begin{aligned} \log K &= 0{,}31534 \\ \log B^2 &= 0{,}87011 \\ 2{,}66 \log V &= 1{,}85925 \\ \hline \log R &= 3{,}04470 \end{aligned}$$

et par suite :

$$R = 1108^k{,}41$$

DEUXIÈME SECTION.

NOTIONS DE PHYSIQUE.

CHAPITRE PREMIER.

Équilibre des fluides. — Atmosphère.

41. **Généralités.** — Les corps se présentent à nous sous trois états distincts qui en comprennent une foule d'autres intermédiaires. Ils sont *solides*, *liquides* ou *gazeux*.

Dans l'état solide, bois, métaux, pierre, etc., les particules sont solidaires les unes des autres; le corps a une forme qui lui est propre et qui ne peut être modifiée que par un certain effort plus ou moins considérable.

Dans l'état liquide, les molécules sont très-mobiles; le moindre effort suffit pour les séparer. Les liquides n'ont point une forme à eux comme les solides; ils prennent immédiatement celle du vase qui les renferme; ils sont très-peu compressibles, mais parfaitement élastiques, c'est-à-dire aptes à reprendre complétement et instantanément leur volume primitif, lorsque la pression, qui ne peut d'ailleurs les comprimer que très-peu, vient à cesser.

Les gaz ont de commun avec les liquides la mobilité et l'indépendance de leurs particules, qui pour eux sont complètes; leur élasticité est aussi parfaite, mais ils sont beaucoup plus compressibles. Ils possèdent en outre la propriété d'expansibilité qui fait qu'un gaz, introduit dans un vase, se répand incontinent dans tout l'espace qui lui est offert, et exerce contre les parois une pression permanente qui constitue ce qu'on nomme sa *force élastique*. L'intensité de cette force répulsive, qui tend sans cesse à écarter les particules du gaz, se mesure dans l'industrie par *la pression en kilogrammes qu'elle exerce sur une surface de 1 centimètre carré.*

On désigne sous le nom commun de *fluides* les liquides et les gaz.

42. **Poids spécifique ou densité.** — Sous quelque forme que se présentent les corps, qu'ils soient solides, liquides ou gazeux, ils sont tous soumis à l'action de la pesanteur; mais les corps, de natures diverses, pris sous le même volume possèdent des poids très-différents. Dans l'industrie il est très-important de connaître le poids de l'unité de volume de chaque corps.

En France, par suite de l'adoption du système métrique qui fait que le même nombre exprime à la fois le poids et le volume d'une même quantité d'eau pure prise à 4°,1 (54), le *rapport* du poids au volume, autrement dit le poids de l'unité de volume d'un corps, est représenté par le même nombre qui exprime aussi le *rapport* du poids de ce corps au poids d'un égal volume d'eau pure.

C'est ce dernier rapport que l'on nomme *poids spécifique* ou *den-*

sité d'un corps. Cette définition du poids spécifique est adoptée par les physiciens de tous les pays, car elle est indépendante de tout système de poids et mesures. Mais on voit, d'après notre système métrique, qu'elle n'est autre chose que le poids de l'unité de volume. La définition générale du poids spécifique, ou de la densité d'un corps, signifie donc que si le corps a pour densité 2, 3, 4.... c'est que, pris sous le même volume que l'eau pure à 4°,1, ce corps pèse 2, 3, 4.... fois plus.

Voici les densités de quelques substances que l'on trouve dans la machine à vapeur :

Eau pure...........	1,00	Cuivre rouge.......	8,88
Eau de mer.........	1,02	Laiton.............	8,39
Mercure............	13,59	Plomb	11,35
Huile d'olive........	0,91	Etain	7,29
Fer forgé en barre...	7,79	Or fondu..........	19,26
Fonte de fer........	7,21	Argent	10,47
Acier trempé........	7,82	Platine écroui......	23,00
Zinc fondu..........	6,86	Platine fondu	21,16

43. **Principe d'égalité de pression.** — Ce principe, posé pour la première fois par Pascal, résulte de la constitution même des fluides, de l'extrême mobilité de leurs molécules et de la facilité avec laquelle elles glissent et roulent sur elles-mêmes sous l'influence du moindre effort. Il consiste en ce que les fluides transmettent, dans tous les sens, et avec une égale intensité, la pression exercée en un point quelconque de leur masse.

C'est ainsi que, si on a de l'eau renfermée dans un cylindre dont la base est de 1 mètre carré, et que l'on exerce en un endroit quelconque de la paroi du cylindre, une pression de 1 kilogramme, sur 1 centimètre carré, la base supportera un effort de 10000 kilogrammes.

C'est sur ce principe, disons-le en passant, qu'est basée la presse hydraulique.

44. **Principe d'Archimède.** — Il existe encore un autre principe relatif aux corps solides plongés dans les fluides (liquides ou gaz) que nous ne pouvons passer sous silence, car on en fait une application importante pour déterminer (93) le degré de *salure* de l'eau des chaudières à vapeur.

Ce principe, découvert par Archimède, célèbre géomètre de l'antiquité, peut être formulé ainsi :

Tout corps solide plongé dans un fluide subit de la part de ce dernier une poussée verticale dirigée de bas en haut, et égale au poids du volume de fluide qu'il déplace.

Ce principe, qui peut être établi directement par l'expérience, est une conséquence immédiate du principe de l'égalité de pression.

45. **Pesanteur de l'air atmosphérique.** — L'expansibilité et une grande compressibilité sont les deux propriétés qui séparent nettement les gaz des liquides.

Mais, indépendamment de ces deux propriétés caractéristiques, l'air et les gaz possèdent, comme nous l'avons dit ci-dessus, la propriété d'être pesants. A l'égard de l'air atmosphérique, c'est à Galilée qu'est due la première idée de ce fait resté inaperçu jusqu'à lui, et qui fut démontré expérimentalement, un peu plus tard, par les brillantes expériences de son élève Toricelli, et par celles de Otto de Guericke, l'inventeur de la machine pneumatique.

Ce fut en 1643 que les idées émises par Galilée suggérèrent à Toricelli l'expérience célèbre qui a doté la science d'un de ses instruments les plus utiles, le *baromètre*. Toricelli prit un tube de verre *ab*, de 1 mètre de longueur environ, fermé par un bout, ouvert par l'autre, et le remplit complétement de mercure; puis le bouchant avec le doigt il le renversa dans une cuvette C (Figure 31) en partie pleine du même liquide, et constata qu'aussitôt qu'il retirait le doigt qui bouchait l'ouverture, la colonne mercurielle descendait d'abord, et demeurait ensuite suspendue dans le tube à une hauteur de 28 pouces, ($0^m,76$) environ. Comme dans cette expérience l'air extérieur n'avait pu pénétrer dans le tube, il en résultait que *le vide* devait exister, au-dessus du mercure, dans la partie supérieure qu'on nomme, aujourd'hui, *chambre barométrique*.

Fig. 31.

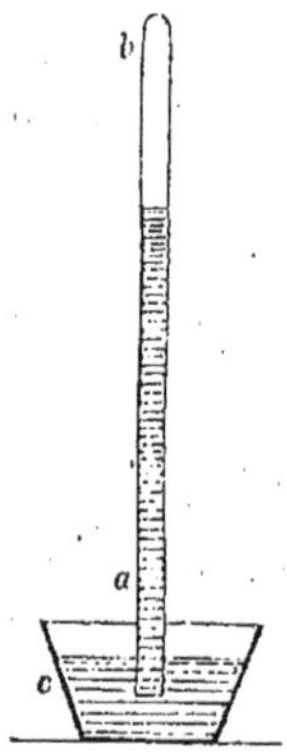

Malgre les idées fausses qui, à cette époque, avaient cours sur l'*horreur de la nature pour le vide*, Toricelli se rendit parfaitement compte de la cause du phénomène et comprit que c'est la pression de l'air sur le mercure de la cuvette qui seule fait équilibre au poids du liquide suspendu, pour ainsi dire, dans le tube.

Bientôt après, Pascal répéta l'expérience de Toricelli, en variant la nature des liquides; et, se servant successivement d'eau, de vin, d'alcool, il fit voir que toutes les colonnes de liquides soulevées avaient une hauteur telle que leur pression est précisément la même que celle que produit la colonne de mercure.

Pascal alla plus loin; il pensa que, si c'est réellement la pression atmosphérique qui tient le mercure en équilibre, la colonne devait diminuer au fur et à mesure de l'élévation du baromètre au-dessus du sol. Alors, sur ses indications, son beau-frère Perrier effectua des expériences à diverses stations, sur le Puy-de-Dôme, et les indications de l'instrument montrèrent, en effet, que la hauteur mercurielle décroissait avec l'élévation.

Cette expérience remarquable dissipa tous les doutes et fut le point de départ d'une application très-importante du baromètre, savoir : *la mesure de la hauteur des montagnes*.

46. **Théorie du baromètre; son but principal.** — D'après le principe d'égalité de pression, que nous connaissons, rien de plus simple que d'expliquer l'expérience de Toricelli. Nous comprenons, en effet, que le poids de l'air sur un liquide en repos

dans un vase ne peut avoir d'autre résultat que de presser la surface libre de ce liquide, comme le ferait un piston que l'on y ferait agir superficiellement avec une certaine force. Si donc on considère la section du tube barométrique par le plan de niveau du mercure de la cuvette, cette section se trouve pressée, dans l'intérieur du tube, par le poids de la colonne mercurielle qui, en vertu du principe d'égalité de pression, vient réagir de bas en haut sur toutes les particules de mercure dont la réunion constitue sa surface dans la cuvette. Cette surface, qu'on peut imaginer comme une pellicule mince de mercure solidifié (conception qui ne peut avoir évidemment aucune influence sur les conséquences du phénomène) est donc pressée de bas en haut et tend à se soulever; or, elle reste en équilibre, comme si une paroi fixe la maintenait dans cette position; cette paroi n'existant pas, c'est donc évidemment la colonne d'air atmosphérique qui presse par son poids la surface libre du mercure, comme le ferait la paroi dont nous parlons, ou, comme le ferait un piston appliqué sur cette surface.

L'objet direct du baromètre est la mesure de la pression atmosphérique, sans préjudice de toutes les conséquences que l'on peut déduire d'ailleurs de ses indications; et la solution du problème exige simplement que la colonne barométrique soit munie d'une échelle graduée en centimètres et en millimètres, dont le zéro corresponde au niveau du mercure dans la cuvette. Le baromètre accuse-t-il aujourd'hui une hauteur de 76 centimètres? Cela veut dire que la pression de l'atmosphère sur 1 centimètre carré de surface, par exemple, équivaut, aujourd'hui, au poids d'une colonne de mercure ayant pour base 1 centimètre carré et pour hauteur 76 centimètres; et, comme on connaît la densité du mercure qui est 13,598, on en conclut immédiatement que cette pression est de $1^k,033$.

Le plus ordinairement, au lieu d'indiquer la pression en kilogrammes, on l'indique par la hauteur de la colonne mercurielle, qui lui est proportionnelle. C'est dans ce sens qu'on dit : La pression de l'air est de 756 millimètres, de 745 millimètres, etc....

La pression atmosphérique n'est pas constante, et l'expérience prouve qu'elle oscille tantôt en dessus tantôt en dessous de la pression qui correspond à $0^m,76$. C'est à cette pression moyenne qu'on donne le nom de *pression* ou de *tension atmosphérique*. Elle sert de mesure pour l'évaluation de la tension de la vapeur dans les machines. Ainsi, on dit qu'on emploie de la vapeur à 1, 2, 3..., 5, 6 atmosphères; ce qui signifie que la tension de la vapeur employée est de 1, 2, 3...., 5, 6 fois la tension qu'aurait l'air atmosphérique si le baromètre marquait juste $0^m,76$.

Il faut bien se garder de confondre la pression atmosphérique avec la *pesanteur de l'air*, qui se dit seulement du poids d'un volume déterminé de ce gaz, poids qui varie, pour un même volume, avec le lieu où on recueille cet air, et suivant les circonstances de chaleur qui existent lorsqu'on fait l'expérience.

Ajoutons, à l'égard de la pression atmosphérique, que dans la mécanique appliquée on peut évaluer de trois manières la pression d'un gaz ou d'une vapeur : soit en kilogrammes par centimètres carrés (c'est sa force élastique), soit en centimètres et millimètres de mercure, soit en atmosphères. Nous n'insisterons pas sur la conversion réciproque de ces trois modes d'évaluation, car cette conversion ne présente aucune difficulté.

47. **Diverses sortes de baromètres.** — Il existe plusieurs genres de baromètres plus ou moins commodes, plus ou moins portatifs, plus ou moins précis. Les uns sont à mercure et exigent, pour leur construction, certaines précautions minutieuses que font connaître les règles de la physique, et que l'on doit observer sous peine d'avoir de mauvais instruments dans lesquels le vide barométrique pourrait ne pas être assez parfait, ce qui occasionnerait de nombreux déboires aux expérimentateurs. Nous ne pouvons entrer dans les détails de construction d'un baromètre à mercure ni même indiquer les différents types les plus en usage, et nous nous contenterons de dire que le baromètre à cuvette ordinaire, construit dans de bonnes conditions, suffit pour les expériences usuelles, en tenant compte, quand les expériences doivent être très-précises, du déplacement du niveau du mercure dans la cuvette par rapport au zéro fixe, déplacement qui, généralement, peut être regardé comme insignifiant, dans la majeure partie des cas, si la cuvette est d'un diamètre suffisant par rapport au diamètre du tube.

Indépendamment des baromètres dont nous venons de parler, il existe aussi des baromètres sans mercure; ce sont les *baromètres métalliques*. Le principe des *baromètres métalliques* repose sur ce fait que : sous l'influence de la pression variable de l'atmosphère, les parois très-flexibles d'une capacité métallique, où l'on a fait un vide aussi parfait que possible, se déforment plus ou moins et permettent, en conséquence, en notant ces déformations, à l'aide d'un ressort parfaitement élastique, d'apprécier la pression plus ou moins grande de l'atmosphère.

Nous nous bornons à signaler ce principe sur lequel reposent tous ces baromètres qu'on nomme aussi *baromètres anéroïdes*, et nous ajouterons seulement qu'il est bien entendu que les graduations, faites sur un cadran spécial que parcourt une aiguille conduite par le ressort, ont été préalablement obtenues à l'aide des graduations du baromètre à mercure ordinaire.

CHAPITRE II.

De la chaleur et de ses propriétés.

48. **Divers effets de la chaleur.** — En observant avec attention les corps qui nous entourent, on reconnaît, à l'occasion de cette sensation particulière qu'on désigne par le mot *chaleur*, que tantôt leur volume augmente et que tantôt il diminue. Bien plus, il arrive très-fréquemment que les changements que nous observons ne se bornent pas seulement à des variations de volume, mais à un changement complet d'état. Ainsi : de solides, les corps deviennent

liquides; de liquides, ils deviennent gazeux, et réciproquement. De même que nous ignorons tout à fait quelles peuvent être, en elles-mêmes, les causes qui modifient l'état de repos ou de mouvement des corps (6), de même nous ne connaissons pas davantage la cause des divers phénomènes dont il s'agit ici. Dans notre ignorance à cet égard nous attribuons ces divers effets (sensation calorifique, changement de volume et changement d'état) à un agent particulier que nous considérons comme un véritable moteur, car nous nous en servons journellement pour produire du travail mécanique.

Comme on constate le plus ordinairement l'action mécanique de cet agent en ressentant, en même temps, cette sensation particulière dont on vient de parler plus haut, on a donné le nom de *calorique* à ce moteur inconnu; et, bien que ce que nous appellons *chaleur* n'en soit qu'une de ses manifestations, on prend indistinctement l'une pour l'autre ces deux expressions : *chaleur* et *calorique*.

Quoi qu'il en soit de ces hypothèses sur le calorique, *hypothèses qui ne sont nullement indispensables à l'intelligence des faits que nous allons développer,* constatons, tout d'abord, que l'intervention de la chaleur donne lieu à trois catégories de phénomènes, qui sont :

1° Le changement de volume; 2° le changement d'état; 3° la transmission de la chaleur d'un corps à un autre.

49. **Température.** — Mais avant d'aborder l'étude détaillée des faits, il est indispensable d'avoir une idée nette de ce qu'on appelle *température*.

En outre des expériences journalières qui prouvent que la dilatation et la contraction qu'éprouvent les corps sont des phénomènes généraux que l'on observe dans tous indistinctement, d'autres observations plus minutieuses nous font reconnaître les trois faits principaux suivants :

1° Lorsque plusieurs corps, inégalement chauds, sont placés dans une enceinte, en contact, ou à une petite distance les uns des autres, les corps les plus chauds se refroidissent et se contractent, tandis que les corps les moins chauds s'échauffent et se dilatent; de telle sorte qu'il arrive un moment où chaque corps prend un volume définitif qui ne change plus, tandis que son état calorifique apparent demeure aussi invariable. C'est à cet état calorifique apparent, accusé par l'invariabilité du volume des corps et que dénote le *thermomètre* (instrument dont nous allons parler tout à l'heure), que l'on donne le nom de *température finale*.

2° Si l'on prend un amas de glace, finement concassée, on constate que, lorsque cette glace pulvérisée vient à fondre, *et tant qu'il en reste,* un corps quelconque, placé au milieu, conserve invariablement un même volume qu'il a fini par y prendre, quelle que soit d'ailleurs la chaleur que peuvent fournir à l'amas de glace, soit les corps environnants, soit même une source de chaleur très-intense, pourvu toutefois qu'on laisse écouler, au fur et à mesure, l'eau qui provient de la glace fondante.

3° Enfin, si, à l'aide d'une source de chaleur quelconque, on porte de l'eau à l'ébullition, on constate qu'un corps quelconque, qui s'y trouve plongé, finit par prendre un volume qu'il conserve invariablement, tant que l'eau continue à bouillir, malgré l'action incessante de la source de chaleur; seulement, l'accroissement final du volume du corps est d'autant plus considérable que l'eau, supposée pure, bouillira sous une pression plus grande : de sorte que, si l'expérience se fait d'abord sous une pression atmosphérique de $0^m,76$, l'accroissement du volume du corps plongé sera plus considérable que celui qu'il prendrait, si l'expérience était faite au sommet d'une montagne, par exemple, sous la pression atmosphérique de $0^m,68$.

50. **Thermomètres.** — La constatation des divers phénomènes dont il vient d'être question ne peut pas être faite *a priori,* elle exige non-seulement les observations les plus minutieuses, mais encore l'emploi d'instruments délicats et précis qui permettent de comparer entre eux les accroissements et les diminutions de volume que subissent les corps, suivant les circonstances calorifiques où ils se trouvent.

Ces instruments se nomment des *thermomètres.*

Pour construire un thermomètre sensible et précis, il faut d'abord choisir un corps tel que les accroissements et les diminutions de volume qu'il pourra subir puissent être facilement observés; et tel, en outre, que la substance qui le compose reprenne toujours exactement et promptement le même volume, dans des circonstances calorifiques identiques.

Parmi tous les corps, ceux qui satisfont le mieux à ces conditions sont les gaz et ensuite les liquides; et, parmi ces derniers, c'est le mercure qui se présente avec le plus d'avantage. Mais les gaz, qui constituent la substance thermométrique par excellence, ne sauraient pourtant être employés avantageusement dans la pratique, tant leur emploi exige de précautions et de soins; aussi s'en tient-on, pour les expériences ordinaires qui n'exigent pas une précision par trop grande, au thermomètre à mercure.

51. **Thermomètre à mercure.** — Voici en quelques mots les principaux détails de construction d'un thermomètre à mercure.

Cet instrument se compose d'un tube capillaire en cristal, (Figure 32), qui se termine par un réservoir sphérique ou cylindrique d'un diamètre notablement plus considérable que celui du tube, et cela afin d'obtenir plus de sensibilité; car, par ce moyen, un changement de volume du mercure, même assez minime, se manifeste par un allongement ou par un raccourcissement très-sensible dans la colonne mercurielle. Le tube et le réservoir sont remplis de mercure bouillant, et de telle sorte qu'en prenant certaines précautions, dans le détail desquelles nous ne pouvons entrer, lorsqu'on ferme hermétiquement la partie supérieure du tube et puis qu'on le laisse refroidir, le mercure, complétement purgé d'air, remplisse le réservoir et une partie seulement du tube, dont l'autre partie est alors tout à fait privée d'air. Ces dispositions réalisées, on plonge l'instrument dans la glace fondante, et lorsque le mercure est devenu bien stationnaire (49), on marque zéro au point où s'arrête la colonne mercurielle. L'instrument étant ensuite plongé dans l'eau bouillante, sous la pression barométrique de 0m,76, ou mieux dans la vapeur de cette eau, la colonne de mercure augmente, et lorsqu'elle est devenue stationnaire (49), on note le nouveau point, en regard duquel on écrit le nombre 100; puis enfin on divise en 100 parties égales la distance des deux points zéro et 100. Prolongeant autant que possible la graduation au-dessous du zéro et au-dessus de la division 100, on obtient finalement le *thermomètre centigrade.*

Fig. 32.

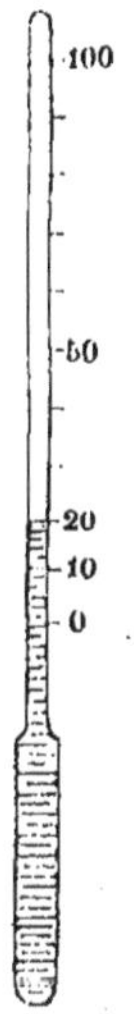

On donne le nom de degré centigrade à chacune des divisions; et, dans ce mode de graduation, on voit que le degré peut être défini de la manière suivante : la centième partie de l'augmentation du volume apparent que subit, dans le verre, une masse de mercure, quand elle passe du milieu de la glace fondante au milieu de l'eau qui bout sous la pression barométrique de 0m,76.

Ce que nous disons du degré suppose toutefois que le tube soit parfaitement cylindrique; mais, comme cette perfection n'existe jamais, il est bon de dire que le physicien doit y suppléer par des moyens que nous ne pouvons décrire ici, mais qui permettent d'arriver finalement, à très-peu près, aux mêmes résultats que si le tube était parfaitement cylindrique.

Les thermomètres obtenus de cette manière ne sont point rigoureusement comparables, et, lorsqu'il s'agit d'une précision absolue, l'expérimentateur doit savoir parer à l'imperfection de ces instruments, imperfection qui tient surtout à l'inégale dilatation des verres employés. Mais, dans la plupart des expériences usuelles, les thermomètres construits avec soin peuvent être employés en toute sécurité.

En outre du *thermomètre centigrade,* on trouve encore, en France, le *thermomètre de Réaumur,* qui diffère du précédent en ce que l'intervalle compris entre le zéro et le point de l'ébullition est divisé seulement en 80 degrés.

Enfin, en Angleterre et aux États-Unis, on trouve le *thermomètre Fahrenheit,* qui porte le n° 32 au point de la glace fondante, et le n° 212 au point de l'ébullition; de telle sorte que 100° centigrades valent $212 - 32 = 180°$ Fahrenheit.

Inutile de s'étendre sur la comparaison des résultats obtenus à l'aide de ces trois thermomètres et des calculs très-simples qu'exige cette comparaison.

52. Mesure de la température. — Rien de plus simple maintenant que de comprendre comment, à l'aide d'un thermomètre, on peut comparer entre eux les divers états de dilatation, c'est-à-dire les diverses températures que subissent les corps sous l'influence de la chaleur. Ces températures sont accusées par la dilatation qu'éprouve le mercure du thermomètre, lorsque ce liquide, mis successivement en contact avec les corps, a fini par prendre lui-même, par ce contact avec chacun d'eux, un état de dilatation définitif. Ainsi le thermomètre marquant 18 degrés, par exemple, au contact d'un corps dont on veut connaître la température, et 36 degrés au contact d'un autre corps, on dit que les températures de ces deux corps sont de 18 degrés et de 36 degrés, ce qui signifie simplement que la chaleur qui émane de l'un et de l'autre est telle qu'elle peut, dans le premier cas, dilater le mercure du thermomètre de manière à le faire arriver à la division 18, et, dans le second cas, à la division 36. Mais il faudrait bien se garder de conclure de là que le second corps possède une quantité de chaleur deux fois plus considérable que le premier; ces corps auraient-ils, d'ailleurs, le même poids et par conséquent la même masse, il n'en serait pas ainsi, car les indications thermométriques ne représentent pas du tout, ainsi que nous allons le reconnaître bientôt, les quantités de chaleur que les corps ont pu acquérir d'une source calorifique quelconque, pour arriver à posséder une température déterminée, pas plus que les quantités de chaleur qu'ils pourraient perdre, dans l'abaissement de leur température actuelle, si on venait à les employer comme sources calorifiques.

53. **Thermomètre à alcool.** — Indépendamment du thermomètre à mercure, on rencontre aussi fréquemment le thermomètre à alcool, qui ne diffère du précédent qu'en ce que le mercure s'y trouve remplacé par de l'alcool coloré en rouge. Son emploi n'est guère indispensable que pour mesurer les très-basses températures, attendu que l'alcool ne se congèle point par les plus grands froids connus, tandis que le mercure se congèle lorsqu'il atteint 39 degrés au-dessous de zéro.

54. **Dilatation des solides, des liquides et des gaz.** — Comme nous l'avons déjà dit, tous les corps se dilatent ou se contractent, suivant qu'on les chauffe ou qu'on les refroidit. Mais les diverses substances, prises sous le même volume initial, se dilatent de quantités bien différentes lorsqu'on fait varier leur température d'un même nombre de degrés. Au point de vue mécanique, la dilatation et la contraction de divers métaux employés dans la construction des organes mécaniques doivent être prises en très-grande considération, lorsque ces organes sont susceptibles, comme dans la machine à vapeur, de changer à chaque instant de température.

Relativement à la dilatation des liquides, nous devons signaler un fait remarquable et qui est une exception aux lois générales de la dilatation, à savoir : que c'est à la température de 4°,1 que l'eau possède son maximum de contraction, ou, comme on le dit ordinairement, son *maximum de densité*, et qu'à l'instant où elle se transforme en glace, elle subit tout à coup un accroissement de volume qui détermine une force assez considérable pour faire éclater les vases et les tuyaux métalliques qui la renferment au moment de sa congélation.

Lorsque l'eau s'échauffe, il est bon de savoir, au point de vue des calculs que comportent les dimensions des chaudières, que la dilatation de l'eau douce, et à peu près aussi celle de l'eau de mer, augmentent en moyenne de 0,0004 leur volume primitif par chaque degré centigrade d'augmentation de température; de sorte que, pour une augmentation de 70 degrés environ que subit, par exemple, l'eau d'alimentation quand elle passe de la bâche dans la chaudière, le liquide augmente de $0,0004 \times 70 = 0,028$ de son volume; environ de $\frac{1}{35^e}$.

La dilatation du gaz est un point très-important à considérer dans l'étude complète de la machine à vapeur; mais, comme notre plan d'étude ne comporte point l'examen détaillé de toutes les questions théoriques spéciales qui ont trait à ce moteur, nous nous bornerons à mentionner les deux lois fondamentales connues sous les noms de *loi de Mariotte* et de *loi de Gay-Lussac*, afin de pouvoir en déduire, à l'occasion, les notions élémentaires les plus indispensables relatives au travail de la vapeur.

55. **Lois de Mariotte et de Gay-Lussac.** — La loi de Mariotte, qui porte le nom du physicien qui le premier la fit connaître vers la fin du XVIIe siècle, consiste dans une relation très-simple et très-remarquable entre la force élastique d'un gaz et le volume qu'il occupe, lorsque le poids de ce gaz et sa température restent constants. En voici l'énoncé :

Les volumes occupés par un même poids de gaz, dont la température demeure constante, sont en raison inverse des forces élastiques correspondantes; de sorte que si V et V′ sont les volumes en question, p et p' les forces élastiques correspondantes, cette loi se traduit algébriquement par la relation suivante :

$$\frac{V}{V'} = \frac{p}{p'}, \text{ ou } pV = p'V'.$$

Cette loi très-simple n'est pas rigoureusement exacte, et les expériences si précises de M. Regnault amènent à cette conclusion générale : qu'aucun des gaz que nous sommes obligés de prendre à la température ordinaire ne suit exactement, dans ses variations de volume, la loi énoncée par Mariotte. Toutefois les gaz permanents tels que l'air atmosphérique et l'azote s'en écartent peu, et la loi peut leur être appliquée sans erreur notable; les gaz liquéfiables s'en écartent d'autant plus qu'on les prend à une température plus voisine de leur point de liquéfaction. Néanmoins, pour ces derniers, la compressibilité réelle se rapproche d'autant plus de la compressibilité théorique qu'on les considère à une température plus élevée.

Nous verrons plus tard, pour la vapeur d'eau, dans quelles circonstances et avec quelles restrictions on peut user de la loi de Mariotte.

En 1802, Gay-Lussac, célèbre physicien français, découvrit une autre loi qui porte son nom et qui établit une relation également très-simple entre le volume d'un gaz soumis à une pression constante et la température variable qu'on lui fait subir. Voici l'énoncé de la loi de Gay-Lussac.

Lorsqu'on s'arrange de manière à dilater ou à comprimer les gaz sous une pression constante, pour chaque degré centigrade d'augmentation ou de diminution de température, tous les gaz se dilatent ou se contractent de la même quantité, à savoir : d'une même fraction du volume qu'ils possèdent à 0 degré, et qui est les 0,00375 de ce volume primitif.

En désignant par V_o et V_t les volumes d'un gaz quelconque à 0 degré et à t degré, sous une même pression arbitraire, on traduit algébriquement la loi de Gay-Lussac par la relation suivante :

$$V_t = V_o (1 + 0.00375 \times t).$$

Gay-Lussac avait annoncé que la fraction qui représente l'accroissement du volume primitif à 0 degré était la même pour tous les gaz, et de 0,00375. Mais des expériences très-précises de M. Regnault ont prouvé que ce résultat n'est pas exact. Ainsi, ce physicien a fait voir que les différents gaz présentent des coefficients de dilatation très-notablement différents et que pour l'air atmosphérique ce coefficient est de 0,003665, ou, à très-peu près, de $\frac{1}{273}$.

D'après cela, la formule que l'on emploie ordinairement est celle-ci :

$$V_t = V_o (1 + 0{,}00366 \times t), \text{ ou, à très-peu près, } V_t = V_o \left(1 + \frac{t}{273}\right). \quad (1)$$

Cette formule exprime que, pour une même masse d'air, sous la même pression, le volume varie, lorsqu'on fait changer la température proportionnellement au facteur $(1 + 0{,}00366 \times t)$ que l'on nomme le *binôme de dilatation.*

Relativement aux lois de Mariotte et de Gay-Lussac, on peut faire une remarque bien simple, qui permet de représenter, par une seule formule, l'ensemble de ces deux lois. En effet, si l'on considère une même masse d'air à une température constante, d'après la loi de Mariotte le volume V variera proportionnellement à $\frac{1}{p}$, p étant la force élastique variable; mais, d'après la loi de Gay-Lussac, si la force élastique demeure constante, le volume V variera proportionnellement au binôme de dilatation $(1 + 0{,}00366 \times t)$. Donc, en définitive, le volume V variera proportionnellement au produit $\frac{1}{p}(1 + 0{,}00366 \times t)$, quand on fera varier à la fois la force élastique et la température du gaz. On pourra donc écrire $V = \frac{K}{p}(1 + 0{,}00366 \times t)$. — Dans cette formule K est une constante que l'on détermine en faisant $t = o$, ce qui donne $K = p_o V_o$; c'est-à-dire que cette constante est le produit du volume de l'air V_o, à 0 degré, par la force élastique correspondante p_o.

L'emploi de la loi de Mariotte combinée avec celle de Gay-Lussac est de la plus grande utilité pour résoudre certaines questions relatives au travail de la vapeur.

56. Changement d'état des corps. — Nous avons déjà dit que les corps soumis à l'action d'une source de chaleur suffisante changent d'état et deviennent liquides s'ils sont solides, ou se vaporisent s'ils sont liquides; et, réciproquement, s'ils sont soumis à un refroidissement convenable, les corps se solidifient s'ils sont liquides, ou se liquéfient, et même se solidifient, s'ils sont gazeux.

Des expériences directes prouvent ces diverses assertions pour un assez grand nombre de substances, et tout porte à croire qu'il en serait de même pour toutes, si l'on parvenait à les soumettre à l'action d'une chaleur ou d'un froid suffisamment intense.

Dans ces diverses transformations dont l'eau nous fournit un exemple frappant, il est très-important de rechercher quelles sont les quantités de chaleur mises en jeu, afin de les comparer dans les différents cas et finalement de les mesurer. Mais, pour en arriver là, il faut préalablement définir ce que l'on doit entendre par quantités de chaleur égales.

Bien que nous ne connaissions nullement ce qu'est la chaleur en elle-même, il est manifeste qu'elle est une quantité, et que deux quantités de *cette chose,* qu'on désigne par le nom de *chaleur,* devront être réputées égales, lorsque leur action sur un même corps produira les mêmes effets dans des circonstances identiques.

57. Unité de chaleur; calorie. — De même que pour mesurer une grandeur, longueur, surface, volume, etc.... on peut choisir pour unité une grandeur arbitraire de même espèce, en ne se préoccupant, dans le choix que l'on fait, que de s'assurer que cette unité pourra toujours être obtenue facilement identique à elle-même, de même, pour le cas de la chaleur, il s'agit de choisir l'unité dans de semblables conditions.

Cela posé, si l'on prend 1 kilogramme d'eau pure à 0 degré, et qu'on l'élève à la température de 1° centigrade, on aura dépensé une certaine quantité de chaleur, la même évidemment qu'on dépensera toujours pour arriver au même résultat; car on restera toujours dans des conditions identiques, pourvu que l'on s'astreigne simplement à prendre de l'eau pure à 0 degré, que l'on arrive, d'ailleurs, d'une manière quelconque, à élever sa température de 1° centigrade.

C'est cette quantité, nommée *calorie,* que l'on choisit pour unité de chaleur; c'est évidemment aussi cette même quantité de chaleur qu'il faudrait enlever à 1 kilogramme d'eau pure, prise à 1 degré, pour la refroidir et la ramener à 0 degré.

Mais, comme l'expérience fait reconnaître que 1 kilogramme d'eau liquide exige toujours une calorie pour élever sa température de 1 degré, quelle que soit d'ailleurs la température initiale, ce qui est rigoureusement vrai de 0 degré à 60 degrés, et suffisamment exact, pour les besoins de la pratique, de 0 degré à 100 degrés, on peut donner de l'extension à ce mot *calorie,* et dire, en définitive, que la calorie est la quantité de chaleur nécessaire pour faire passer 1 kilogramme d'eau pure de t° à

$(t+1)^\circ$, dans toute l'étendue de l'échelle thermométrique depuis 0 degré jusqu'à 100 degrés.

C'est ainsi, par exemple, qu'on trouve que pour élever 20 kilogrammes d'eau pure de 50 degrés à 90 degrés, il faudra employer $(90-50)\times 20=800$ calories, tout comme si l'on voulait élever 20 kilogrammes d'eau pure de 20 degrés à 60 degrés ; seulement, dans le second cas, le calcul est rigoureusement exact, tandis que dans le premier il n'est qu'approché ; mais l'erreur qui existe est assez petite pour qu'on n'ait pas à s'en préoccuper dans la pratique.

58. **Chaleur spécifique.** — Si l'on prend 1 kilogramme d'eau pure à 50 degrés, et qu'on le mélange avec 1 kilogramme d'eau à 0 degré, l'expérience fait reconnaître qu'on obtient 2 kilogrammes à 25 degrés ; de sorte que la chaleur absorbée par l'eau froide est précisément égale à la chaleur abandonnée par l'eau chaude. Mais, si le mélange, au lieu d'être fait avec deux poids égaux d'un même corps, est effectué en employant des substances de natures diverses, le résultat sera bien différent. Ainsi, par exemple, 1 kilogramme d'argent à 50 degrés, plongé dans 1 kilogramme d'eau à 0 degré, donne lieu à une température finale de 2°,69 seulement ; dans les mêmes circonstances, le fer déterminerait une température de 5°,11, etc. Il résulte de là une conséquence des plus importantes qu'on ne saurait trop mettre en évidence.

Puisque 1 kilogramme de fer à 50 degrés, plongé dans 1 kilogramme d'eau à 0 degré, détermine une température finale de 5°,11 ; après le mélange la température du fer s'est donc abaissée, dans cette expérience, de 44°,89, le fer a donc perdu une quantité de chaleur que nous pouvons représenter par q calories : mais, d'un autre côté, le kilogramme d'eau, qui était primitivement à 0 degré, s'est élevé à 5°,11, il a donc acquis, d'après notre définition de la calorie, une quantité de chaleur égale à 5,11 calories. Or, il est manifeste que ces 5,11 calories ne sont autres que les q calories abandonnées par le fer. On peut donc dire que 1 kilogramme de fer perd ou abandonne 5,11 calories, lorsque sa température s'abaisse de 44°,89. Cette même quantité de 5,11 calories est évidemment aussi celle qu'exigerait 1 kilogramme de fer pour que sa température s'élevât de 44°,89, lorsqu'on le prend à la température primitive de 5°,11 ; donc, pour que sa température puisse s'élever de 1 degré, il faudra lui faire absorber $\frac{5,11}{44,89}$ calories seulement, c'est-à-dire 0,1138 calories.

En faisant le même calcul pour l'argent, on trouverait que, pour 1 kilogramme d'argent primitivement à une température de 2°,69, il faudrait lui faire absorber 0,0568 calories pour que sa température puisse s'élever de 1 degré.

Il résulte de tout ceci que pour que 1 kilogramme de chaque substance élève sa température de 1 degré, il faut qu'elle absorbe un nombre déterminé de calories qui varie avec sa nature. Ce nombre varie même avec la température initiale à laquelle on considère la substance et aussi avec sa densité. Toutefois, pourvu que la température initiale ne dépasse pas 100 degrés, ce nombre reste sensiblement le même, quelle que soit cette température. C'est ce nombre que l'on nomme *chaleur spécifique.*

Ainsi on peut définir la chaleur spécifique d'un corps en disant simplement que c'est le nombre de calories nécessaire pour élever de 1 degré la température de 1 kilogramme de ce corps.

Nous représentons ci-dessous les nombres indiquant les chaleurs spécifiques moyennes, entre 0 degré et 100 degrés, de quelques corps en usage dans la machine à vapeur.

Chaleurs spécifiques moyennes entre 0 degré et 100 degrés.

Noms des substances.		Noms des substances.	
Eau pure	1,0000	Air (sous volume constant)	0,1698
Eau salée	0,8187	Air (sous pression constante)	0,2377
Mercure	0,0330	Vapeur d'eau	0,8470
Fer	0,1138	Acide carbonique	0,2210
Cuivre	0,0920	Oxyde de carbone	0,2884
Zinc	0,0955	Oxygène	0,2361
Étain	0,0562	Hydrogène	3,2936
Laiton	0,2400	Azote	0,2754

D'après ce tableau, veut-on trouver la quantité de chaleur dépensée pour élever la température de 50 kilogrammes d'eau de mer à 10 degrés et la porter à la température de 100 degrés?

On obtiendra immédiatement :

$$50 \times 0,8187\ (100 - 10) = 3684,15 \text{ calories.}$$

Dans le cas de l'eau pure, le résultat aurait été de : 4500 calories.

Veut-on encore élever la température de 1 kilogramme d'air (sous volume constant) de 0 degré à 100 degrés, on obtiendra : $1 \times 100 \times 0,1698 = 16,98$ calories; s'il se fût agi de l'air (sous pression constante), on eût obtenu : $1 \times 100 \times 0,2377 = 23,77$ calories, tandis que pour 1 kilogramme d'eau pure, dans les mêmes circonstances, on eût dépensé 100 calories.

59. **Divers modes de propagation de la chaleur.** — Nous avons déjà dit (49) que, lorsque des corps sont en contact, ou en présence à une petite distance, leurs températures tendent à s'égaliser. Il y a donc *transmission* ou *propagation* de la chaleur. Cette propagation se produit toujours suivant un ou plusieurs, à la fois, des quatre modes suivants : par *rayonnement,* par *contact,* par *conductibilité intérieure,* ou enfin, par *circulation.*

La chaleur qui se propage à distance s'appelle *chaleur rayonnante,* et on nomme *rayonnement* cette propriété, que possèdent plus ou moins tous les corps, de transmettre ainsi la chaleur.

Lorsque deux corps se touchent dans une certaine étendue, on dit que la chaleur qui se répand de l'un à l'autre se transmet par contact.

On entend par conductibilité intérieure, cette propriété que possèdent tous les corps, à des degrés d'ailleurs très-différents, de transmettre la chaleur, de proche en proche, dans l'intérieur même de leur masse. Parmi les corps solides, la conductibilité varie beaucoup d'un corps à l'autre; tandis qu'on peut impunément tenir entre les doigts un morceau de bois sec, de quelques centimètres de longueur, alors qu'il est enflammé à l'une de ses extrémités, on se brûlerait, au contraire, si l'on touchait une tige de fer de même longueur, lorsque l'une de ses extrémités est portée à la chaleur rouge. De là, la distinction des corps en bons ou mauvais conducteurs de la chaleur.

Parmi les bons conducteurs de la chaleur, on doit placer en première ligne les métaux, qui, dans l'ordre de conductibilité, sont l'argent, le cuivre, l'or, le zinc, l'étain, le fer, le plomb, le platine et le bismuth.

Parmi les corps mauvais conducteurs de la chaleur, on doit placer surtout les gaz et l'air atmosphérique. Aussi tout système de corps qui renferme entre les diverses parties qui le constituent une grande masse d'air, possède par cela seul une conductibilité très-imparfaite, surtout lorsque cet air est gêné dans son mouvement. Le duvet, le coton cardé, les fourrures, et, en général, toutes les substances filamenteuses sont, par ces motifs, de très-mauvais conducteurs de la chaleur. Il en est de même de la paille hachée, de la sciure de bois et du charbon en poudre.

Lorsqu'un liquide ou un gaz se trouve exposé à une source de chaleur, si cette chaleur, surtout, se développe à la partie inférieure, il s'établit dans l'intérieur de la masse du fluide des courants qui contribuent singulièrement à son prompt échauffement. On dit, dans ce cas, que la propagation de la chaleur a lieu par circulation. Nous en verrons bientôt des exemples dans la vaporisation de l'eau et nous reconnaîtrons que, dans ce cas, la chaleur agit sur le liquide, à la fois, en vertu des quatre modes de propagation dont on vient de faire mention.

60. **Equivalent mécanique de la chaleur.** — Nous ne saurions terminer cette étude rapide sur la chaleur sans mentionner un fait des plus remarquables resté inaperçu pendant bien longtemps; nous voulons parler de l'équivalence entre le travail mécanique et la chaleur. Ce fait, des plus importants, est la base d'une science nouvelle qui surgit aujourd'hui de toutes parts; c'est la théorie mécanique de la chaleur. Certainement nous n'avons point la prétention d'étudier ici cette nouvelle science, même très-succinctement, mais le fait fondamental sur lequel elle repose est devenu si évident, on peut l'exposer si élémentairement à l'aide des notions que nous avons acquises, qu'on nous pardonnera cette sorte de digression, d'ailleurs si utile pour l'étude de la machine à vapeur.

Si la chaleur, considérée comme cause des changements de volume et d'état qui surviennent dans les corps, est une source de travail mécanique, ce qui est évident, il n'est pas moins évident que, dans certaines circonstances, le travail mécanique produit à son tour de la chaleur. Ce dernier résultat fut démontré d'une manière irrécusable, en 1798, par le physicien Rumford, qui, ayant fait tourner au moyen d'un manége un cylindre creux, en bronze, autour d'une tarière fixe, en acier, qui pressait le fond du cylindre, constata qu'au bout de deux heures et demie la température de 12 kilogrammes d'eau qui entouraient ce cylindre s'était élevée de 15 degrés à 100 degrés, sans que la chaleur spécifique du métal, réduit en limaille, eût changé; il en conclut que la source de chaleur provenant du frottement paraissait inépuisable et que la chaleur ne pouvait être alors une substance matérielle, mais bien plutôt *un mouvement* même des particules matérielles.

En 1812, le physicien anglais Davy ayant frotté l'un contre l'autre deux morceaux de glace à 0 degré, dans une atmosphère dont la température était inférieure, parvint à les réduire en eau. La grande quantité de chaleur nécessaire pour fondre la glace, quantité qui est de 79,25 calories pour 1 kilogramme, ne pouvait venir ni des corps environnants dont la température était au-dessous de zéro, ni de la glace elle-même, car sa chaleur spécifique n'est que la moitié de celle de l'eau. Ainsi, dans cette expérience, la quantité de chaleur que contient l'eau liquide à zéro, beaucoup plus considérable que celle que contient la glace, est donc engendrée par le frottement, c'est-à-dire par le mouvement des particules matérielles.

Vers l'année 1800, Montgolfier avança qu'une masse d'air en se détendant comme un ressort ne produit du travail mécanique qu'en perdant une quantité de chaleur qui se transforme ainsi en travail. Mais, ces idées si justes devaient passer inaperçues pendant quelque temps, surtout à cause d'une théorie publiée, en 1824, par Sadi Carnot, qui établissait que le passage de la chaleur dans une machine thermique produit du travail mécanique sans aucune perte, de sorte que, selon cet ingénieur, dans la machine à vapeur, par exemple, la vapeur d'eau qui redevient liquide au condenseur y rend toute la chaleur qu'elle a reçue du combustible. En 1839, M. Marc Séguin fit remarquer qu'une pareille assertion conduirait tout naturellement à l'absurde, puisqu'alors une quantité finie de chaleur pourrait produire une quantité indéfinie de travail mécanique, et, revenant aux idées de Montgolfier, il ajouta : que le travail mécanique qui résulte de la dilatation d'un gaz est la mesure et la représentation de la diminution de chaleur qu'éprouve nécessairement ce gaz.

Mais, il faut bien le dire, ces idées, justes au fond, étaient loin d'offrir toute la précision et toute la netteté qu'elles ont aujourd'hui, lorsqu'en 1842, au delà du Rhin, le docteur Mayer, de Heilbronn, vint non-seulement affirmer de nouveau l'équivalence de la chaleur et du travail mécanique, mais encore faire connaître la première valeur numérique de l'équivalent mécanique de la chaleur, à l'aide d'une méthode originale aussi simple qu'élégante.

Le mémoire du savant médecin allemand, ainsi que les travaux de divers savants qui ont marché sur ses traces, ont fait reconnaître enfin que la chaleur n'est pas seulement une cause occasionnelle du travail mécanique, mais qu'elle est identique à lui, et que la sensation que nous éprouvons à son occasion n'est que la manifestation d'un travail mécanique accompli dans des circonstances particulières, savoir : de la force vive imprimée intérieurement aux molécules mêmes des corps.

Tout porte à croire aujourd'hui que la chaleur résulte de certains mouvements très-rapides des particules intimes de la matière ; ou bien encore de la vibration d'une matière dont la nature échappe absolument à toute conception, parce qu'elle ne nous est indiquée par aucune analogie ; mais, comme nous l'avons déjà fait observer (48), quoi qu'il en soit de ces hypothèses, nous pouvons très-bien en faire abstraction, car, nous le répétons, elles ne sont point indispensables à l'intelligence des faits.

Le travail mécanique se transforme en chaleur et la chaleur en travail mécanique, tout comme (21) le travail mécanique se transforme en force vive et la force vive en travail mécanique, et le grand principe de la nouvelle doctrine admis aujourd'hui sans conteste peut en résumé s'énoncer ainsi :

Toutes les fois qu'un travail mécanique disparaît sans produire un travail égal et contraire, il se transforme soit en chaleur, soit en électricité, soit en actions chimiques susceptibles de reproduire tout le travail qui leur a donné naissance ; mais quand le travail disparu produit uniquement de la chaleur, ou bien quand la chaleur disparue ne produit que du travail, ce travail et cette chaleur sont dans un rapport constant.

Un exemple bien simple va éclaircir ceci.

Reprenons le pendule du n° 21, imaginons-le formé par une balle de plomb assez lourde, de 1 kilogramme par exemple, supposons le fil qui soutient la balle assez long pour qu'on puisse l'écarter facilement de la verticale, de manière que la chute comptée verticalement soit de 1 mètre. Quand, après avoir écarté ainsi la balle, on l'abandonnera à elle-même, nous savons que le travail produit par la pesanteur pendant sa chute sera de 1 kilogrammètre, et que ce travail se sera transformé en une force vive, et que finalement la balle remontera à 1 mètre de l'autre côté de la verticale. Dans cette expérience, un travail de 1 kilogrammètre a été développé par la pesanteur ; ce travail s'est transformé en force vive, et cette force vive a reproduit à son tour 1 kilogrammètre ; il n'y a eu aucun travail disparu, et partant aucune quantité de chaleur développée. Mais si nous répétons l'expérience, en supposant une plaque inébranlable, placée verticalement au point le plus bas, les choses vont se présenter bien différemment ; le plomb, qui est dépourvu d'élasticité, va perdre sa vitesse contre la plaque, et il semble que sa force vive sera anéantie. Mais l'expérience prouve qu'il s'échauffe, et s'il était possible d'éteindre complétement le mouvement et de recueillir d'ailleurs toute la quantité de chaleur produite, on trouverait que cette chaleur est égale à la 425e partie d'une calorie, précisément la quantité qui, comme on le sait aujourd'hui, employée sans perte suffit pour élever 1 kilogramme à la hauteur de 1 mètre.

D'après le principe fondamental précédent, on a :

$$\frac{T}{C} = \frac{T'}{C'} = \frac{T''}{C''} \ldots = E.$$

si on représente par T, T′, T″.... des quantités de travail mécanique disparues en produisant des quantités de chaleur C, C′, C″....

Or, c'est ce rapport constant E, qui représente évidemment la quantité de travail qui disparaît pour produire une calorie, ou bien, réciproquement, la quantité de travail que produit une calorie, que l'on nomme *équivalent mécanique de la chaleur*.

D'après le docteur Mayer, cette quantité serait de 431 kilogrammètres. En suivant une autre méthode, M. Joule, de Manchester, a déduit d'expériences faites, en 1845 et en 1849, le nombre 424; enfin, M. Hirn, de Colmar, en suivant une troisième méthode est arrivé au nombre 425, qui est celui qu'on admet aujourd'hui.

Les diverses méthodes employées pour déterminer ce rapport ne donnant pas des résultats numériques bien différents, malgré les causes perturbatrices, il en résulte une démonstration indirecte, de la constance et de l'universalité du rapport entre le travail mécanique et la chaleur, quelle que soit la nature de la substance intermédiaire au moyen de laquelle le travail et la chaleur se transforment l'un dans l'autre. Cette remarque est de la plus haute importance, et l'on ne saurait trop la méditer.

La chaleur reçue par un corps n'est pas employée tout entière à élever sa température; une portion de cette chaleur produit ordinairement une variation de volume sous le milieu ambiant qui le presse, et, par suite, un travail *externe*, visible et mesurable; d'ailleurs les molécules changent de distance ou de position, tout en restant soumises à leurs actions mutuelles, de sorte qu'une autre portion de chaleur produit un travail *interne* qui n'est pas mesurable directement. Ces principes, qu'il ne faut jamais perdre de vue, peuvent être exprimés très-simplement par l'équation suivante :

$$C = K(t - t_1) + \frac{T_i}{E} + \frac{T_e}{E}, \quad (1)$$

dans laquelle C représente la chaleur totale reçue par 1 kilogramme du corps qui passe de la température t à la température t_1, K, sa véritable chaleur spécifique pour la chaleur sans aucune production de travail interne T_i, relatif aux forces moléculaires, enfin T_e le travail externe correspondant à la pression extérieure.

Il est à remarquer que ce coefficient K, qui exprime ici la chaleur spécifique du corps sans changement de volume, n'est pas le même que la chaleur spécifique vulgaire exprimée par les nombres du tableau du n° 58, car cette dernière, telle qu'on la mesure par la méthode des mélanges, contient à la fois la chaleur nécessaire pour élever de 1 degré la température de 1 kilogramme du corps sans changement de volume, et celle qu'exige sa dilatation. Mais l'équation (1) se simplifie lorsqu'il s'agit des gaz permanents ou parfaits, tels que l'air, l'azote, l'oxygène, l'hydrogène, l'oxyde de carbone, car l'expérience indique assez que, pour ces gaz, notamment pour l'air atmosphérique, l'attraction moléculaire, sans être tout à fait nulle, n'a pas d'influence appréciable ; alors l'équation (1) devient

$$C = K(t - t_1) + \frac{T_e}{E} \quad (2)$$

car on peut négliger le travail interne T_i, et la véritable chaleur spécifique K se confond avec la chaleur spécifique sous volume constant, dont la valeur numérique 0,1698 est relatée dans la table du n° 58.

C'est la relation (2) qui a servi de point de départ au docteur Mayer pour calculer l'équivalent mécanique de la chaleur.

Lorsqu'il s'agit d'un corps solide ou liquide dont le volume est soumis à une faible pression et varie peu dans les limites de l'expérience, comme le plomb et l'eau, sous la pression atmosphérique et à la température ordinaire, l'équation (1) se simplifie encore ; on peut poser $T_e = o$, et l'équation fondamentale devient

$$C = K(t - t_1) + \frac{T_i}{E} \qquad (3)$$

car alors le travail externe est une très-petite fraction du travail moléculaire.

C'est cette équation (3) qui a été le point de départ des méthodes de M. Joule et de M. Hirn dans leurs recherches de l'équivalent mécanique de la chaleur.

Dans ces belles recherches, le docteur Mayer examinait la transformation de la chaleur en travail mécanique; tandis que MM. Joule et Hirn ont examiné à l'inverse la transformation du travail mécanique en chaleur : le premier en produisant la chaleur par le frottement des liquides, eau et mercure ; le second en obtenant cette chaleur par l'écrasement du plomb.

Nous terminerons ici ces considérations très-générales, bien suffisantes déjà pour jeter un grand jour sur certains points de l'étude de la machine à vapeur.

DEUXIÈME PARTIE.

MACHINES A VAPEUR MARINES.

PREMIÈRE SECTION.

PRODUCTION DE LA VAPEUR.

CHAPITRE PREMIER.

De la combustion et des combustibles.

61. **Notions préliminaires.** — La transformation de l'eau en vapeur exige nécessairement qu'on puisse disposer d'une certaine quantité de chaleur.

La source de chaleur, la seule, employée avantageusement dans l'industrie, est, jusqu'à présent, la *combustion*, qui n'est autre chose que le phénomène de la combinaison d'un corps quelconque avec l'oxygène; on nomme *combustible* le corps qui se combine ainsi.

La chimie nous apprend, en effet, que *toute combinaison* se manifeste par un dégagement de chaleur assez intense, souvent, pour déterminer le phénomène *de la lumière ou du feu*. C'est précisément ce qui a lieu dans la combinaison particulière de l'oxygène avec les divers combustibles dont l'industrie fait usage.

La chimie nous apprend aussi que l'oxygène est un gaz *simple*, c'est-à-dire indécomposable, incolore, inodore et sans saveur; c'est l'agent principal de la respiration. Ce gaz est susceptible de se combiner avec presque tous les corps connus, d'où il résulte que le nombre des combustibles est très-considérable. Mais, pour les applications industrielles, les combustibles doivent satisfaire à certaines conditions qui en réduisent singulièrement le nombre.

Parmi les corps simples, c'est-à-dire ceux que l'on n'a pu décomposer jusqu'à présent, deux seulement réunissent les conditions dont nous venons de parler; ces deux corps sont l'hydrogène, un *gaz*, et le carbone, un *solide;* et les combustibles qu'emploie l'industrie ne peuvent être ainsi composés, quant à leurs éléments susceptibles d'être brûlés, que d'hydrogène et de carbone. Parmi les combustibles ordinaires, bien connus d'ailleurs, ceux qui sont employés pour les machines marines se réduisent à deux, savoir :

Le bois, très-exceptionnellement; et la houille.

62. **Produit et résidu de la combustion.** — Lorsqu'un corps brûle, il est essentiel de distinguer, tout d'abord, le *produit de la*

combustion du *résidu de la combustion*. Les produits sont des combinaisons de l'oxygène avec les corps combustibles, les résidus sont uniquement formés de substances *incombustibles* qui existaient dans la substance à brûler.

Les produits de la combustion peuvent être solides ou gazeux. Dans le premier cas, le résidu et le produit sont réunis; dans le second, le produit se dégage à mesure qu'il se forme, et le résidu est uniquement formé de matières incombustibles qui *constituent les cendres*.

Dans la combustion de l'hydrogène et du carbone, ainsi que des combustibles industriels qui sont composés de ces deux éléments, les produits sont tous volatils. En effet, l'hydrogène combiné avec l'oxygène, c'est-à-dire *brûlé*, donne pour produit de la combustion de *l'eau*, qui se dégage, à l'état de vapeur, pendant cette combustion; et le carbone donne pour produit de la combustion deux corps gazeux bien connus, qui sont, l'un l'*acide carbonique*, lorsque la combustion est complète; l'autre, l'*oxyde de carbone*, lorsque la combustion est imparfaite.

63. **Puissance calorifique d'un combustible.** — La puissance calorifique, ou le pouvoir calorifique d'un combustible, est la quantité de calories que peut dégager 1 kilogramme de ce combustible, lorsqu'on recueille, sans perte, toute la chaleur qu'il dégage en brûlant. C'est ainsi que les expériences ont donné pour les diverses sortes de houille, dont la composition en carbone et en hydrogène varie entre certaines limites, des nombres dont la moyenne peut être considérée comme ayant pour valeur le nombre 7500 qui représente ce que l'on appelle le *pouvoir calorifique moyen* de la houille.

C'est ce nombre que l'on adopte généralement aujourd'hui.

Ainsi, d'après ce nombre, connaissant d'un autre côté la quantité de calories que nécessite 1 kilogramme d'eau à 0 degré pour être transformé en vapeur, soit, par exemple, 650 calories, en divisant 7500 par 650, le quotient $11^k,53$, nous apprend que si toute la chaleur que peut produire 1 kilogramme de houille était employée, sans perte, à vaporiser de l'eau à 0 degré, on obtiendrait environ $11^k,5$ de vapeur. Mais, dans la pratique, on est loin de pouvoir utiliser ainsi toute la chaleur que peut dégager le combustible; aussi n'obtient-on réellement que la moitié, ou, tout au plus, les trois cinquièmes de ce résultat.

Cette si grande différence, entre le résultat théorique et le résultat pratique, tient à l'imperfection des moyens dont on dispose aujourd'hui pour réaliser le phénomène de la combustion (laquelle est alors imparfaite), et aussi, comme nous allons le voir tout à l'heure, aux pertes de chaleur inévitables qui se produisent dans l'acte de la combustion.

64. **Volume d'air nécessaire à la combustion.** — Puisque la combustion n'est autre chose que la combinaison d'un corps combustible avec l'oxygène, il faut, naturellement, pouvoir disposer d'oxygène pour brûler un combustible. Or c'est dans l'air

atmosphérique que l'on peut prendre avec avantage l'oxygène pour cet usage.

L'air atmosphérique est un mélange d'oxygène et d'azote, qui contient, en nombres ronds et en volume, 21 parties d'oxygène et 79 parties d'azote. L'azote est un gaz simple, qui joue un rôle purement passif dans la combustion comme dans la respiration; on peut le considérer comme n'existant dans l'air que pour modérer l'activité de l'oxygène. Quoi qu'il en soit, connaissant, d'une part, la composition de l'air et d'autre part la composition des produits de la combustion dans des circonstances données, rien de plus simple que de déterminer, d'abord en volume, puis en poids, le minimum d'oxygène qu'exige la combustion, et ensuite, par conséquent, la quantité d'air suffisante pour fournir tout l'oxygène nécessaire.

C'est en combinant ainsi les résultats de la théorie avec ceux de la pratique qu'on est arrivé à trouver que, pour brûler la houille, que l'on peut appeler *moyenne* quant à sa composition, il faut théoriquement 9^{mc},05 d'air atmosphérique et, pratiquement, 18 à 19 mètres cubes.

65. **Fumée.** — Nous verrons bientôt, lorsque nous décrirons les diverses parties d'un générateur complet de la vapeur d'eau, le rôle important que joue la cheminée pour amener au foyer l'air nécessaire à la combustion : ce que l'on désigne par le nom de *tirage;* pour le moment, nous dirons seulement que, lorsque l'air a ainsi servi à cette combustion, une partie de son oxygène s'est transformée, soit en acide carbonique, soit en vapeur d'eau, soit en oxyde de carbone; et que l'azote n'a éprouvé aucune altération. De sorte que le courant de gaz chauds, qui s'échappe par l'orifice de la cheminée, n'est pas seulement composé des produits de la combustion, mais que sa composition est au contraire très-complexe, car elle comprend :

1° Les produits proprement dits de la combustion, acide carbonique, vapeur d'eau; et oxyde de carbone, *si la combustion est incomplète;*

2° L'azote provenant de la portion d'air décomposée;

3° L'air en excès introduit en outre de celui strictement nécessaire à la combustion;

4° Le plus ordinairement des parties solides et très-ténues de carbone, d'abord incandescentes, mais qui cessent bientôt d'être lumineuses par suite de l'abaissement de température du courant;

5° Enfin, des matières incombustibles entraînées mécaniquement par le courant.

Dans le cas de la houille, tous ces gaz sont incolores par eux-mêmes; mais leur mélange avec les poussières du combustible leur donne une couleur plus ou moins noire, ou jaunâtre, qui constitue ce que l'on nomme la *fumée.*

On peut dire que la fumée provient d'une combustion imparfaite, et qu'elle dénote, en conséquence, une perte de chaleur; aussi, en outre de tous les autres inconvénients qu'elle possède, ne fût-ce que par économie, doit-on chercher à obtenir une combustion complète.

Les gaz chauds qui s'échappent dans l'atmosphère sont à une très-haute température; car c'est une condition nécessaire de tout bon tirage naturel, et l'expérience et la théorie assignent une température de 300 à 400 degrés environ pour que la combustion se fasse dans de bonnes conditions. D'où l'on voit tout d'abord combien il est important, de ne laisser passer, à travers le combustible, que la quantité d'air nécessaire à la combustion, car les gaz chauds entraînent forcément une quantité considérable de chaleur, ce qui est un des principaux inconvénients du tirage naturel. Mais, par contre, si, pour éviter un mal, on ne fournissait au foyer qu'une quantité insuffisante d'air, ou même si on voulait approcher trop près de la limite, on pourrait ainsi tomber dans un mal pire; car, comme le prouve l'expérience, une partie du charbon se transformerait seulement en oxyde de carbone, et cette circonstance occasionnerait une énorme perte de chaleur, attendu que 1 kilogramme de charbon, qui se transforme en acide carbonique, produit 7170 calories, quantité qui se réduit à 1386 quand le produit de la combustion est de l'oxyde de carbone.

66. **Différentes espèces de houille.** — On donne le nom de *houille* ou de *charbon de terre* aux amas de combustibles minéraux enfouis dans le sein de la terre.

Les variétés de houilles sont à peu près aussi nombreuses que les mines dont elles proviennent; toutefois elles présentent dans leur composition chimique et dans leurs aspects des variations assez tranchées pour qu'on ait pu les classer en espèces, et les espèces elles-mêmes en variétés.

Les houilles en usage pour la navigation à vapeur peuvent être classées comme suit :

1° Les houilles grasses;
2° Les houilles maigres ou sèches;
3° Les houilles dures et compactes.

Les houilles grasses se reconnaissent à une couleur noire très-brillante; elles ont un aspect gras bien marqué, tachent les doigts et renferment une grande quantité de matières bitumineuses. Elles s'allument facilement, brûlent avec une belle flamme; mais elles ont l'inconvénient de se coller sur les grilles des fourneaux et de contrarier le tirage. Leur pouvoir calorifique varie entre 8000 et 8400 calories, et le poids de l'hectolitre est de 80 à 82 kilogrammes.

Les houilles sèches ou maigres ont un éclat moins brillant que celui des houilles grasses; leur couleur varie du brun foncé au gris de fer; elles tachent peu les doigts et sont très-friables. Elles contiennent moins de bitume que les houilles grasses, et leur sont préférables, parce qu'elles produisent une fumée moins noire, et que, bien qu'elles donnent beaucoup plus d'escarbilles que les houilles grasses, les résidus qu'elles laissent sur les grilles ne s'y attachent pas. Leur pouvoir calorifique est d'environ 7000 à

7200 calories, et le poids de l'hectolitre est d'environ 78 kilogrammes.

Enfin, les houilles dures ou compactes, bien préférables à tous les autres charbons bitumineux, parce qu'elles brûlent facilement et ne font point de mâchefer, présentent les caractères suivants : elles résistent à la division de leurs fragments plus que les autres variétés, et leur cassure se présente en lames ou en grains réguliers; leur couleur est d'un gris très-foncé, et, bien qu'elles dégagent une fumée plus noire que les houilles grasses, elle est moins abondante. Leur pouvoir calorifique s'élève jusqu'à 8500 calories, et l'hectolitre pèse 85 kilogrammes.

67. **Anthracite.** — L'anthracite est une espèce de charbon particulier auquel on donne aussi le nom de *charbon de pierre.* Ce charbon, que l'on trouve abondamment en France, ressemble par son aspect aux charbons compactes; il est compacte et grisâtre, ne salit pas les doigts et renferme très-peu de matières bitumineuses. Sa pesanteur spécifique est de 1,4, et son poids à l'encombrement est de 88 kilogrammes par hectolitre. Lorsque la combustion en est bien activée, il brûle avec une flamme rouge et brillante, et l'un des faits les plus remarquables de sa combustion est qu'il brûle sans fumée et qu'il ne fait pas de scories. Comme le pouvoir calorifique de l'anthracite atteint 8600 calories, il en résulte qu'il présente une quantité de chaleur plus grande que les charbons bitumineux, avantage d'une grande importance pour les bâtiments à vapeur de mer. Malheureusement, la difficulté que l'on éprouve à l'allumer, car cet *allumage* demande deux fois et demie plus de temps qu'avec la houille ordinaire pour obtenir la pression, est un grave inconvénient, et a été longtemps un obstacle à son emploi. Mais on est parvenu à vaincre cet obstacle, c'est-à-dire à diminuer le temps de l'*allumage* et à rendre l'opération facile, en mélangeant, en parties égales, l'anthracite de Cardiff (anthracite très-friable) avec la houille grasse.

68. **Charbon employé à bord des bâtiments à vapeur.** — Des qualités et des défauts inhérents aux différents combustibles que nous venons de passer en revue, il résulte, ainsi que l'expérience le prouve, que le meilleur combustible pour les chaudières marines doit être un composé de houilles ou de charbons choisis. C'est ainsi que sur les bâtiments de la flotte, dans les essais et les missions pressées, on brûle ordinairement moitié houille grasse (charbon anglais de Newcastle) et moitié Cardiff (anthracite friable). En principe, le mélange en parties égales de houilles grasses et de houilles maigres ou d'anthracites donne un excellent combustible sous le triple rapport de l'*allumage*, de la quantité de chaleur développée et de la conduite des feux.

Nous terminerons ces considérations générales en disant que, dans nos ports, les charbons de France, en roche, reviennent aujourd'hui, en moyenne, à 35 fr. le tonneau et les charbons composés à 36 fr., et que la consommation de charbon de nos navires de guerre, lors de la marche à toute puissance, peut s'élever à 6 kilogrammes par heure et par cheval nominal, ce qui, avec les valeurs actuelles de nos chevaux nominaux, revient à 2 kilogrammes par heure et par force de cheval, de 75 kilogrammètres, sur les pistons à pleine puissance.

69. **Combustion spontanée des houilles.** — Lorsque la houille est entassée dans les soutes, il peut se produire des combustions spontanées dues à la présence de *pyrites*, substances composées de soufre et de fer ou de cuivre, qui se présentent ordinairement sous la forme de paillettes ou de petits cristaux couleur d'or, et qui se décomposent sous l'influence de l'air chaud et humide; de sorte que le charbon s'échauffe notablement et devient apte à entrer subitement en ignition, si, par suite d'une ouverture quelconque, il s'établit un courant d'air dans les soutes. — De même, si le charbon est poussiéreux et s'il se trouve accidentellement humecté, il peut y avoir fermentation et échauffement, et, par suite, *combustion spontanée,* aussitôt qu'un courant d'air vient à passer dans le tas. Dans ces circonstances, les mesures à prendre sont d'intercepter le courant d'air, de noyer à grande eau le combustible, s'il est possible, ou d'étouffer le feu en fermant toute issue et en injectant dans les soutes de la vapeur à l'aide de tuyaux spéciaux dont il sera fait mention (92).

Comme mesures préventives, il importe de ne jamais prendre en approvisionnements ou en chargements des charbons pyriteux, et, s'il y a obligation absolue à charger de tels combustibles, il faut alors, et dans tous les cas, ne jamais embarquer le charbon ni humide ni poussiéreux. Ensuite, il importe de visiter et d'aérer fréquemment les soutes, en évitant d'ailleurs d'établir à leur intérieur des courants d'air par trop actifs. Enfin, il ne faut jamais laisser le *poussier* s'accumuler dans les parties basses des soutes, et, autant que possible, il faut brûler en premier lieu le charbon qui se trouve à bord depuis le plus longtemps.

CHAPITRE II.

Lois de la formation de la vapeur.

70. **Transformation de la vapeur dans le vide.** — Le mot *vaporisation* qui exprime, dans le sens le plus général, le passage de l'état liquide à l'état gazeux, est employé, le plus ordinairement, pour indiquer la formation rapide de la vapeur sous l'influence d'une source de chaleur quelconque.

Le mot *évaporation* est plus particulièrement reservé pour désigner la formation lente de la vapeur.

Première loi. — Un liquide placé dans un espace vide d'air, ou de tout autre gaz, se vaporise subitement et fournit, dans un temps très-court, toute la vapeur qu'il peut donner dans les circonstances de l'expérience.

Deuxième loi. — Quand la vapeur se trouve, dans l'espace vide, en présence d'un excès de liquide générateur, elle atteint toujours une tension maximum qu'elle ne peut dépasser, dans aucun cas, tant que sa température reste constante, quelque modification qu'on fasse subir au volume quelle occupe. Si l'espace augmente, le liquide fournit de nouvelle vapeur de manière que la force élastique reste constante; si l'espace diminue, une certaine partie de la vapeur se condense de manière à conserver à celle qui reste sa tension primitive.

Mais, il est bien important de remarquer que cette permanence n'a lieu qu'autant que, dans le premier cas, une source de chaleur fournit au liquide la chaleur nécessaire à la formation de la vapeur; et que, dans le second, l'enveloppe puisse absorber et disperser la chaleur en excès qui résulte de la condensation partielle de la vapeur. En admettant ces hypothèses, si on élève ou si on abaisse la température du liquide, pendant toutes les variations que l'on fait subir à l'espace, pourvu que ces variations s'opèrent avec une extrême lenteur, la vapeur aura toujours la tension maximum qui correspond à la température du liquide.

On dit alors que l'espace est *saturé* de vapeur; ou, que la vapeur est à l'état de *saturation* : ce qui signifie, en d'autres termes, que, tant que la température de cette vapeur reste constante, l'espace qu'elle occupe n'en peut contenir davantage.

71. **Tension de la vapeur mélangée avec des gaz.** — Si l'espace où se forme la vapeur n'est pas vide, s'il contient de l'air ou tout autre gaz, hâtons-nous d'ajouter que la pression du gaz au-dessus du liquide retardera la volatilisation de ce dernier, mais n'influera, en rien, sur la force élastique finale de la vapeur formée; seulement, à cette force élastique finale viendra s'ajouter la force élastique du gaz mélangé, de sorte que nous pouvons ajouter aux lois précédentes cette troisième loi :

Troisième loi. — Quand l'espace limité qui renferme une atmosphère gazeuse (de l'air atmosphérique, par exemple) se trouve *saturé*, la tension de la vapeur qui s'est formée est la même que dans le vide, à la même température; mais la tension du mélange est égale à la somme des tensions qu'auraient le gaz et la vapeur, si chacun d'eux occupait seul l'espace du mélange.

Telle est la loi formulée, en premier lieu, par Dalton et démontrée expérimentalement par Gay-Lussac.

72. **Relation entre la tension, la température et la densité de la vapeur saturée.** — Les principes expérimentaux que nous venons de mentionner mettent en évidence que, pour les vapeurs *saturées*, il existe toujours une relation bien déterminée entre la tension, la température et la quantité de vapeur formée. Cette relation n'a pu encore être établie qu'au moyen de formules empiriques assez compliquées, et, pour les besoins de la pratique, on a plus tôt fait de recourir à des tables dans lesquelles sont consignées les valeurs numériques de ces divers éléments. Mais avant de faire connaître une telle table, pour la vapeur d'eau, il nous faut définir d'une manière précise deux éléments qu'on y rencontre et qu'on désigne sous le nom de *densité* et de *volume relatif*.

La définition de la densité d'une vapeur *saturée,* à une certaine température et pression correspondante, est la même que celle que nous avons donnée (42) pour un corps quelconque; c'est le rapport du poids P de cette vapeur au volume V qu'elle occupe sous cette pression; on aura donc, en désignant cette densité par D :

$$D = \frac{P}{V}.$$

Réciproquement, le rapport du volume V, qu'occupe la vapeur saturée, au poids de cette vapeur, c'est-à-dire $\frac{V}{P} = \frac{1}{D}$, exprime combien de fois, à poids égal, le volume de vapeur contient le volume d'eau de formation. C'est ce rapport qu'on appelle *volume relatif* de la vapeur; comme on le voit c'est l'inverse de la densité, et l'une de ces deux quantités se déduit de l'autre. De même que, par suite de notre système métrique, la densité peut être représentée par le poids du litre de vapeur, ou par le poids du mètre cube, de même on peut dire que le volume relatif est représenté par le volume en litres ou en mètres cubes qu'occuperait 1 kilogramme d'eau pure, préalablement à 4°,1, réduite en vapeur saturée.

M. Regnault n'a point encore déterminé expérimentalement les densités de la vapeur d'eau à l'état de saturation, sous diverses pressions. Cette recherche présente beaucoup de difficultés à cause de l'état d'instabilité où se trouve alors la vapeur, tellement voisine du point de liquéfaction que des forces très-petites suffisent pour la liquéfier partiellement. Cette lacune dans les expériences est très-regrettable non-seulement au point de vue de la pratique, mais encore au point de vue de la science, car cette détermination fournirait une précieuse vérification des principes fondamentaux de la théorie mécanique de la chaleur, qui suffisent en effet pour calculer ces densités lorsqu'on connaît les relations qui existent entre les pressions et les températures correspondantes, ainsi que les chaleurs latentes dont il va être question plus loin.

Dans cet état de la science, on est donc réduit à calculer les densités dont il est question; nous avons consigné certaines de leurs valeurs dans la table ci-contre, qui contient aussi les tensions et les températures correspondantes, ainsi que les volumes relatifs.

On peut remarquer, à l'inspection de cette table, combien la tension de la vapeur croît rapidement eu égard à la température. A 100 degrés cette tension est de 1 atmosphère; à 120°,60 elle est de 2 atmosphères; à 165°,34 elle est de 7 atmosphères, enfin pour 180°,31 elle s'élèverait à 10 atmosphères.

Nous ferons remarquer aussi que, bien que tout ce que nous avons dit se rapporte au cas de l'eau pure et ne s'applique pas en toute rigueur au cas de l'eau de mer, néanmoins, au point de vue pratique, on peut faire abstraction des erreurs que l'on commet en appliquant à ce liquide les résultats ci-dessus, attendu que ces résultats ne peuvent être erronés d'une manière sensible.

Table des tensions, températures, densités et volumes relatifs de la vapeur d'eau.

Tensions de la vapeur			Température en degrés centigrades.	Densités ou poids en kilogrammes de 1 mètre cube de vapeur.	Volumes relatifs ou volumes en mètres cubes de 1 kilogramme de vapeur.
en atmosphères.	en millimètres de mercure.	en kilogrammes par centimètre carré.			
0.1	76	1033.4	46.21	0.069	14.5044
0.2	152	2066.8	60.45	0.133	7.5256
0.4	304	4133.6	76.25	0.256	3.9079
0.6	456	6200.4	86.32	0.375	2.6648
0.8	608	8267.2	93.88	0.492	2.0314
1.0	760	10334.0	100.00	0.607	1.6460
1.5	1140	15501.0	111.74	0.890	1.1235
2.0	1520	20668.0	120.60	1.167	0.8571
2.5	1900	25835.0	127.80	1.439	0.6949
3.0	2280	31002.0	133.91	1.708	0.5856
3.5	2660	36169.0	139.24	1.973	0.5067
4.0	3040	41336.0	144.00	2.237	0.4471
4.5	3420	46503.0	148.29	2.498	0.4003
5.0	3800	51670.0	152.22	2.757	0.3627
5.5	4180	56837.0	155.85	3.014	0.3318
6.0	4560	62004.0	159.22	3.270	0.3058
6.5	4940	67171.0	162.37	3.523	0.2838
7.0	5320	72338.0	165.34	3.776	0.2648
7.5	5700	77505.0	168.15	4.027	0.2483
8.0	6080	82672.0	170.81	4.277	0.2338
9.0	6840	93606.0	175.77	4.775	0.2094
10.0	7600	103340.0	180.31	5.266	0.1899

73. Vapeur isolée du liquide générateur. — Jusqu'à présent, nous n'avons considéré la vapeur qu'en contact avec son liquide générateur, ce qui est le cas où la communication est établie en grand entre la chaudière et le cylindre d'une machine. Mais, si un espace saturé de vapeur ne renferme point de liquide, ce qui est le cas qui se présente aussi dans la machine à vapeur, lorsque, à un moment donné de la course du piston, on interrompt la communication entre la chaudière et le cylindre, et qu'alors la vapeur continue à agir sur le piston en se *détendant,* c'est-à-dire en augmentant de volume, il est aussi très-important de connaître toutes les circonstances de ce nouveau phénomène.

Dans ce cas, en supposant que l'enveloppe du cylindre ne fournisse point de chaleur, ni n'en absorbe point par suite de l'accroissement de volume que prendrait la vapeur, il est évident que sa densité, sa tension et aussi sa température diminueraient. La loi de cette diminution n'a pas été déterminée expérimentalement; mais, d'après toutes les expériences de M. Regnault, on est autorisé à croire que cette loi s'écarte beaucoup de celle de Mariotte, et que la pression d'une vapeur, à partir du moment où la totalité du liquide est gazéifiée, décroît dans un rapport plus grand que le volume n'augmente.

Lorsqu'on laisse la vapeur se détendre dans le cylindre, si l'on parvenait à maintenir complétement la température intérieure à un degré suffisant, en échauffant ses parois par une source de chaleur extérieure, il est probable que la loi de Mariotte serait très-approximativement applicable. Mais, malgré tout ce que l'on peut faire, il n'est pas généralement possible de maintenir l'intérieur du cylindre à une température suffisante, de sorte que la loi de Mariotte n'est pas suivie; d'ailleurs, alors même que la chose serait possible, la théorie et l'expérience démontrent qu'il serait désavantageux d'opérer ainsi, et que le rôle des enveloppes de vapeur autour des cylindres ne doit point avoir pour effet d'empêcher la condensation de la vapeur pendant la détente, mais que leur utilité consiste à prévenir le refroidissement des parois du cylindre pendant que son intérieur communique avec le condenseur. Du reste, il faut bien le dire, toutes ces questions et bien d'autres encore qu'il importerait tant de connaître ne sont point encore parfaitement élucidées; elles sont du ressort de la théorie mécanique de la chaleur et tout fait espérer qu'on en aura prochainement les solutions complètes. Nous reviendrons sur ces questions (chapitre v, 2e partie), ou plutôt nous ferons voir alors comment l'expérience directe peut suppléer à l'incertitude actuelle.

74. **Formation de la vapeur dans les chaudières.** — Lorsqu'on veut produire de la vapeur pour les besoins de l'industrie, on se sert toujours d'une chaudière renfermant de l'eau que l'on expose à la chaleur d'un foyer. D'abord les parois du vase s'échauffent et transmettent directement, au liquide qui les touche, la chaleur qu'elles reçoivent, puis il se fait bientôt, par une succession de courants liquides dans la masse, une répartition assez prompte de la chaleur. En même temps, de la surface du liquide, se dégage sans cesse de la vapeur dont la force élastique croissante correspond, à chaque instant, à la température du liquide. Il arrive enfin un moment où des bulles nombreuses se montrent sur les parties les plus chaudes de la paroi, se renouvellent et traversent la masse liquide pour venir crever à sa surface.

C'est cette formation tumultueuse de bulles de vapeur qui constitue le phénomène de l'*ébullition*. Mais, pour qu'il y ait véritablement *ébullition* dans toute l'acception du mot, il faut, non-seulement que la quantité de vapeur produite à chaque instant soit très-abondante, mais encore que la pression, qui pèse au-dessus de l'eau, ne dépasse pas la tension de la vapeur qui se forme. Dans ces conditions, *mais dans ces conditions seulement*, la vapeur engendrée devient capable de soulever tumultueusement la masse liquide, et le phénomène a lieu complétement. C'est ce qui se passe, notamment, toutes les fois que l'on chauffe, à l'air libre, pendant un certain temps, de l'eau au contact d'un foyer d'une intensité suffisante.

Parmi les causes qui peuvent faire varier la température à laquelle l'ébullition se produit, nous citerons, en dehors de la pression extérieure, dont nous connaissons déjà l'influence (49), celle qu'exerce la dissolution des substances étrangères que peut contenir le liquide. C'est ainsi que l'eau saturée de sel marin bout à 110 degrés, et que l'eau de mer bout à 109 degrés.

Mais, si le phénomène de l'ébullition finit toujours par se produire à l'air libre, lorsque, d'ailleurs, l'intensité de la chaleur est suffisante, il n'en est pas de même lorsque la production de la vapeur s'opère en vase clos. Alors, la vaporisation se produit généralement avec un certain bourdonnement accompagné de vibrations des parois de la chaudière; mais, bien que la température aille en augmentant, il arrive un moment où la vapeur formée ne trouvant point ou presque point d'issue, en rapport avec sa production, s'accumule, presse la surface du liquide et l'empêche de bouillir.

Pour qu'une chaudière fonctionne convenablement, il faut que la vaporisation s'effectue *sans ébullition*, et que la vapeur, qui se forme continuellement, remplace celle que la machine utilise.

75. **Nature de la vapeur d'eau; vapeur sèche et aqueuse.** — La vapeur d'eau est un fluide transparent, sans odeur ni saveur, qui se compose, comme l'eau pure, de 89 parties, en poids, d'oxygène, et de 11 parties d'hydrogène, et qui renferme, en outre, l'air contenu en dissolution dans l'eau de formation. Lorsque la vapeur d'eau est parfaitement pure, elle est invisible, tant elle est transparente; dans cet état on la nomme *vapeur sèche*. Mais, le plus ordinairement, elle se trouve mélangée de particules liquides extrêmement ténues qui nous la font apparaître sous forme de brouillard plus ou moins transparent. C'est presque toujours dans cet état, auquel on donne le nom de *vapeur aqueuse, globuleuse* ou *mouillée*, qu'elle existe dans l'intérieur des machines; et cela parce qu'elle y subit toujours un commencement de condensation dû au refroidissement plus ou moins considérable qu'elle éprouve, soit en se dilatant, soit par suite du contact des diverses parties de la machine qu'elle traverse.

76. **Vapeur surchauffée, réchauffée ou régénérée.** — Lorsque la vapeur sort d'une chaudière, quelles que soient les précautions que l'on prenne, elle se trouve toujours plus ou moins chargée d'eau. On a cherché à remédier à cet inconvénient grave en surchauffant la vapeur isolée de son liquide générateur et en la portant à une température supérieure à celle qui correspond à son état de saturation. C'est ainsi que, dans presque toutes les machines récentes, la vapeur est amenée, au sortir de la chaudière, dans une sorte de serpentin, ou dans une série de tubes ou de capacités parallélipipédiques formées par des lames métalliques. Ce système, appelé *sécheur,* est placé dans l'intérieur de la cheminée, à sa base, et utilise une partie de la chaleur provenant des gaz chauds, en leur en laissant encore assez pour effectuer le tirage naturel. De cette manière, la vapeur qui circule dans ce système prend une légère surchauffe et vient ensuite aboutir, comme d'habitude, au

tuyau qui la conduit dans les cylindres, bien sèche et même un peu surchauffée.

On a aussi cherché à *régénérer* la vapeur en la réchauffant au sortir du cylindre, où elle a déjà produit un travail, en la soumettant à l'action d'un foyer, de manière à lui restituer sa force élastique primitive et à économiser ainsi, en majeure partie, la dépense qu'occasionne sa formation première. Cette méthode, pleine d'avenir peut-être, n'a point encore, jusqu'à présent, fourni les résultats qu'on espérait.

77. **Manomètres.** — Pour mesurer la tension de la vapeur dans les chaudières, on se sert d'instruments connus sous le nom de *manomètres*.

Lorsque la tension de la vapeur doit se trouver comprise entre 1 ou 2 atmosphères, le manomètre le plus simple et qui offre le plus de sécurité, celui que l'on a longtemps employé exclusivement à bord des navires, est le manomètre dit *à air libre*. Mais lorsque la tension de la vapeur doit dépasser 2 atmosphères, alors les dimensions de cet instrument deviennent embarrassantes, surtout à bord, et on lui préfère d'autres instruments, sinon plus sûrs, du moins plus commodes.

Voici d'abord la description du manomètre à air libre.

Il se compose (Figure 33) d'un tube en fer ABC, en forme de siphon parfaitement calibré. Lorsque la chaudière est remplie d'air, ou lorsque la tension de la vapeur qui s'y trouve est juste de 1 atmosphère, le mercure que l'on a mis préalablement dans le tube se maintient au même niveau *mn* dans les deux branches. Une tige ronde, en bois, portant à son extrémité inférieure un petit flotteur en fer, est placée sur le mercure, dans la grande branche, et suit le mouvement du liquide. La longueur de cette tige est telle que son extrémité supérieure se trouve en regard du zéro d'une échelle graduée en *demi-centimètres* et placée au-dessus du tube, lorsque le niveau du mercure correspond à la ligne *mn*. La graduation de l'échelle est établie au-dessus et au-dessous du zéro, et enfin l'air extérieur communique librement avec la grande branche de l'instrument par l'ouverture supérieure C, dont le contour maintient la tige dans ses mouvements en la touchant légèrement.

Fig. 33.

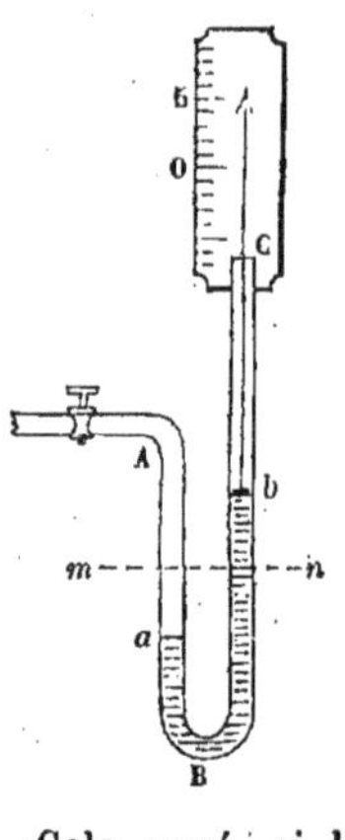

Cela posé, si la tension de la vapeur augmente dans la chaudière, le mercure descend jusqu'en *a*, par exemple, dans la petite branche, et monte d'autant, jusqu'en *b*, dans la grande. L'extrémité de la tige vient affleurer une des divisions, soit le n° 5, par exemple, et il s'agit d'apprécier la tension que possède alors la vapeur. Or, puisqu'on suppose le tube parfaitement calibré, la différence de niveau sera précisément de 5 centimètres, et la surface du mercure, en *a*, sera pressée, de haut en bas, par une force φ

sur chaque centimètre carré, et cette force φ, qui n'est autre que la force élastique de la vapeur, fera équilibre à la pression atmosphérique, agissant en b, augmentée du poids de la colonne de mercure de 5 centimètres, laquelle représente, comme on le sait, les cinq soixante-seizièmes de 1 atmosphère. On aura donc :

$$\varphi = 1^{at} + \frac{5^{at}}{76}.$$

Telle est la mesure de la tension de la vapeur dans l'intérieur de la chaudière. C'est cette pression que l'on nomme *pression absolue*, tandis que l'on désigne sous le nom de *pression effective* la différence entre la pression absolue et la pression atmosphérique. La pression effective est ici de $\frac{5}{76^e}$ d'atmosphère. Remarquons que, si l'extrémité de la tige se trouvait en regard d'une division comptée au-dessous du zéro, du n° 4, par exemple, cela ne prouverait pas que la machine ne puisse fonctionner; car la pression absolue serait encore de $\left(1 - \frac{4}{76}\right)^{at} = 0{,}947^{at}$, et si la machine était à condenseur, dans l'intérieur duquel la tension absolue peut n'être que de $\frac{1}{7^e}$ d'atmosphère, la machine pourrait néanmoins fonctionner utilement, et même encore avec des indications plus basses.

On dit, dans ces circonstances, que la machine marche *sur le vide*.

Lorsqu'une machine doit travailler sous une pression absolue s'élevant jusqu'à 3 atmosphères, comme la plupart des machines marines actuelles, on voit que le manomètre à air libre pourrait devenir embarrassant par son élévation, qui devrait être de plus de deux fois 76 centimètres, et qui, tout compris, surpasserait 2 mètres. On a dû s'enquérir, pour ce cas, et à plus forte raison pour les pressions encore plus élevées, d'instruments plus commodes et donnant pourtant des indications certaines.

Parmi les manomètres, autres que les manomètres à air libre, on distingue les manomètres à air comprimé, mais surtout le manomètre Bourdon, dont on fait aujourd'hui exclusivement usage dans la marine militaire; aussi nous bornerons-nous à la description de cet appareil.

Fig. 34.

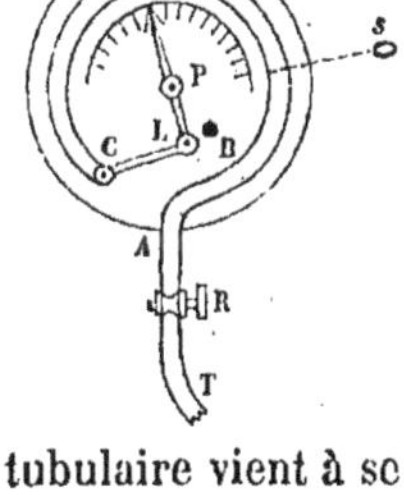

Le manomètre Bourdon, représenté figure 34, est entièrement métallique. Il se compose essentiellement d'un tube ABC, en laiton, à parois minces et très-flexibles. Ce tube est ployé circulairement de manière à former presque un anneau complet. L'une des extrémités A, fixe, communique avec la chaudière par le tuyau T, muni d'un robinet R; l'autre extrémité C, hermétiquement fermée et non fixée sur le plateau P, est articulée avec un petit levier L, de manière que, si l'anneau tubulaire vient à se déformer, soit en s'enroulant, soit en se déroulant sur lui-même, il communique, par suite de ces déformations légères d'ailleurs, un mouvement circulaire (tantôt à droite, tantôt à gauche) à une aiguille qui se meut sur un cadran gradué. Les déformations dont il s'agit proviennent de ce que la section s du tube est une courbe légèrement aplatie, ce qui fait qu'elle se rapproche ou s'éloigne d'être une circonférence, suivant que la tension de la vapeur qui agit sur les parois intérieures du tube varie en plus ou en moins, et c'est ce gonflement ou ce dégonflement qui produit finalement le mouvement de l'aiguille. La graduation du cadran d'un manomètre métallique, toujours faite avec soin et de telle sorte qu'elle concorde avec celle du manomètre à air libre, indique pour les basses et moyennes pressions le nombre de centimètres de mercure que peut équilibrer la vapeur. Ainsi, quand l'aiguille s'arrête au n° 38, cette indication signifie que la pression effective est de 38 centimètres, c'est-à-dire de la moitié d'une atmosphère, et la pression absolue est alors de 1 atmosphère et demie. Sur les manomètres à haute pression, la graduation est généralement faite de manière à indiquer des atmosphères et des dixièmes d'atmosphère.

Pour le bon fonctionnement du manomètre métallique, autant que pour ménager sa durée, on doit l'installer un peu en contre-bas de la prise de vapeur; de cette manière le tube se trouve toujours rempli d'eau, provenant de la vapeur condensée, et l'on évite ainsi le contact du tube avec la vapeur elle-même dont la haute température pourrait, à la longue, altérer l'élasticité du métal.

78. **Chaleur latente ou de vaporisation.** — Nous allons maintenant étudier la vapeur au point de vue de la quantité de chaleur qu'exige sa formation.

De ce que la température d'un liquide qui bout, sous une pression constante, reste stationnaire pendant toute la durée de l'ébullition (49), et de ce que le thermomètre plongé au milieu de la vapeur saturée provenant du liquide reste aussi stationnaire (à 100 degrés par exemple, pour la vapeur à 1 atmosphère), on peut soupçonner déjà, surtout si l'on a pris toutes les précautions pour que la chaleur fournie incessamment par le foyer ne se dissipe pas au dehors, que cette chaleur, dont le thermomètre n'accuse pas la présence, est employée à vaporiser le liquide. Mais on acquiert toute certitude à cet égard, lorsque, prenant 1 kilogramme de vapeur saturée à 100 degrés et le mélangeant avec environ 5 kilogrammes d'eau pure à 0 degré, on trouve qu'après le mélange les 6 kilogrammes restent à la température de 100 degrés; car on en conclut nécessairement que la quantité de chaleur qui se trouvait dans le kilogramme de vapeur à l'état latent est de 537 calories, puisque cette chaleur a pu élever la température de $5^k,37$ d'eau pure de 0 degré à 100 degrés.

C'est cette chaleur, dont le thermomètre n'accuse pas la présence, que l'on appelle *chaleur latente* ou *chaleur de vaporisation*, et dont la disparition *apparente* s'explique parfaitement par la théorie mécanique de la chaleur; car la transformation de l'eau en vapeur n'a pu se produire sans qu'il y ait eu travail mécanique dépensé de la part de la chaleur, et, d'après les principes de cette théorie, la chaleur, quoique insensible au thermomètre, n'a pas été anéantie, mais elle s'est transformée en travail mécanique (60).

Les expériences si précises de M. Regnault ont prouvé :

1° Que, à 100° centigrades, la chaleur de vaporisation qu'exige 1 kilogramme d'eau est de 536,67 calories;

2° Que, à mesure que la température de l'eau de formation s'élève, ou que la pression de la vapeur saturée augmente, la chaleur de vaporisation de l'eau va en décroissant, tandis que la chaleur totale va en croissant.

D'après M. Regnault, les nombres résultant de ses expériences peuvent être donnés très-approximativement par la formule empirique suivante, qu'il a déduite de l'ensemble de ses recherches, et qu'il a proposée comme formule provisoire :

$$\gamma = 606.5 + 0.305\ T.$$

Dans cette formule, γ représente la chaleur totale qu'exige 1 kilogramme d'eau à la température de 0 degré pour se transformer en 1 kilogramme de vapeur à la température de T degrés, *en opérant cette transformation sous une pression constante.*

En nous servant de cette formule, nous avons formé le tableau suivant :

Températures.	Pressions.	Chaleur de vaporisation.	Chaleur totale.	Différences.
degrés.	atmosphères.	calories.	calories.	calories.
100.00	1	537.00	637.00	
				6.28
120.60	2	522.68	643.28	
				4.06
133.90	3	513.44	647.34	
				3.08
144.00	4	506.42	650.42	
				2.51
152.22	5	500.71	652.93	
				8.56
180.31	10	481.18	661.49	
				9.99
214.70	20	456.78	671.48	

On voit, à l'inspection de ce tableau, que les accroissements de chaleur varient très-lentement, eu égard aux accroissements de pressions, et d'autant plus lentement que l'on considère des pressions plus élevées.

C'est sans doute à cause de cette différence si minime, et aussi par suite des difficultés très-grandes que présente ce genre de recherches, que les physiciens qui s'en sont occupés n'ont pu découvrir la véritable loi à laquelle M. Regnault est enfin arrivé par suite de ses expériences si précises et si habilement conduites. Watt, lui-même, fut amené à admettre que 1 kilogramme de vapeur saturée, à quelque tension qu'on la prenne, exige pour sa formation une même quantité de chaleur égale à 650 calories, lorsqu'on opère avec de l'eau à 0 degré, et que, par conséquent, la chaleur latente ou de vaporisation, qu'il trouva être de 550 calories pour la vapeur à 100 degrés, va en diminuant à mesure que la température sensible augmente; de telle sorte que cette chaleur latente serait nulle pour de la vapeur à 650 degrés.

Rien de plus facile actuellement que de résoudre cette question : Combien faut-il de calories pour vaporiser 100 kilogrammes d'eau prise à la température de 40 degrés et pour en faire de la vapeur à 4 atmosphères?

En appliquant la formule de M. Regnault, on trouve immédiatement :

$$\gamma = 100\,(606{,}5 + 0{,}305 \times 144 - 40)^{\text{cal.}} = 61042^{\text{cal.}}$$

En admettant la loi de Watt comme règle, on trouverait :

$$\gamma = 100\,(650 - 40)^{\text{cal.}} = 61000^{\text{cal.}}$$

La différence est, du reste, assez minime au point de vue pratique, car elle n'est que de 42 calories, quantité moindre que 0,001 de la valeur que donne la formule de M. Regnault.

CHAPITRE III.

Description d'un générateur complet de la vapeur, en usage dans la navigation.

79. **Généralités.** — Un appareil complet nécessaire à la transformation de l'eau en vapeur se compose de deux parties principales, savoir :

1° Du fourneau ;

2° Du générateur proprement dit.

Le fourneau est cette partie de l'appareil dont l'objet est la production de la chaleur nécessaire pour vaporiser l'eau; il se compose de trois parties principales :

1° Du foyer qui comprend lui-même, comme parties distinctes : le foyer proprement dit, ou l'âtre; le cendrier, espace situé au-dessous du foyer, et qui en est séparé par des barreaux formant la *grille;*

2° Des courants de flamme, de formes diverses, dans lesquels s'effectue, partie par rayonnement, partie par contact, la transmission, au générateur, de la chaleur développée dans le foyer, et qui font en outre communiquer le foyer avec la cheminée;

3° De la cheminée, par laquelle a lieu, dans l'atmosphère, le dégagement des gaz chauds provenant de la combustion, et qui, en outre, a pour objet essentiel d'attirer dans le foyer l'air nécessaire à la combustion.

Le générateur proprement dit, ou chaudière à vapeur, est une capacité fermée dans laquelle s'opère, d'une part, la transformation de l'eau en vapeur, et, d'autre part, l'accumulation de la vapeur en quantité suffisante pour les besoins de l'appareil moteur. A ce double effet, la chaudière doit avoir des parois imperméables à l'eau et à la vapeur, mais conductrices de la chaleur, et suffisamment résistantes pour ne pas se rompre ou se déformer sous l'influence de la pression intérieure.

Pour ces divers motifs les générateurs sont des vases métalliques dont les formes, dimensions et épaisseurs, varient, suivant la nature du métal employé, la pression intérieure à supporter, et la quantité de vapeur à produire dans un temps donné.

Dans l'origine des machines à vapeur les chaudières étaient toutes à *basse pression*, c'est-à-dire à pression intérieure ne dépassant par la pression atmosphérique de plus de $^1/_2$ atmosphère. Aujourd'hui, on peut dire qu'on ne fait plus usage de chaudières à basse pression, que l'on a remplacées par les chaudières à moyenne pression, dans lesquelles la pression intérieure varie de 1 atmosphère $^1/_2$ à 3 atmosphères. Pour les machines fixes et pour les locomotives surtout, on fait presque exclusivement usage des chaudières dites à *haute pression*, dont la tension intérieure varie de 4 à 7 atmosphères; rarement plus.

Dans la marine impériale, les chaudières à moyenne pression sont presque exclusivement employées aujourd'hui; quant aux chaudières à 4 atmosphères, on n'en rencontre guère que sur les canonnières et sur les batteries flottantes.

Il serait trop long et superflu de citer ici les divers systèmes de chaudières, qui, considérées au point de vue le plus général, offrent des variétés sans nombre; nous ne nous occuperons que des chaudières *tubulaires* adoptées aujourd'hui, d'une manière exclusive, dans la marine militaire. Ces chaudières présentent, en effet, des avantages immenses sur les anciennes chaudières à basse pression et à *carnaux* qu'elles sont venues remplacer. Ainsi elles offrent une surface de chauffe très-grande dans un très-petit espace, elles n'occupent guère que la moitié de la place des chaudières à carnaux, et, par leur légèreté, elles se prêtent éminemment aux grandes vitesses. En effet, par suite de leur adoption, le poids total de l'appareil s'est trouvé réduit de plus de moitié, et, dans quelques circonstances, de plus des deux tiers. Mais à côté de tous ces avantages, il est vrai de dire qu'elles présentent moins de sécurité et plus de frais d'entretien que les anciennes chaudières; aussi, pour racheter ces défauts, minimes du reste comparativement à leurs avantages, doit-on redoubler de surveillance et de soins, dans la conduite des feux et dans l'entretien journalier des générateurs.

On peut dire que l'adoption des chaudières tubulaires pour la marine a fait époque dans l'histoire de la navigation à vapeur. Déjà, l'application de ce précieux générateur aux locomotives, par M. Séguin, en 1829 et 1830, avait produit une révolution capitale dans les moyens de locomotion sur les voies ferrées, en augmentant, dans un rapport très-considérable, la quantité de vapeur fournie par le générateur, sans augmenter ses dimensions et son poids. Il en a été de même en marine, et tout porte à penser, encore aujourd'hui, que l'emploi des chaudières tubulaires doit être, d'ici longtemps, le plus avantageux et le plus pratique.

Les chaudières tubulaires sont de deux sortes :

1° Les chaudières *tubulaires à flamme directe;*

2° Les chaudières *tubulaires à retour de flamme;*

Dans les chaudières tubulaires à flamme directe, les tubes forment le prolongement du fourneau. Dès lors les produits de la combustion s'échappent sans changer de direction pour se rendre à la cheminée.

Ces chaudières sont spécialement réservées aux hautes pressions et aux navires à faible tirant d'eau, tant à cause de la forme cylindrique qu'on peut leur donner, que de leur hauteur restreinte qui permet de les maintenir au-dessous de la flottaison.

Les chaudières à retour de flamme, qui sont le plus généralement employées, sont exclusivement réservées aux moyennes pressions.

Les figures 35 et 36 représentent ce genre de chaudières et donnent une idée suffisante de leurs dispositions principales.

Fig. 35. Fig. 36.

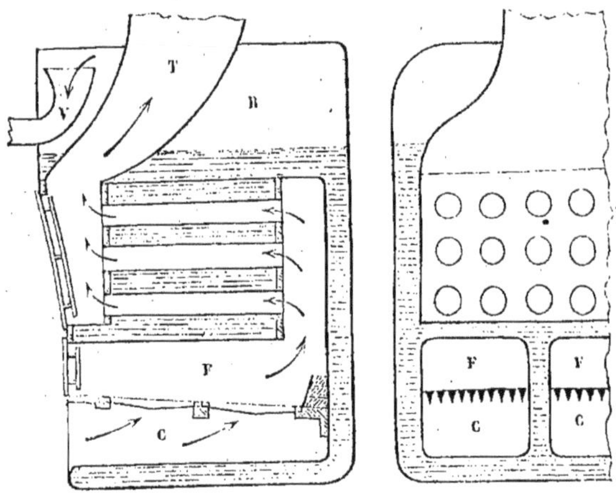

80. Examen succinct des parties principales d'une chaudière tubulaire. — Les principales parties qui constituent un appareil générateur doivent être liées entre elles de telle sorte qu'elles concourent toutes, par leurs proportions et leurs dispositions, à fournir, le plus économiquement possible, la production de la vapeur nécessaire à la machine. Des considérations théoriques dans lesquelles nous ne pouvons entrer, et surtout l'expérience et la pratique, ont permis de fixer les dimensions dont il est question. Nous nous bornerons ici à faire une description succincte.

81. Cendrier. — Le cendrier C est une capacité ménagée au-dessous du foyer, et séparée de lui par une grille dont nous allons parler tout à l'heure. Il est destiné à donner accès à l'air extérieur que nécessite la combustion, et enfin à recevoir les scories ou escarbilles qui s'échappent du foyer.

82. Grille. — La grille qui sépare le foyer du cendrier est composée d'une série de barreaux, un peu inclinés pour faciliter l'entrée du combustible, et écartés convenablement de manière à laisser passer l'air, sans cependant laisser tomber le combustible dans le cendrier.

83. Foyer proprement dit. — Le foyer proprement dit est l'espace où se produit le phénomène de la combustion. Il est compris entre la grille qui en forme la partie inférieure, le *ciel de l'âtre*, qui forme la partie supérieure, et l'*autel*, petite cloison en briques située au fond du foyer, interposée entre le combustible et la tôle. Il nous reste a ajouter que le foyer est muni d'une porte facile à manœuvrer et que cette porte ne doit s'ouvrir que pour charger et niveler le combustible.

84. Tubes. — Les tubes de chaudières sont de longs cylindres de 70 millimètres de diamètre intérieur et de 2 millim. $^1/_2$ d'épaisseur. Ces tubes, le plus ordinairement en laiton, sont rivés convenablement sur des plaques, dites *plaques de têtes*, d'une assez grande épaisseur. Il y en a environ de 60 à 80 au-dessus de chaque fourneau, et leur longueur est d'environ 2 mètres. Entourés complétement par l'eau de la chaudière ils établissent la communication de la *boîte à feu*, qui se trouve sur l'arrière de la chaudière, à la *boîte à fumée*, située sur l'avant, et qui communique avec la cheminée.

85. Cheminée. — La cheminée a pour objet principal le tirage du foyer, c'est-à-dire l'action de *succion*, plus ou moins énergique, en vertu de laquelle l'air extérieur est attiré, en passant par le cendrier, à travers le combustible.

C'est un gros tube vertical T, dans la partie inférieure duquel vient aboutir la boîte à fumée, et qui, par sa partie supérieure, déverse dans l'atmosphère les gaz chauds provenant de la combustion.

Pour se faire une idée de l'action de la cheminée, il suffit de remarquer que les gaz chauds, provenant de la combustion, qui la remplissent, ainsi que les tubes et le foyer, jusqu'à la grille, tendent à s'élever, en vertu de la pression de l'air extérieur froid, et par conséquent beaucoup plus lourd qu'eux, qui s'introduit par le cendrier; c'est cette différence de poids entre l'air extérieur et les gaz chauds de la cheminée qui détermine ainsi ce que l'on nomme le *tirage naturel*. Il est important de remarquer que le tirage ne s'obtient qu'à la condition de dépenser une certaine quantité de chaleur, puisque, comme nous l'avons déjà dit (65), la température des gaz qui s'échappent doit être de 300 à 400 degrés. Or, le calcul et l'expérience prouvent qu'avec les meilleurs foyers on perd des deux cinquièmes à la moitié de la chaleur que pourrait fournir la combustion du charbon, si on recueillait cette chaleur en totalité, et que cette perte provient en majeure partie du tirage lui-même.

C'est en vue d'obvier à cet énorme déchet que l'on a cherché à remplacer le tirage naturel par le tirage forcé produit, soit par un jet de vapeur, comme dans les locomotives, soit par tout autre moyen mécanique. Mais le tirage naturel est resté le plus usité tant à cause de sa simplicité que de son énergie, et il est encore préféré à tous les procédés mécaniques inventés pour pousser l'air dans les fourneaux, bien que ces procédés puissent présenter une économie de combustible.

Toutefois, dans des circonstances exceptionnelles, lorsqu'il s'agit, par exemple, d'obtenir une très-grande vitesse de marche, on a recours au *tirage forcé*. On fait usage alors d'un jet de vapeur que l'on prend dans la chaudière même et que l'on injecte dans le cendrier, sous la grille, à l'aide d'un tuyau spécial qu'on appelle *souffleur*. Ce système, en usage depuis longtemps, puis en partie abandonné, paraît reprendre aujourd'hui une extension à peu près générale à bords des bâtiments de la flotte.

Disons en terminant que la cheminée est enveloppée d'un tube qu'on appelle *chemise*, afin d'éviter que les ponts du navire soient trop fortement chauffés par son contact immédiat.

86. **Surface de chauffe.** — On nomme *surface de chauffe* d'une chaudière la portion de la surface de cette dernière en contact, soit avec le foyer, soit avec les courants de flamme.

On distingue la surface de chauffe directe, c'est-à-dire celle qui est en contact avec la flamme du foyer, de celle qui n'est pas exposée directement à la chaleur de ce dernier. D'après cela, quand il est question de la surface de chauffe d'une chaudière, il faut comprendre qu'il s'agit d'une surface de chauffe moyenne produisant moins de vapeur que la même surface si elle était directe, et plus que la même surface, si elle était indirecte.

87. **Dimensions intérieures des chaudières.** — L'intérieur d'une chaudière comprend deux parties distinctes, savoir : la partie occupée par la vapeur, et celle qu'occupe l'eau de formation.

L'espace occupé par la vapeur, que l'on nomme aussi *chambre à vapeur*, doit être aussi vaste que possible, et n'est limité que par la condition du minimum d'encombrement imposée à l'appareil.

Un volume suffisant n'est pas la seule condition d'une chambre à vapeur; il faut aussi qu'elle ait assez de hauteur pour que les bulles toujours plus ou moins projetées par l'ébullition ne puissent être *sucées* par le courant de vapeur.

Dans les chaudières marines actuelles, la capacité de la chambre à vapeur est en moyenne la 260ᵉ partie du volume de vapeur qu'elles débitent par heure.

L'espace occupé par l'eau doit être aussi le plus grand possible afin, d'une part, que le niveau de l'eau contenue dans la chaudière ne soit pas trop influencé par les quantités qu'on ajoute et qu'on enlève continuellement; et afin, d'autre part, que la température de l'eau se maintienne à peu près constante.

Dans les chaudières marines actuelles, la chambre à eau contient environ trois fois et demie le volume de liquide qu'on doit vaporiser par heure.

88. **Appareils accessoires d'une chaudière marine.** — Tout générateur complet de la vapeur d'eau exige nécessairement divers organes accessoires indispensables à son bon fonctionnement.

Les principaux de ces organes que l'on rencontre dans les chaudières marines, sont : 1° les manomètres; 2° les indicateurs du niveau de l'eau; 3° les soupapes de sûreté.

Nous connaissons déjà les manomètres (77); il nous reste à parler des indicateurs du niveau et des soupapes de sûreté.

89. Indicateurs du niveau. — Pour accuser à chaque instant la position du niveau de l'eau, les chaudières marines sont pourvues de deux sortes d'appareils, savoir : les tubes de niveau ou tubes indicateurs, et les robinets jauges.

Les tubes de niveau (Figure 37) se composent de forts tubes en verre de 18 millimètres environ de diamètre intérieur. Ils sont tenus dans des emboîtures en bronze au moyen de deux presse-étoupes, et fixés, non pas sur la face même de la chaudière, mais sur un tube intermédiaire T, communiquant avec la chaudière, d'une part avec la partie la plus basse, et de l'autre avec la partie la plus haute. Ce tube intermédiaire a pour objet d'empêcher que les indications du niveau ne soient confuses par suite des effets de l'ébullition. Le niveau moyen de la chaudière est représenté par la ligne horizontale *mn*. Enfin un tuyau supplémentaire *c*, qui vient aboutir au pied de la chaudière, permet de s'assurer, quand on le veut, du bon fonctionnement de l'appareil, et donne aussi la facilité de nettoyer le tube de verre lorsqu'il est encrassé.

Fig. 37.

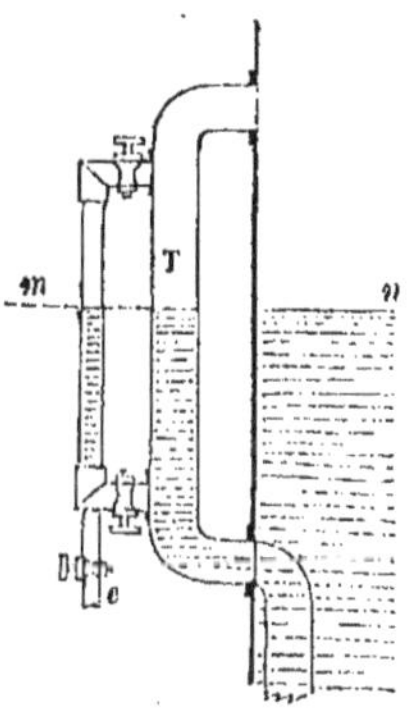

C'est en vertu d'un principe d'hydrostatique bien simple et bien évident, celui des vases communiquants, que les trois niveaux, celui du tube de verre, celui du tube T et celui de la chaudière, sont toujours sur le même plan horizontal.

90. Robinets jauges. — Les robinets jauges sont des robinets ordinaires disposés convenablement, à l'extérieur, sur l'avant de la chaudière. Ils sont au nombre de trois, et leurs ouvertures intérieures correspondent aux trois plans horizontaux qui représentent le niveau moyen, le niveau le plus élevé que puisse atteindre l'eau sans inconvénient, et le niveau le plus bas où elle puisse descendre sans découvrir la surface de chauffe.

Pour que le niveau dans la chaudière soit situé entre les limites voulues, le robinet supérieur ne doit jamais fournir que de la vapeur, lorsqu'on l'ouvre; le robinet inférieur ne doit jamais fournir que de l'eau, et le robinet du milieu doit fournir, soit de l'eau, soit de la vapeur.

Bien que l'usage de ces deux moyens (les tubes indicateurs et les robinets jauges) n'offre en théorie aucune difficulté, néanmoins les indications qu'ils donnent peuvent être quelquefois douteuses, et même dans certaines circonstances (relativement aux robinets jauges surtout), elles peuvent être fautives; aussi est-il nécessaire de se bien familiariser avec l'emploi de ces appareils.

91. Soupapes de sûreté. — Les soupapes de sûreté ont pour but de se débarrasser de l'accumulation de vapeur qui peut se produire dans les chaudières, soit par suite d'un temps d'arrêt dans la marche de la machine, soit par tout autre motif. Dans ce cas, les soupapes laissent échapper l'excès de vapeur produite et préviennent les accroissements de tension qui, par leur augmentation graduelle, pourraient donner lieu à une sorte d'explosion, dont nous nous occuperons plus loin (94), et que l'on nomme *explosion par déchirement*.

Les soupapes de sûreté sont installées de telle sorte qu'elles peuvent fonctionner d'elles-mêmes, à une certaine tension que la vapeur ne saurait dépasser sans inconvénient, elles sont aussi organisées de manière que le mécanicien puisse les ouvrir à volonté.

Voici, sommairement, la disposition d'une soupape de sûreté de chaudière marine.

B est une boîte en fonte (Figure 38) boulonnée sur la chaudière C. Cette boîte communique, d'une part, avec la chaudière, et de l'autre avec un tuyau d'échappement T, qui remonte le long de la cheminée et qui déverse ainsi dans l'atmosphère la vapeur dont on veut se débarrasser.

Fig. 38.

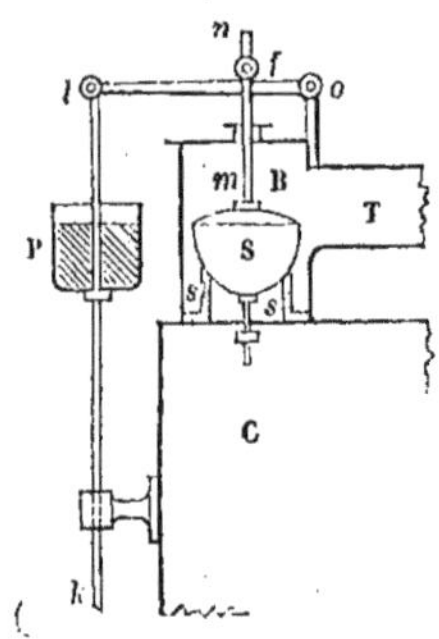

La boîte B renferme la soupape proprement dite, représentée par S, laquelle repose sur un siége circulaire *s*, formé par une bague en bronze fixée à vis sur la tubulure de communication de la boîte avec la chaudière. Le siége porte, en contre-bas, une douille directrice dans laquelle est engagée, à frottement doux, la tige inférieure de la soupape, qui porte à sa partie supérieure une tige *mn* parfaitement ronde. Cette tige sort de la boîte, en traversant un presse-étoupe fixé sur le couvercle; elle porte, à sa partie supérieure, une fente *f* que traverse un levier *ol* qui peut osciller librement autour de l'axe *o*, et qui est terminé en *l* par une articulation. Par suite de cette articulation, la tige *lk*, qui supporte d'ailleurs le contre-poids P, permet de soulever à volonté la soupape de sûreté.

Il est presque inutile de dire que le diamètre de la soupape est déterminé de manière que le débit de la vapeur, dans l'unité de temps, soit au moins égal à tout le volume de vapeur que la chaudière est capable de produire, pendant le même temps, sous l'influence du feu le plus vif, et avec la pression absolue correspondant à la charge de la soupape.

En outre des soupapes de sûreté, chaque corps de chaudière possède une soupape dite *atmosphérique*, s'ouvrant du dehors au dedans de la chaudière, et dont le but est de prévenir l'écrasement du générateur, en y laissant pénétrer l'air extérieur, dans le cas où la pression absolue viendrait à baisser notablement au-dessous de 1 atmosphère. Cette soupape est maintenue fermée à l'aide d'un contre-poids.

92. **Entretoises et tuyautage.** — Pour terminer tout ce qui a trait aux dispositions générales des chaudières, il faut ajouter que chaque compartiment possède un système d'*entretoises* ou de tirants en fer qu'il suffit de mentionner, et dont le but est de consolider tout l'appareil en prévenant l'écartement ou le rapprochement des tôles; et que de plus chaque corps de chaudière possède aussi un système complet de tuyaux divers que, à l'exception du tuyau de prise de vapeur V (Figure 35), nous n'avons point figuré sur les dessins, afin d'éviter la confusion. Il nous suffit de signaler les plus importants, qui sont les tuyaux d'alimentation, les tuyaux d'extraction et les tuyaux de vidange; il va sans dire que ces divers tuyaux portent des robinets appropriés à leurs fonctions.

A ces divers tuyaux, il faut encore ajouter un tuyau dit *tuyau d'incendie,* qui vient s'embrancher sur le tuyau de vapeur et qui, se bifurquant en deux branches, donne lieu aux tuyaux spéciaux dont il a été parlé (69). Ces deux tuyaux sont munis chacun d'un robinet et se dirigent, l'un vers la soute à charbon de babord, l'autre vers celle de tribord. Cette installation, prescrite par une circulaire du ministre de la marine, en date du 4 juillet 1859, a pour but d'étouffer tout feu et en particulier les combustions spontanées qui pourraient se déclarer dans les soutes à charbon. A cet effet, ces tuyaux débouchent dans le bas des soutes, à travers de fortes et larges crépines.

Enfin, pour clore ce qui a rapport aux principaux accessoires des chaudières marines, disons encore qu'elles sont ordinairement revêtues d'une enveloppe en feutre destinée à parer au refroidissement extérieur.

CHAPITRE IV.

Des extractions et des explosions.

93. **Composition de l'eau de mer.** — L'alimentation des chaudières marines se fait presque exclusivement avec de l'eau de mer dont voici la composition approchée :

Eau pure	965gr		
Sel marin	26,50	Dépôt	35gr.
Sulfate de chaux	1,50		
Magnésie et autres substances	7		
	1000gr.		

Si donc l'alimentation se faisait purement et simplement, chaque kilogramme d'eau employée laisserait, en dépôt, dans la chaudière, 35 grammes des divers sels énumérés ci-dessus.

Pour éviter cet inconvénient majeur, on emploie divers moyens, parmi lesquels le plus usité consiste à faire des extractions d'eau, soit périodiquement, soit d'une manière continue, comme on le pratique, presque exclusivement aujourd'hui, à l'aide d'un tuyau spécial dont on règle à volonté le débit.

Rien de plus simple que de comprendre le principe des extractions, qui consiste à introduire dans la chaudière plus d'eau qu'il n'en faut pour la vaporisation, puis à extraire en même temps le surplus, de telle sorte que, à poids égal, l'eau d'extraction contienne beaucoup plus de sels que l'eau d'alimentation.

Pour simplifier la question, nous admettrons, pour un instant, que le sulfate de chaux, la magnésie, etc.... se comportent comme le sel marin, et qu'en définitive, à un certain degré de concentration de l'eau qui s'évapore, tous ces sels se précipitent en même temps, comme le ferait le sel marin, s'il était seul. Nous rectifierons ensuite ce résultat hypothétique.

Cela posé, soit P le poids de vapeur que doit débiter une chaudière dans un temps donné, et soit x le poids de l'eau de mer qu'il faut lui fournir pendant la même durée, tant pour satisfaire aux exigences de la vaporisation qu'à celles des extractions. Il s'agit de trouver x et, par suite, $(x - \mathrm{P})$, qui représente le poids de l'eau qu'il faudra extraire, afin que la chaudière ne change pas de niveau.

Soit maintenant p le poids des sels contenus dans chaque kilogramme d'eau de mer introduite dans la chaudière, et np le poids des sels que contient aussi chaque kilogramme de l'eau d'extraction, n étant un nombre quelconque, mais plus grand que l'unité.

La quantité des sels introduite pour x kilogrammes d'eau sera xp; la quantité qu'on en extraira, dans le même temps, sera $(x - \mathrm{P})\, np$.

Donc, pour que l'eau de la chaudière reste toujours au même degré de salure, on devra avoir évidemment :

$$xp = (x - \mathrm{P})\, np, \text{ d'où } x = \mathrm{P}\,\frac{n}{n-1}.$$

D'où enfin :

$$(x - \mathrm{P}) = \frac{\mathrm{P}}{n-1}. \quad (1)$$

Cette formule nous apprend que l'extraction est tout à fait indépendante de la plus ou moins grande quantité de sels que peut contenir l'eau de mer, et que la quantité d'eau extraite sera d'autant plus petite que $(n - 1)$ sera plus grand.

Or, comme il y a évidemment grand intérêt, sous tous les rapports, à n'extraire de la chaudière que le moins d'eau possible, il est très-important de connaître quelle est la plus grande valeur que peut prendre le nombre n. On voit d'abord *a priori* que ce nombre ne peut pas dépasser, ni même atteindre la valeur qui correspond à ce qu'on appelle la *saturation du liquide*, c'est-à-dire le degré de concentration pour lequel le sel commence à précipiter.

Si l'eau de mer contenait seulement du sel marin, 35 pour 1000 par exemple ; comme on sait, d'ailleurs, par expérience, que ce sel commence à précipiter lorsque l'eau dans laquelle il est dissous en contient en moyenne 35 pour 100 (quelle que soit d'ailleurs la température de cette eau), c'est-à-dire 10 fois plus que l'eau de mer à l'état naturel, il en résulterait que 10 serait la limite du nombre n. Alors, en faisant $n=7$, 8 ou même 9 dans la formule (1), on trouverait que, pour parer aux dépôts, il suffirait d'une extraction de $\frac{1^k}{9-1} = 0^k,125$ d'eau par kilogramme de vapeur produite.

Mais malheureusement les choses ne se présentent pas aussi simplement, et la présence du sulfate de chaux, quoique en très-petite quantité, vient singulièrement compliquer la question, attendu que le sulfate de chaux, beaucoup moins soluble dans l'eau de mer que le sel marin, surtout à chaud, tend à précipiter bien avant ce dernier. Il paraît même qu'il précipite entièrement au moment où l'eau d'alimentation est introduite dans la chaudière, si la tension de la vapeur s'y trouve être au delà de 3 atmosphères, auquel cas l'extraction ne peut plus agir efficacement sur lui qu'en l'entraînant, mécaniquement, à l'état pulvérulent.

Sans entrer dans des considérations et des discussions trop complexes pour pouvoir trouver place ici, discussions qui prouvent qu'une trop grande abondance d'extractions est plutôt nuisible qu'utile, et qu'elle ne saurait en tout cas prévenir d'une manière absolue les incrustations, surtout dans les chaudières à haute pression (ce qui fait que, dans ces chaudières, on a été obligé d'alimenter à l'eau douce), nous dirons, en résumé, qu'il est résulté, des expériences et de la théorie, certaines prescriptions que l'on observe aujourd'hui dans la marine impériale, et qui portent principalement sur les deux points suivants : d'abord de ne plus employer que des extractions continues, et puis ensuite de les conduire de manière à maintenir l'eau des chaudières à un point de concentration tel que l'eau d'extraction contienne, *au plus,* trois fois la quantité de sels qui se trouve dans l'eau de mer naturelle. (Circulaire du ministre de la marine en date du 3 octobre 1860.)

D'après la formule (1), $n=3$ nous donne alors, pour la quantité d'eau à extraire : $(x-\mathrm{P}) = \frac{\mathrm{P}}{2}$, c'est-à-dire la moitié du poids de l'eau vaporisée.

La même circulaire ministérielle prescrit aussi l'emploi d'un instrument nommé *saturomètre,* dont l'objet est de s'assurer, de temps à autre, ou même d'une manière permanente, du degré de concentration de l'eau des chaudières.

Cet instrument, en métal très-mince, représenté par la figure 39, est destiné à flotter dans le liquide dont on veut connaître la concentration, et nous savons qu'alors, d'après le principe d'Archimède, le poids du liquide déplacé est précisément égal au poids de l'instrument, lequel sortira plus ou moins du liquide, suivant que ce liquide sera plus ou moins dense, ou, ce qui revient au

Fig. 39.

même, qu'il contiendra plus ou moins de sel en dissolution.

Or, l'instrument est gradué de la manière suivante :

Plongé dans 1 litre d'eau pure bouillante, on marque 0 à son point d'affleurement; on dissout $3^{gr},5$ de sel dans le liquide et on marque le n° 1 au nouveau point d'affleurement, puis on remarque que c'est précisément la position à laquelle il se maintiendrait dans l'eau de mer ordinaire; enfin on dissout de nouveau $3^{gr},5$ de sel, puis encore $3^{gr},5$, et ainsi de suite, en tout 10 fois $3^{gr},5$, et l'on obtient ainsi finalement les n°s 1, 2, 3, ... 10, pour les 10 points d'affleurement. L'instrument étant gradué de cette manière, il est évident que, dans toutes les expériences que l'on pourra faire ultérieurement avec le saluromètre, lorsque l'instrument plongera de manière à affleurer les n°s 2, 3, 4, etc.... on devra en conclure que l'eau de la chaudière contient 2, 3, 4..... fois plus de sels que l'eau de mer naturelle.

Nous terminerons ce qui a trait aux extractions en disant qu'il est de la plus haute importance d'empêcher, autant que possible, les dépôts dans les chaudières, car ces dépôts, qui sont de deux sortes, vaseux ou incrustants, rendent par leur présence les surfaces de chauffe moins bonnes conductrices de la chaleur, et par suite diminuent considérablement la production de la vapeur. En outre, ils donnent lieu à une prompte usure des chaudières en favorisant la brûlure du métal, et ils peuvent surtout déterminer les explosions fulminantes dont nous allons nous occuper actuellement.

94. **Des explosions.** — On désigne sous le nom d'*explosion* tout phénomène qui produit la rupture totale ou partielle d'une chaudière.

On distingue trois sortes d'explosions :

1° Les explosions par déchirement, qui consistent dans la rupture d'une partie de la chaudière, et qui déterminent, presque subitement, de larges crevasses aux parois du générateur;

2° Les explosions dites *fulminantes*, qui ont pour effet de faire éclater subitement la chaudière;

3° Enfin, les explosions par détonation, provenant de l'inflammation subite d'un mélange gazeux, détonant, qui se forme dans les conduits de flamme.

Les explosions par déchirement peuvent être occasionnées, soit par l'élévation successive de la pression de la vapeur dans la chaudière, malgré le bon état dans lequel elle se trouve, si cette pression vient à dépasser la limite pour laquelle les soupapes de sûreté doivent fonctionner, et si ces soupapes se trouvent alors *engagées;* soit par suite du mauvais état d'une chaudière, qui pourrait alors se rompre bien avant même que la vapeur n'ait atteint sa tension limite.

Bien que les diverses explications que l'on donne des causes des explosions *fulminantes* laissent beaucoup à désirer, il n'en est pas moins certain que, quelle que soit leur origine première, la catastrophe provient : soit d'un accroissement instantané de tension que prend la vapeur, sous l'influence d'une cause ignorée, et qui agit soudainement sur les parois de la chaudière; soit d'un choc considérable, contre les mêmes parois, dû à une projection violente de liquide occasionnée, ou bien parce que la pression existant sur le niveau de l'eau s'est abaissée brusquement, ou bien parce que la tension de la vapeur, formée dans l'intérieur de la masse liquide, s'est élevée instantanément.

D'après des expériences, assez anciennes, de M. Boutigny (d'Evreux), sur ce qu'il nomme l'*état sphéroïdal* de l'eau ou sa *caléfaction*, on est porté à admettre, pour les chaudières à vapeur, que, par suite d'un abaissement de niveau, si une partie des parois, devenue rouge, ou même à une température d'environ 171 degrés, vient à se recouvrir de liquide, la vapeur se dégagera très-lentement tant que la température des surfaces se maintiendra au-dessus de 171 degrés. Telle est la première phase du phénomène, d'où il résulte que la chaudière fournit alors à peine la vapeur nécessaire à la dépense de la machine. Mais, dès que la température s'abaisse au-dessous de 171 degrés (environ 142 degrés), alors, d'après les mêmes expériences, l'eau qui baigne les parois *les mouille*, parce que leur température n'est plus assez élevée pour maintenir l'eau *à l'état sphéroïdal,* et il se produit subitement une telle quantité de vapeur que, quelque issue qu'on pourrait lui donner, les parois de la chaudière ne peuvent résister.

Si telle était la seule cause des explosions fulminantes, il serait facile d'y remédier, car il suffirait, en effet, d'apporter tous ses soins au maintien du niveau des chaudières; et dans le cas où, malgré toutes les précautions, ce niveau serait descendu outre mesure, de manière à produire les phénomènes que nous venons de mentionner, l'imminence du danger serait d'ailleurs signalée par les circonstances suivantes : disparition du niveau de l'eau dans les tubes indicateurs, abaissement de la tension de la vapeur accusé par un alourdissement de la marche de la machine accompagné d'un abaissement de pression signalé par les manomètres, malgré l'activité des feux. Il est clair que ces symptômes permettraient de parer à l'accident.

Malheureusement, et bien que dans la plupart des cas où il y a eu explosion on ait constaté un abaissement de niveau dans les chaudières, accompagné d'un abaissement de tension, il paraît certain qu'il existe d'autres causes que la caléfaction, qui peuvent amener une vaporisation considérable et subite. Ainsi, lorsqu'une masse d'eau est complétement privée d'air, la vapeur ne se dégage que lentement, jusqu'à ce que la tension de la vapeur, devenue capable de vaincre la force de cohésion du liquide, fait, pour ainsi dire, éclater subitement la masse liquide. Ce phénomène a été mis en évidence par une curieuse expérience due à M. Donny, qui, après avoir purgé complétement d'air une masse d'eau pure, a pu porter sa température à 135 degrés sans qu'il apparût dans le liquide la moindre trace de bulles de vapeur. A ce degré seulement, qui correspond à environ 3 atmosphères, la vapeur se produisit abondamment et fit éclater subitement la masse liquide. On comprend du reste que l'air dissous dans l'eau en doit favoriser l'ébullition, car il se trouve interposé entre les molécules liquides, et diminue par suite leur cohésion.

Quoi qu'il en soit des causes des explosions fulminantes, il est évident que la meilleure précaution à prendre est de s'attacher à maintenir le niveau de l'eau au point convenable et d'avoir le soin de ne jamais mettre en marche sans avoir remplacé dans les chaudières l'eau qui, ayant bouilli, pourrait être privée d'air. Du reste, le refroidissement lent facilitant les dépôts calcaires et les dépôts salins dans les chaudières, il faut toujours éviter de garder dans la chaudière le volume d'eau qui reste après l'extinction des feux.

Enfin, il résulte de toutes les considérations que nous venons de présenter que, si l'on a le moindre doute à l'égard d'une explosion, par suite des symptômes que nous venons de signaler, la seule manœuvre à faire est de fermer les portes des cendriers, d'ouvrir celles des fourneaux, de mettre bas les feux et d'attendre le refroidissement de la chaudière avant de faire aucun mouvement, soit pour arrêter la machine ou pour la mettre en mouvement, soit *surtout pour faire fonctionner les soupapes de sûreté et pour rétablir le niveau de l'eau.*

Quant aux explosions par détonation qui se produisent par suite de la formation d'un gaz explosif dans l'intérieur des conduits de flamme, lorsque pendant un ralentissement des feux le registre de la cheminée s'est trouvé hermétiquement fermé de manière à ne pas permettre l'échappement de ce gaz, il suffit, pour les prévenir, de ne jamais fermer totalement les registres des cheminées, mais seulement les portes des cendriers, ce qui empêchera tout aussi bien la circulation de l'air froid dans les conduits de flammes.

DEUXIÈME SECTION.

UTILISATION MÉCANIQUE DE LA VAPEUR D'EAU.

CHAPITRE PREMIER.

Des appareils marins au point de vue de la transmission du mouvement.

95. **Historique succinct.** — L'application de la machine à vapeur à la navigation est certainement une des plus importantes que l'on ait pu faire de ce moteur. Le mémoire de Denys Papin, publié en 1695, prouve sans contredit qu'il a eu, le premier, l'idée de cette application pour laquelle il propose même, comme moyen, le mouvement de rotation des roues à palettes.

Ce ne fut pourtant qu'en 1811, après les essais de Fulton, qui furent enfin couronnés de succès en 1807 à New-York, qu'apparut, en Angleterre, le premier bateau à vapeur, la *Comète*, qui navigua sur la Clyde.

En France, ce ne fut guère qu'après 1823 que la navigation à vapeur fluviale commença à prendre son essor; quant à la navigation à vapeur maritime, ce fut seulement en 1829 qu'on arriva à quelque chose de satisfaisant, en achetant, en Angleterre, des machines construites par MM. Fawcett et Preston, de Liverpool, qui livrèrent des machines de 160 *chevaux nominaux* que l'on plaça sur le *Sphinx*, bâtiment construit, à Rochefort, d'après les plans de M. Hubert, ingénieur de la marine.

Ces machines imprimèrent au navire une vitesse de 8 nœuds à 8 nœuds $^1/_2$, en eau calme, sans le secours de la voile; et ce résultat parut si remarquable qu'il fut arrêté, par décision ministérielle, qu'à l'avenir on ne construirait plus que des bâtiments *types Sphinx*.

Néanmoins, et bientôt après, on ne se contenta plus de machines de 160 chevaux, et on construisit, successivement, des appareils de 220, de 450 et même de 650 chevaux, mais sans changement dans les machines, qui conservèrent invariablement, jusqu'en 1845 environ, leur type primitif, celui de la machine à balancier de Watt, avec les simples modifications que nécessitait son installation à bord des navires.

96. **Machine à balanciers.** — Lorsqu'il s'agit de roues à palettes ou à aubes, la machine à balanciers, type de Watt, malgré ses inconvénients de poids et d'encombrement, est restée, à tous les autres points de vue, bien supérieure à l'infinité de modèles nouveaux qui surgirent ultérieurement, surtout après 1845, et qui présentent tous des combinaisons beaucoup moins parfaites et surtout beaucoup moins durables; à tel point qu'aujourd'hui même, et malgré les progrès de la navigation à hélice, ce sont les machines

à balanciers qui sont employées sur les grandes lignes transatlantiques, pour faire la correspondance d'Angleterre et d'Amérique.

Fig. 40.

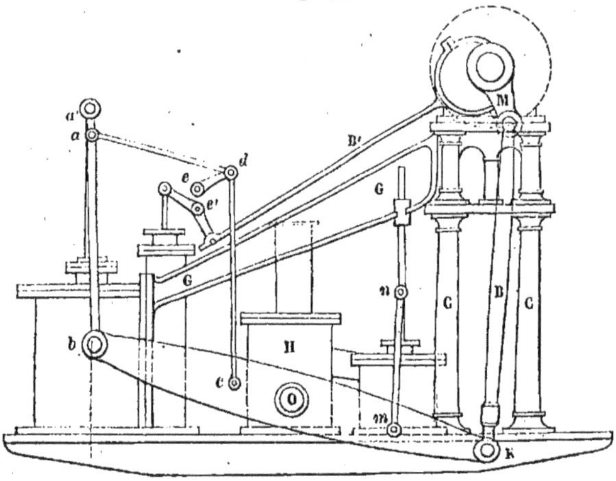

Notre but principal étant ici de faire comprendre la transmission du mouvement du piston à l'arbre des roues ainsi que les transformations de mouvement secondaires, les figures 40, 41 et 42 repré-

Fig. 41.

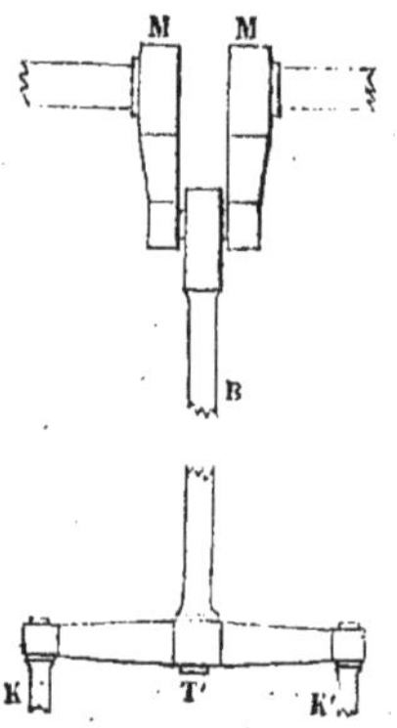

Fig. 42.

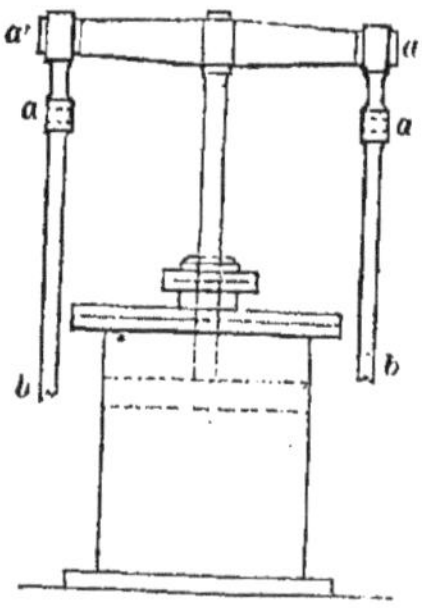

sentent simplement les diverses communications principales de l'appareil. Ces tracés suffisent pour nous faire voir comment la tige du piston, guidée dans son mouvement par le parallélogramme articulé *abcd* (Figure 40), détermine, à l'aide des deux bielles pendantes *ab*, le mouvement des balanciers, qui, à leur tour, par l'intermédiaire de la bielle unique B et de la manivelle double M, communiquent le mouvement à l'arbre des roues. La tige du piston, terminée par une traverse *aa'* en forme de T (Figure 42), est liée aux balanciers par l'intermédiaire des deux bielles pendantes *ab;* les balanciers sont articulés, en K et en K', sur la traverse T' (Figure 41) qui forme le pied de la grande bielle B, et toute la partie fixe de l'appareil (cylindre, condenseur et pompe à air) se trouve comprise entre les balanciers qui oscillent simultanément, sur l'axe *o* des balanciers, de part et d'autre de cet appareil. Cet axe des balanciers est un arbre fixe, qui traverse de part en part le condenseur H, et qui porte deux tourillons sur lesquels oscillent les balanciers.

La figure 40 fait aussi comprendre la modification apportée au parallélogramme de Watt (35). La bride du parallélogramme est représentée par *cd;* mais la modification en question consiste en ce que ce n'est pas le quatrième sommet *a* qui se meut en ligne droite, mais bien le point *a'*, prolongement de la bielle *ab*, lequel représente l'axe de la traverse *a'a'*, sur le milieu de laquelle (Figure 42) se trouvera fixée la tige du piston.

La figure 43 représente une coupe faite dans la partie fixe de la machine, par un plan longitudinal, et fait suffisamment comprendre

Fig. 43.

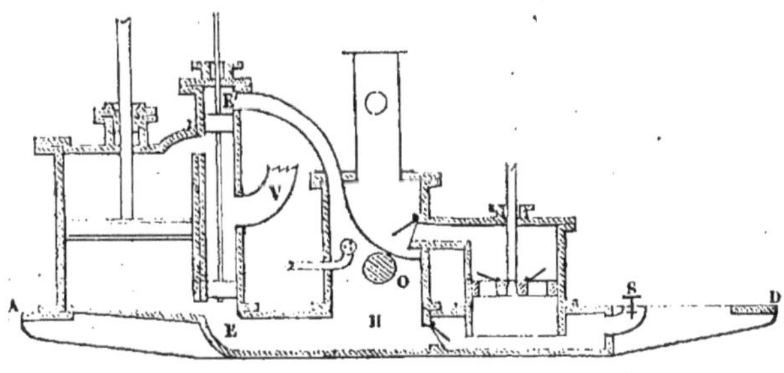

comment le tout (cylindre, tiroir, condenseur et pompe à air) se trouve établi sur une plaque de fondation AD venue d'une seule pièce à la fonte. Cette plaque de fondation, boulonnée solidement sur deux carlingues, porte les colonnes CC (Figure 40) qui soutiennent les paliers de l'arbre des roues. Enfin le système de colonnes est relié au cylindre par les pièces longitudinales GG, sortes de joues inclinées formant le bâti de la machine et servant de supports aux divers mécanismes secondaires de transmission de mouvement, tels que, par exemple, à l'arbre transversal *e* de la bride du parallélogramme, à l'arbre transversal *e'* qui tire son mouvement d'oscillation de celui de la bielle d'excentrique B', etc.

Quant aux autres mécanismes, beaucoup plus secondaires, tels que : leviers de mise en train, soupapes, robinets, valves, etc..... toutes pièces que l'on rencontre dans chaque machine à vapeur, quel que soit son système, nous les passons sous silence pour le moment, nous réservant d'en parler alors que nous les considérerons d'une manière spéciale. Nous terminerons ce qui a trait à cette description succincte en signalant : la prise de vapeur V, les conduits d'évacuation au condenseur EE, le mouvement de la tige de la pompe à air, qui provient, très-simplement, des balanciers par suite de deux bielles pendantes *mn* (Figure 40), en tout semblables aux bielles pendantes du grand piston de la machine, et la soupape S dont il sera question chapitre IV, alors que nous étudierons le condenseur et ses accessoires.

97. Machines types à connexion directe appliquées aux navires à roues. — Bien que Watt eût prévu lui-même l'application que l'on pouvait faire des hautes et moyennes pressions de la vapeur, ainsi que les modifications que l'on pouvait apporter dans sa machine type, au point de vue de l'allégement et de la simplicité du mécanisme; ce n'est guère qu'après lui qu'ont surgi les types si variés des machines à *connexion directe,* parmi lesquels nous ne considérons que ceux qui ont été appliqués à la navigation.

On nomme *machine à connexion directe,* les machines dans lesquelles la tige du piston est immédiatement liée avec l'arbre de rotation à l'aide de la bielle et de la manivelle.

Une des premières machines que l'on rencontre dans cet ordre d'idées, est la machine à quatre cylindres construite, en France, par M. Rossin ingénieur de la marine, et, à peu près en même temps, en Angleterre, par Maudslay.

Une machine de 400 chevaux de ce système fut d'abord construite à Indret, et installée sur le navire l'*Infernal;* elle fut suivie de quelques autres de ce système; mais nous n'en parlons que pour mémoire, car ces machines furent bientôt abandonnées.

Quelque temps après, vint *la machine à bielle directe* de Cuvier, qu'on doit encore considérer comme un type passager, que nous mentionnons sans le décrire dans ses détails, en nous bornant à représenter à l'aide de la figure 44 le type général des machines à *bielle directe.*

Fig. 44.

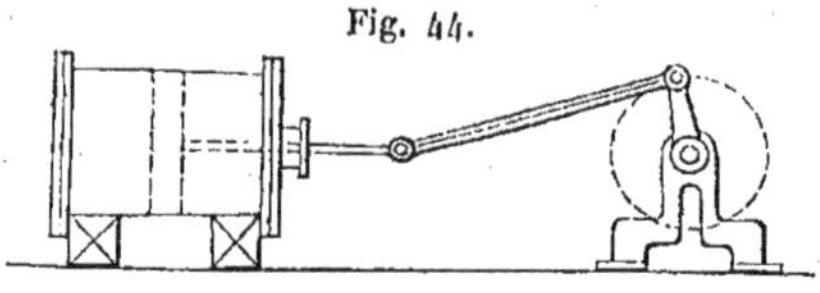

Dans ce système de machine, le cylindre peut d'ailleurs être horizontal, vertical ou incliné.

C'est surtout afin de parer à l'inconvénient des bielles courtes, qu'on s'est ingénié de toutes les manières possibles pour obtenir un plus grand développement de cet organe, et qu'on a successivement employé des machines à cylindre incliné, du système ci-dessus (Type Vauban de 450 chevaux), puis des machines à cylindre oscillant, puis encore des machines dites *en fourreau* et enfin des machines à *bielle renversée* qui sont en usage aujourd'hui, à peu près exclusivement, pour les navires à hélice. Du reste toutes les machines à connexion directe employées dans la navigation peuvent être considérées comme dérivant de quatre types, savoir :

1° Les machines *à bielle directe,* aujourd'hui à peu près abandonnées;

2° Les machines *à cylindre oscillant ;*

3° Les machines dites *en fourreau* ou *à tige oscillante;*

4° Enfin, les machines à *bielle en retour*,ou à *bielle renversée.*

98. **Machine à cylindre oscillant.** — La machine à cylindre oscillant est une des premières machines à connexion directe que l'on ait employée. Elle est due au constructeur anglais Manby. Pendant longtemps elle resta exclusivement employée pour le cas des faibles puissances; plus tard, elle fut étudiée et perfectionnée par M. Cavé, et enfin, entre les mains de M. Penn, célèbre constructeur anglais, elle acquit encore de notables perfectionnements et devint ainsi, en navigation, un appareil des plus puissants et des plus recommandables.

Voici d'abord le principe fondamental de la machine à cylindre oscillant..

Considérons (Figure 45) une manivelle et une bielle indéfinie assujettie à passer constamment par un point fixe K que l'on peut regarder comme un anneau libre d'osciller d'ailleurs autour de deux tourillons de même axe, perpendiculaire au plan de la figure et situé au milieu de la droite $B_1B_2 = a_1a_2$. Il est aisé de voir que, dans le mouvement de rotation de la manivelle oa, la bielle glissera dans l'anneau K de telle sorte que le point B_1 sera venu en B_2 pendant que la manivelle sera venue du point mort inférieur a_1 au point mort supérieur a_2; il est aisé de voir encore que les écarts angulaires de la bielle seront égaux de part et d'autre de la verticale oB_1, et qu'ils seront *maxima* pour les positions tangentes Ka et Ka'; il est aisé de voir enfin que B_1 sera arrivé juste en K, lorsque la distance du point K au bouton de la manivelle sera précisément égale à la distance Ko. On doit remarquer que cette transformation du mouvement rectiligne alternatif en circulaire continu et réciproquement,

Fig. 45.

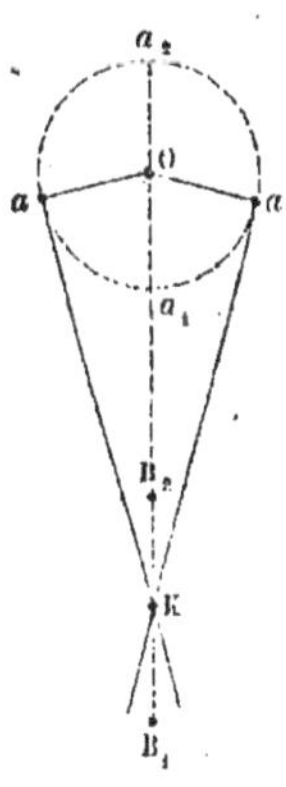

diffère de la même transformation, produite par la manivelle et la bielle ordinaire (31) en ce que, la bielle ici est soumise à un mouvement d'entraînement oscillatoire, autour d'un point fixe K. Il en résulte que, pour un même angle de la manivelle, les chemins parcourus par le pied de la bielle ne sont pas tout à fait les mêmes dans ces deux systèmes, mais que, nonobstant, le chemin rectiligne total parcouru par un point de la bielle, pour un demi tour de la manivelle, compté à partir du point mort inférieur au point mort supérieur, est toujours, dans l'un ou l'autre système, représenté rigoureusement par le double de la manivelle.

Si, au lieu de supposer un simple anneau K, nous imaginons un cylindre susceptible d'osciller sur deux tourillons, il est clair que rien ne sera changé à notre transformation de mouvement, et que la bielle, qui deviendra la tige d'un piston mobile dans ce cylindre (Figure 46), pourra imprimer le mouvement à l'axe de rotation, si, par un moyen quelconque, nous parvenons à introduire de la vapeur dans ce cylindre, comme s'il était fixe, tantôt au-dessus tantôt au-dessous du piston.

Fig. 46.

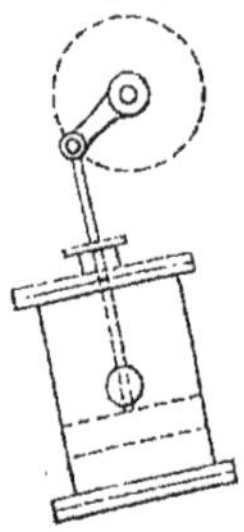

Fig. 47.

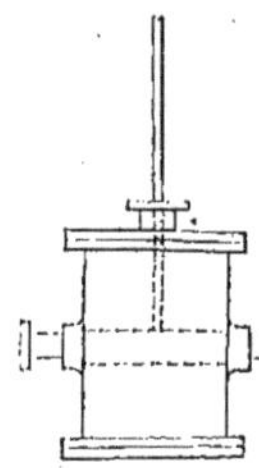

La figure 47 nous montre sous une autre face le cylindre et ses tourillons.

Pour bien comprendre l'avantage des machines à cylindre oscillant sur la machine à bielle directe, au point de vue de l'espace occupé, il suffit d'examiner les figures 48 et 49 qui montrent, avec évidence, que, pour la même longueur de bielle et les mêmes dimensions du cylindre, avec la machine à cylindre oscillant, on peut rapprocher le cylindre de l'axe d'une longueur égale à peu près à sa hauteur; ou bien encore, malgré l'espace restreint, augmenter, avec la machine oscillante, d'une manière considérable, la puissance de l'appareil, ce qui est un avantage précieux pour les machines marines.

Fig. 48.

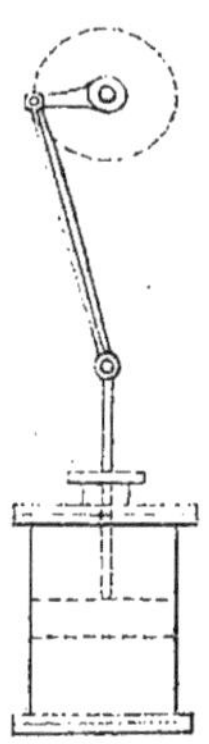

Fig. 49.

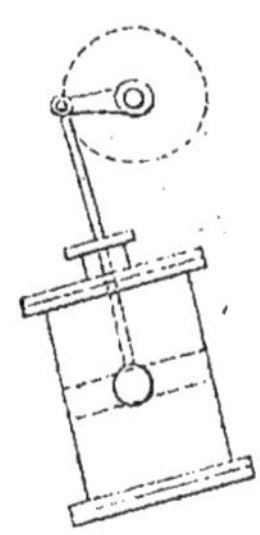

99. Mouvement du tiroir. — Dans les machines à cylindre oscillant la vapeur est toujours admise par les tourillons du cylindre qui, à cet effet, sont creux. A l'aide de boites à étoupe fixes, qui n'empêchent pas le mouvement oscillatoire des tourillons, la vapeur introduite par l'un d'eux se rend au distributeur, et est évacuée par l'autre, soit au condenseur soit dans l'atmosphère. Mais plusieurs systèmes de distributeurs plus ou moins simples peuvent être employés, Dans le système de Penn, le plus répandu et le plus convenable pour les grandes machines, et le seul dont nous nous occuperons, le distributeur est un tiroir ordinaire, l'un de ceux que nous étudierons dans le chapitre suivant. Nous n'avons pas du reste à nous préoccuper ici de cet organe en lui-même, la seule chose que nous nous proposons de décrire est le moyen employé pour communiquer à la tige du tiroir le mouvement rectiligne alternatif, qu'elle doit posséder, nonobstant le mouvement d'entraînement du cylindre, auquel elle participe nécessairement.

La figure 50 représente le cylindre dans sa position la plus inclinée qui correspond à la position moyenne du piston. L'axe d'oscillation et l'axe de rotation de la machine, parallèles entre eux, et perpendiculaires ici au plan de la figure, sont projetés l'un en O′ et l'autre en O, et la tige *l* du tiroir est située tout entière et se meut dans le plan de la figure. Pour bien comprendre comment le mouvement rectiligne alternatif est donné à cette tige, il faut imaginer deux colonnes fixes AB, A′B′ en dehors du cylindre oscillant. Ces colonnes servent de guide à une coulisse CC qui monte et descend sous l'influence d'un excentrique circulaire M situé sur l'arbre de rotation; l'extrémité *k* d'un levier *kal*, convenablement coudé, est engagée dans la coulisse, et, comme le centre d'oscillation *a* de ce levier est fixé au cylindre lui-même, il est clair que, malgré le mouvement d'entraînement oscillatoire de ce cylindre, le mouvement de la coulisse déterminera celui de la tige du tiroir. Si nous ajoutons que la courbe de la coulisse est telle, que, en admettant la fixité de cette dernière lorsque le cylindre oscille, l'extrémité *k* du levier continuerait à glisser, soit dans un sens, soit dans un autre, sans imprimer de mouvement à la tige du tiroir qui participe au mouvement d'oscillation du cylindre, nous comprendrons alors, qu'à l'aide de tout ce mécanisme, la tige du tiroir soit conduite par l'excentrique M, exactement comme s'il s'agissait d'une machine à cylindre fixe.

Fig. 50.

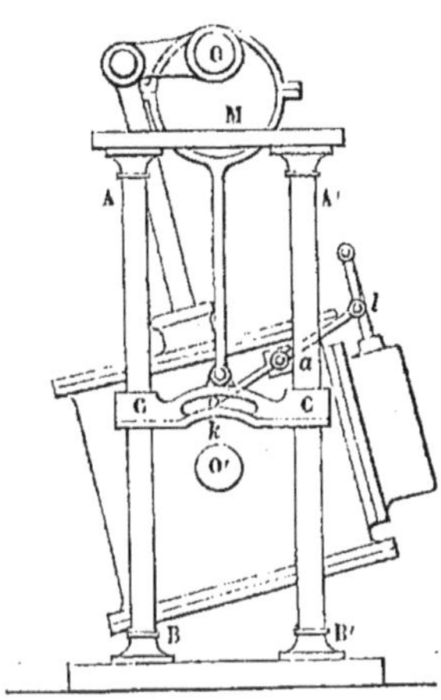

Le système que nous venons de décrire prend le nom de *coulisse de Penn* ou d'*arc oscillant de Penn*.

100. **Machines types appliquées aux navires à hélice.** — En principe, la machine oscillante peut être appliquée indistinctement aux navires à roues et aux navires à hélice, ainsi que celles dont nous allons parler actuellement; toutefois, l'agencement particuler que nous allons examiner dans les machines suivantes ne convient guère qu'à l'hélice.

La position de l'hélice exige forcément que son arbre soit placé à une assez petite distance de la quille du bâtiment, et, à peu près, parallèlement à cette pièce. En outre, la nature de ce propulseur exige que son arbre ait un mouvement de rotation beaucoup plus rapide que celui des roues, et d'autant plus rapide que ses dimensions sont plus restreintes. Alors, ou bien il est nécessaire que la machine, attelée directement sur son arbre propre, communique le mouvement à l'arbre de l'hélice par l'intermédiaire d'engrenages: et, dans ce cas, l'arbre de couche est placé à une certaine distance de celui du propulseur et possède une vitesse modérée; ou bien il faut que l'arbre de la machine soit le prolongement de l'arbre de l'hélice, et que la machine alors soit apte à communiquer directement la vitesse qui convient au propulseur.

De ces deux considérations résulte, tout d'abord, la division des machines à hélices en machines à engrenage et en machines sans engrenage.

A bord, comme à terre, lorsqu'il s'agit, à l'aide d'une machine à vapeur, de réaliser des vitesses de rotation très-considérables, les engrenages possèdent le précieux avantage de conserver à l'arbre de couche la vitesse modérée qui convient le mieux à la machine; mais, à bord des navires, l'usure des dents, les trépidations, le volume des roues, etc., constituent des inconvénients majeurs qui font que l'on a dû y renoncer tout à fait; et, malgré les améliorations qui furent apportées par M. Moll, ingénieur de la marine, dans la construction des machines du *Napoléon*, celles-ci et celles du *Phlégéton* furent les dernières de ce système, et, depuis, on n'a plus admis dans la marine militaire que des machines attelées directement sur l'arbre de l'hélice.

La première frégate à vapeur de la marine française, *la Pomone*, dont les machines, construites par M. Mazeline, présentèrent des dispositions toutes nouvelles (cylindres à deux tiges, bielles en retour, etc.), qui sont aujourd'hui exclusivement adoptées pour tous les appareils à hélices, ne comportait pas d'engrenage; mais il est vrai de dire que son propulseur (l'hélice Ericson) n'exigeait pas un mouvement de rotation bien rapide.

L'abandon complet des machines à engrenage amena nécessairement des modifications dans le système des machines; entre autres, la diminution de la course du cylindre, afin d'obtenir une vitesse de rotation convenable pour l'arbre de l'hélice. De plus, afin de ne pas employer des cylindres trop volumineux, on augmenta leur nombre, et on en revint à le porter à quatre. Ce retour vers le passé donna lieu aux types principaux suivants :

1° Les machines du Creuzot, type Laplace;
2° Les machines d'Indret, type la Bretagne;
3° Les machines Cavé, type Isly;
4° Les machines Mazeline, type Primaugent.

Ces quatre types sont à cylindres horizontaux, attelés directement sur l'arbre de l'hélice, et peuvent satisfaire à cette condition d'employer deux cylindres seulement pour faire mouvoir le navire.

Enfin, malgré les avantages d'ailleurs contestés de ce système, sa complication et les frais journaliers d'entretien ont fait revenir, presque exclusivement, aux machines à deux cylindres, dont nous allons parler actuellement.

101. **Machines à deux cylindres.** — Les machines à deux cylindres peuvent se diviser en deux types, savoir :

1° Les machines à fourreau ou à tige oscillante;
2° Les machines à bielle en retour.

Les machines à fourreau possèdent, comme les machines à cylindre oscillant, le précieux avantage d'une bielle relativement longue, eu égard au petit espace qu'elles occupent.

La figure 51 représente en élévation la transmission principale d'une machine à fourreau à cylindre horizontal.

Fig. 51.

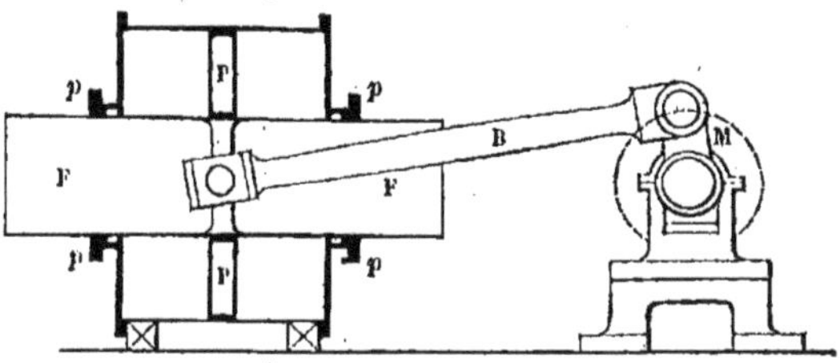

La grande bielle B est directement articulée au centre du piston et oscille, sous l'influence de la manivelle M, dans un grand fourreau, ou tuyau F, faisant corps avec le piston P, dont il représente pour ainsi dire la tige. Ce *fourreau-tige* traverse le couvercle du cylindre, et, généralement aussi, le fond, en frottant dans de vastes presse-étoupes indiquées par les lettres *pp*.

Les inconvénients de cette machine sont d'abord une diminution de la surface du piston, qui se trouve réduit à une couronne circulaire, puis, ensuite, et surtout, le refroidissement dû à l'air ambiant qui, circulant dans le fourreau, a pour effet de condenser, en pure perte, une quantité notable de vapeur.

102. **Machines à bielle en retour.** — Les machines à bielle en retour peuvent être rangées en trois types principaux, savoir :

1° Le type Donawerth, constructeur Mazeline ;
2° Le type Souverain, ingénieur Dupuy de Lôme ;
3° Le type Foudre, construction du Creuzot.

Ces divers types ne diffèrent d'ailleurs que par certains agencements particuliers et par certains détails de construction ; quant à la transmission principale du mouvement, la seule chose dont nous nous occupons ici, elle est la même pour tous, et nous la représentons par les figures 52 et 53.

Pour plus de clarté dans les figures, nous n'avons représenté ni le condenseur, ni la pompe à air, ni la pompe alimentaire ; mais ces différentes parties de l'appareil moteur seront décrites d'une manière spéciale au chapitre IV; lorsqu'elles seront connues, en les reportant dans leurs véritables positions, on se représentera sans aucune difficulté l'ensemble de la machine.

Toutes les machines dont il s'agit ici sont doubles et conjuguées, c'est-à-dire qu'elles comportent deux appareils semblables, qui ne diffèrent que par la position des grandes manivelles sur l'arbre de couche ; ces deux manivelles sont calées à angle droit, de telle sorte que quand l'une est à son point mort, l'autre est au milieu de sa course.

La machine, qui est ici horizontale, comporte un piston à deux tiges. Ces deux tiges sont disposées de manière, non-seulement à

Fig. 52. Fig. 53.

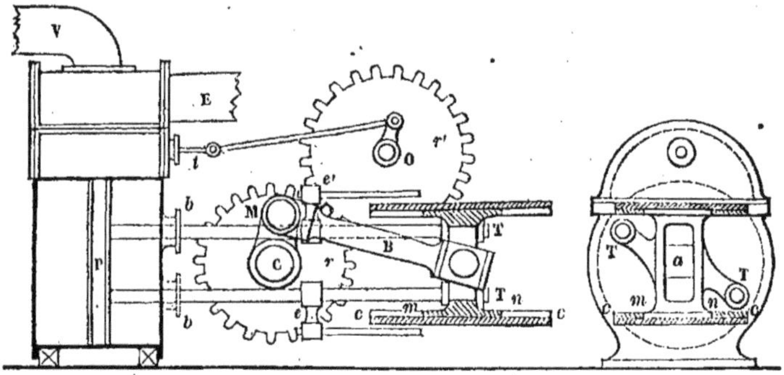

laisser passer entre elles l'arbre de couche C, mais encore à ne pas gêner le jeu de la bielle B et de la grande manivelle M ; à cet effet, elles sont situées, l'une en arrière du plan vertical qui passe par l'axe du cylindre, l'autre en avant de ce plan. Ces deux tiges sont réunies par une traverse TT, dont la forme est représentée par la figure 52. Le milieu de cette traverse est un tourillon a sur lequel vient s'articuler l'extrémité de la grande bielle, et les deux oreilles T, T sont boulonnées sur les tiges du piston qui sortent du cylindre en traversant les deux boîtes à étoupe b, b. La traverse TT porte, à sa partie inférieure, une forte plaque mn, formant patin, qui glisse, à frottement doux, entre deux coulisses cc, sous l'influence des tiges du piston qui lui communiquent ainsi un mouvement rectiligne alternatif. Les tiges du piston portent des traverses e, e' ; la première fait mouvoir la tige du piston de la pompe à air ; la seconde entraîne la tige du piston de la pompe alimentaire, d'où il résulte que ces deux pistons ont la même amplitude de course que le grand piston de la machine.

L'arbre de couche C est rapproché autant que possible du cylindre, de telle sorte seulement que la grande manivelle ne puisse l'atteindre dans son mouvement. Cet arbre tourne sur plusieurs paliers qui ne sont pas représentés sur la figure, et qui reposent sur la plaque de fondation de tout l'appareil. Enfin, l'arbre de couche C porte une roue dentée r qui engrène avec une roue dentée égale r' fixée sur un arbre O, parallèle à l'arbre principal C. Cet arbre O porte des manivelles coudées, ou des excentriques qui communiquent le mouvement aux tiges des tiroirs t. C'est par le tuyau V qu'arrive la vapeur dans le distributeur, et c'est par le tuyau E que cette vapeur est évacuée au condenseur (105 à 108).

103. Machines à trois cylindres. — Depuis quelques années, la marine impériale a adopté un nouveau type de machines à trois cylindres conjugués. C'est au mois de juillet 1863 que le spécimen de ce type fut inauguré sur le transport *le Loiret*. Ce nouveau type comporte lui-même deux systèmes qui diffèrent essentiellement par le mode d'emploi de la vapeur.

Dans le premier système, dû à M. Dupuy de Lôme, appliqué, en outre du transport *le Loiret*, aux frégates *Magnanime, Savoie* et *Valeureuse*, et tout récemment aux vaisseaux *le Friedland* et *l'Océan*, puis enfin à *l'Atalante*, corvette dont les machines sont actuellement en construction chez M. Mazeline, la machine se compose de trois cylindres identiques, et la vapeur est introduite à pleine pression dans le cylindre du milieu seulement; puis, après en avoir poussé le piston, elle l'évacue dans les deux autres cylindres, où elle travaille en se *détendant*. Dans ce système, les trois manivelles, égales d'ailleurs, sont disposées sur l'arbre de l'hélice, de telle sorte que deux d'entre elles font un angle de 90 degrés, et que la troisième est située dans le prolongement de la bissectrice de l'angle des deux premières.

Dans le second système, appliqué déjà aux frégates *Revanche* et *Gauloise*, et en dernier lieu à *l'Alma*, corvette dont les machines sont également en construction chez M. Mazeline, la machine se compose aussi de trois cylindres identiques; seulement, dans ce système, les cylindres sont indépendants, comme dans les machines à deux cylindres, et la vapeur, au sortir de la chaudière, est introduite à la fois dans chaque cylindre; par suite de cette indépendance on a pu disposer les manivelles sur l'arbre de l'hélice, de telle sorte qu'elles partagent la circonférence en trois parties rigoureusement égales, faisant ainsi entre elles des angles de 120 degrés, ce qui est éminemment avantageux, tant au point de vue de l'équilibre statique complet des pièces mobiles autour de l'axe, quelle que soit, au roulis, la position du navire, qu'au point de vue de la régularité du mouvement de la machine.

Fig. 54.

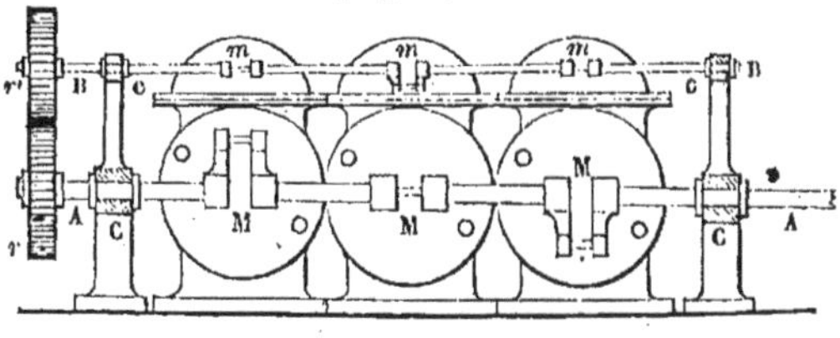

Les trois cylindres (Figure 54) sont horizontaux, placés d'un même bord du navire et se touchent. La machine est à bielle en retour, et les pistons à double tige sont attelés directement, à l'aide de manivelles M et de bielles correspondantes, sur l'arbre AB de l'hélice. L'arbre AB communique le mouvement, à l'aide de deux roues dentées égales r et r', à l'arbre ab, qui conduit les tiges des trois tiroirs au moyen des trois manivelles m disposées convenablement à cet effet. Enfin, chaque système comporte deux condenseurs munis chacun d'une pompe à air.

104. Classification des machines marines d'après le mode de transmission du mouvement. — Pour résumer tout cet exposé que nous venons de faire en suivant l'ordre chronologique des inventions, nous remarquerons que tous ces systèmes de machines, quelque variés qu'ils soient en apparence, ne dérivent cependant que de deux systèmes fondamentaux, savoir :

1° Les machines à balanciers;

2° Les machines à connexion directe.

Les machines à balanciers donnent lieu à deux variétés qui sont les machines à *balancier en l'air* (type de Watt) et les machines à *balancier en bas.* Nous connaissons ces deux variétés.

Les machines à connexion directe donnent lieu à quatre systèmes secondaires, que nous connaissons aussi, ce sont :

1° Les machines à *bielle directe;* 2° les machines à *cylindre oscillant;* 3° les machines en *fourreau;* 4° les machines à *bielle en retour.*

Enfin chacun de ces systèmes secondaires se subdivise lui-même en *variétés*, d'après le nombre des cylindres, leur position par rapport à l'arbre de couche, etc, etc... ce qui donne lieu à différents *types* qui portent le nom de l'usine où ils ont été construits, ou celui de l'ingénieur auquel ils sont dus.

Quant à la classification méthodique des machines marines, que l'on peut d'abord distinguer en *machines à roues* et en *machines à hélice*, elle dérive tout naturellement, au point de vue de la transmission du mouvement, de la classification des divers systèmes que nous venons d'étudier; ainsi on dit : une machine à balancier, une machine à cylindre oscillant, etc., une machine à deux, à trois, à quatre cylindres.

CHAPITRE II.

Distribution et régulation.

105. Tiroir de Watt. — L'objet de ce chapitre est de présenter et d'étudier le mode le plus convenable d'admission et d'évacuation de la vapeur.

Dans les premières machines de Watt, la distribution de la vapeur dans le cylindre se faisait à l'aide de systèmes de soupapes dont il est inutile de parler ici, ces systèmes ayant été complétement abandonnés. Plus tard, vers 1801, Watt adopta l'*organe-tiroir*, manœuvré par un excentrique circulaire, communication de mouvement déjà employée par M. Murdoch pour faire mouvoir les soupapes de distribution. Nous allons préalablement essayer de faire comprendre l'*organe-tiroir* inventé par le célèbre mécanicien, et connu sous le nom de *tiroir en D de Watt.*

Pour y parvenir facilement, considérons un cylindre à vapeur C (Figure 55) et son piston au haut de sa course. Dans cette position du piston, la bielle recouvre la manivelle qui se trouve à son point mort supérieur. Les orifices H et B, qui sont en haut et en bas du cylindre, peuvent être mis successivement en communication avec les capacités VV, où arrive constamment la vapeur qui (Figure 56) entoure le tiroir T, dont nous allons parler.

Pour bien comprendre ce fait, il faut imaginer que les deux orifices H et B représentent deux ouvertures rectangulaires parallèlement percées dans une plaque métallique *mn* (Figure 56), parfaitement plane, et sur laquelle glisse, avec un mouvement de va-et-vient, l'espèce de demi-cylindre creux T dont le milieu est évidé, comme l'indique la figure, de façon à n'appuyer sur la plaque *mn* que par ses deux extrémités *bb*, parfaitement planes d'ailleurs, et qu'on nomme les *barrettes du tiroir*. C'est à l'aide de la tige *t*, qui sort de la boîte du tiroir en traversant une boîte à étoupe, que le mouvement de va-et-vient est communiqué au tiroir au moyen d'une disposition très-simple due à M. Mazeline, et employée aujourd'hui non-seulement sur les machines de ce constructeur, mais encore presque exclusivement pour toutes les machines marines.

Fig. 55.

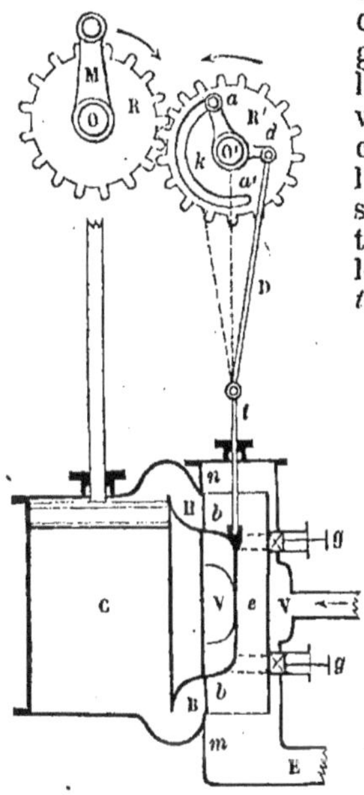

Fig. 56.

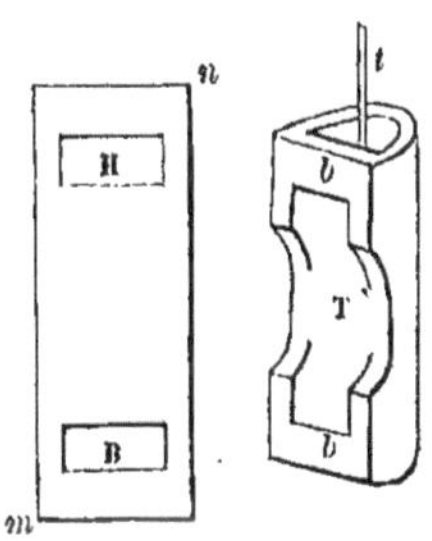

La figure 55 rend compte de cette disposition et montre sur l'arbre O de la machine, ainsi que nous l'avons déjà vu (Figure 52), une roue dentée R qui engrène avec une roue égale R' établie sur l'arbre O', parallèle au premier. Cet arbre se trouve dans une position telle qu'il serait rencontré par la tige du tiroir prolongée. La roue R' n'est pas placée à demeure sur l'axe O', elle y est établie comme une roue de voiture sur son essieu; mais pourtant le mouvement que lui communique la roue R détermine celui de l'arbre O' par suite de cette circonstance qu'une manivelle O'*a*, placée à demeure sur l'axe O', a son bouton engagé dans la rainure semi-circulaire *aka'* pratiquée dans l'épaisseur de la roue R', laquelle, de cette façon, entraîne forcément l'arbre O', qui, à son tour, par l'intermédiaire d'une seconde manivelle O'*d* et d'une bielle D, détermine le mouvement du tiroir. Nous verrons plus loin (113) les avantages qui résultent de cette disposition; pour le moment, nous nous bornons à faire remarquer que la manivelle O'*a*, qui, comme nous venons de le dire, est entraînée par la roue R', doit être calée préalablement sur l'arbre O' du tiroir, de façon que la manivelle O'd, qui conduit le tiroir, soit dans la situation qui convient à la position moyenne de ce tiroir lorsque la grande manivelle M est à l'un de ses points morts; la figure 55 représente précisément cette disposition de calage.

Cela posé, si l'on suit attentivement le mouvement, dans le sens des flèches, pendant un tour complet de l'arbre de rotation, on voit qu'aussitôt que le piston descend le tiroir monte et qu'alors la communication s'établit entre la capacité V et l'orifice H; quant à l'orifice B, il se découvre en même temps et communique dès lors avec le condenseur par l'intermédiaire du canal E. Le piston descendra donc sous l'influence de la vapeur, et lorsqu'il sera juste au milieu de sa course, le tiroir sera tout à fait en haut, précisément au bout de la sienne si l'on fait abstraction de l'obliquité des bielles. Les orifices H et B seront alors ouverts en grand, le premier à la vapeur, le second au condenseur, et pendant que le piston achèvera sa seconde demi-course ces orifices iront en se refermant de telle manière que, pour la position inférieure du piston, le tiroir sera revenu dans sa position moyenne. En continuant à suivre le piston dans son mouvement ascensionnel, on verra, sans difficulté, que les choses se passeront identiquement de la même manière, et l'on remarquera que l'orifice H communiquera constamment avec le condenseur, attendu que la partie haute de la boîte du tiroir est, *sans discontinuité,* en communication directe avec ce condenseur par l'intermédiaire du conduit intérieur E dans lequel se trouve logée la tige du tiroir.

Les cavités gg représentent des gorges semi-circulaires où sont disposées des tresses de chanvre qu'on nomme *les garnitures du tiroir;* ces garnitures embrassent la partie extérieure et semi-cylindrique du tiroir et le maintiennent, à frottement doux, dans son mouvement de va-et-vient, et de façon que la vapeur ne peut jamais passer directement des capacités VV aux extrémités de la boîte à tiroir.

Dans ce genre de tiroir les pressions dues à la vapeur s'équilibrent complétement, et n'ont aucune influence pour presser cet organe contre la plaque fixe mn.

106. **Tiroir en coquille.** — A peu près vers la même époque (1801), M. Murray de Leeds prit une patente pour un système de tiroir que nous allons faire connaître et qui présente une disposition un peu différente de celui de Watt.

Le tiroir de M. Murray, connu sous le nom de *tiroir en coquille,* se compose d'une pièce mobile C portant une tige t, comme dans le tiroir de Watt. La figure 57 fait comprendre la disposition générale du système et donne l'idée de la forme de la pièce mobile C, à laquelle on donne le nom de *coquille* à cause de la forme qu'elle affecte. Les extrémités de cette coquille, qui prennent aussi le nom de *barrettes,* sont des surfaces rectangulaires parfaitement planes, qui, comme dans le tiroir de Watt, couvrent et découvrent successivement les orifices rectangulaires H et B, percés parallèlement, haut et bas du cylindre, sur la plaque *mn*. Comme on le voit,

Fig. 57.

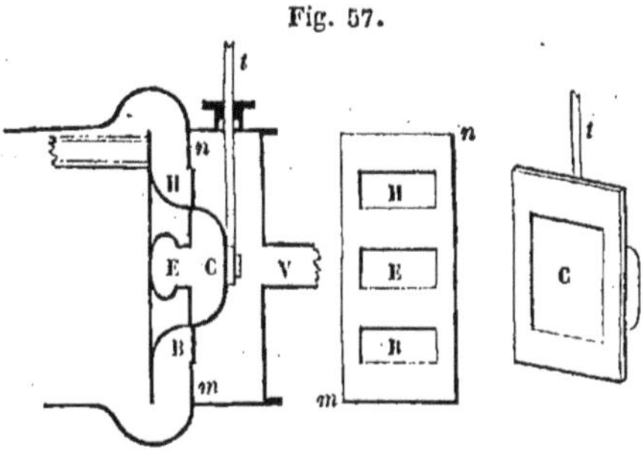

à cause de sa forme, la coquille porte, par tout son contour, sur la plaque *mn*, et sa cavité intérieure est continuellement en communication avec le condenseur, à l'aide de l'orifice E pratiqué aussi dans la plaque *mn*. Cet orifice E aboutit au condenseur par l'intermédiaire d'un tuyau extérieur quelconque que l'on n'a pas représenté sur la figure.

Tout ce que nous avons dit relativement au jeu du tiroir de Watt a lieu pour le tiroir en coquille; seulement, d'après le mode de fonctionnement de la coquille, il est facile de voir que son mouvement doit se produire à l'inverse de celui du tiroir en D. Or, si l'on imagine simplement que dans la figure 55 on ait substitué au *tiroir* T la *coquille* C, il est clair qu'il suffira de supposer le mouvement de l'arbre O en sens contraire de la flèche pour que la distribution se fasse avec la coquille C identiquement comme avec le tiroir T; ou bien encore il suffira de fixer la manivelle $o'd$ sur l'arbre du tiroir dans une position symétrique par rapport à la ligne $o't$. En résumé donc le mode de distribution du tiroir en coquille doit être regardé comme identique au mode de distribution que produit le tiroir de Watt; aussi, aujourd'hui que les ingénieurs sont parvenus à modifier avec avantage chacun des deux systèmes primitifs, emploie-t-on à peu près indistinctement l'un ou l'autre système dans les machines marines.

Nous allons signaler, en quelques mots, les modifications dont il s'agit, ce qui va nous permettre de faire connaître de suite les divers genres de tiroir actuellement en usage.

Nous commencerons par les tiroirs en D.

107. **Tiroir en D long, système Dupuy de Lôme.** — Le tiroir primitif de Watt, tel que nous le tenons de l'illustre ingénieur, possède un assez grave inconvénient au point de vue économique; c'est celui d'avoir sa capacité intérieure, le *conduit e* (Figure 55), constamment en communication avec le condenseur, par suite, de refroidir la vapeur affluente qui l'entoure entre les garnitures *gg*, et, conséquemment, de condenser inutilement une partie de cette vapeur. M. l'ingénieur Dupuy de Lôme, tout en adoptant ce genre de tiroir pour ses machines, l'a modifié, d'une manière très-heureuse, en bouchant hermétiquement ses extrémités à l'aide de cloisons spéciales, ce qui supprime tout à fait la communication nuisible entre l'intérieur du tiroir et le condenseur. Quant à l'éva-

cuation, pour le haut du cylindre, elle a lieu alors à l'aide d'un conduit spécial partant de la partie supérieure de la boîte à tiroir et aboutissant, soit au condenseur directement, soit à un tuyau d'évacuation commun pour le haut et pour le bas du cylindre. Cette seule modification, dont on a une parfaite idée en imaginant simplement, dans la figure 55, le conduit *e* complétement bouché à la fois en haut et en bas, a donné lieu au tiroir dit *en D long* (*Système Dupuy de Lôme*), qui constitue, paraît-il, un excellent organe de distribution.

108. **Tiroir en D court.** — Dans l'application du tiroir de Watt aux premières grandes machines marines à balanciers, par suite sans doute de l'inconvénient majeur que nous venons de signaler, on fut conduit, dès le principe, à substituer au tiroir unique, tel que nous l'avons fait connaître (Figure 56), deux blocs séparés de la forme qu'indique la figure 58 *bis*. Ces deux blocs séparés, mais montés sur la même tige, portent chacun une barrette frottante, et, ces deux blocs fonctionnant simultanément, la distribution se fait comme dans le tiroir de Watt; mais, avec cette modification que, la communication avec le condenseur s'effectuant par les conduits E, E′, la température du condenseur ne peut avoir, pas plus que dans le tiroir Dupuy de Lôme, aucune influence fâcheuse sur la vapeur qui afflue dans la boîte à tiroir.

Fig. 58

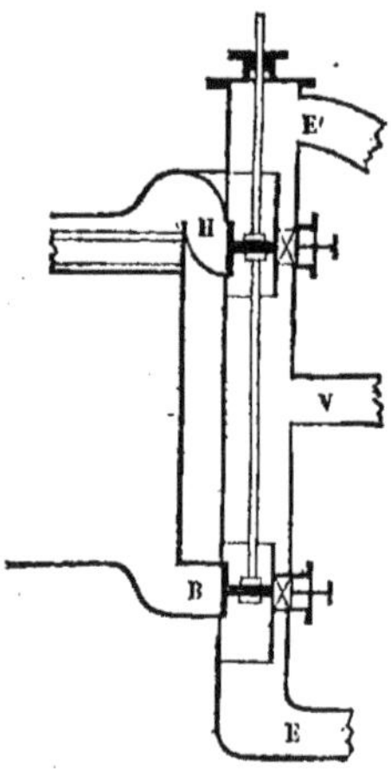

Fig. 58 *bis*.

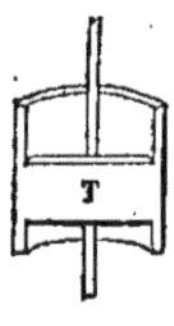

On donne le nom de *tiroir en D court* à ce système de distributeur, qui a été longtemps le seul organe de distribution employé dans la marine militaire.

109. **Tiroir en coquille, à compensateur et à dos percé.** — Le tiroir en coquille primitif de Murray a des défauts bien autrement graves que le tiroir de Watt. En outre de ce que la vapeur subit une condensation partielle, due à ce que ce fluide enveloppe de toutes parts la coquille dont la capacité intérieure se trouve constamment en communication avec le condenseur, cette coquille se trouve pressée, pendant son mouvement, par l'action de la vapeur. Sans doute que cette pression, qui a pour effet d'appliquer naturellement la coquille contre la plaque du cylindre, est un avantage qui a bien son mérite; mais, lorsqu'il s'agit de grandes machines, auquel cas la surface pressée est alors très-considérable, il résulte de ces grandes dimensions, une pression énorme qui

donne lieu à un travail nuisible très-considérable qu'il faut nécessairement réduire. Mais, si d'un côté, pour atténuer ce travail nuisible, on diminue la longueur de la coquille, d'un autre côté on augmente évidemment d'autant les conduits H et B que l'on nomme les *espaces morts* du cylindre, et l'on dépense en pure perte, à chaque coup de piston, un volume notable de vapeur.

C'est dans le but d'obvier à ces graves inconvénients que l'on a imaginé, pour les grands tiroirs en coquille, divers systèmes dits *tiroirs à compensateur,* parmi lesquels on doit principalement distinguer le tiroir à *compensateur et à dos percé,* employé par M. Mazeline dans ses dernières grandes machines, notamment pour les corvettes l'*Alma* et l'*Atalante* dont il a été fait mention (103). En nous aidant de la figure 59, quelques mots vont suffire pour faire comprendre ce système.

Fig. 59.

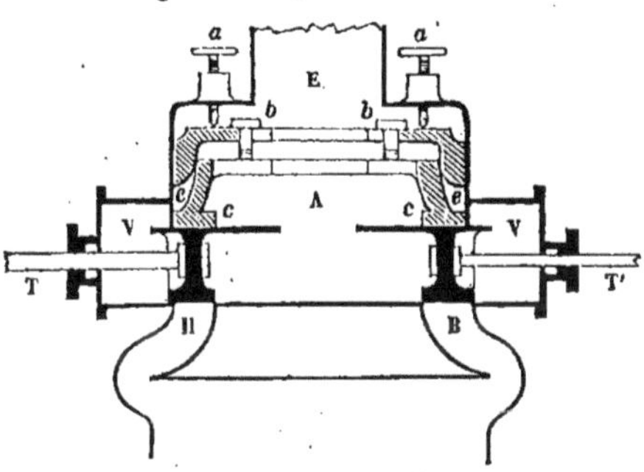

La différence principale qui existe entre un tiroir en coquille ordinaire et le même tiroir à dos percé et à compensateur, c'est que, dans ce second cas, le dos de la coquille est formé d'une plaque parfaitement plane, percée d'une large ouverture, et qui frotte, dans le mouvement du tiroir, sur un cadre en bronze, ordinairement circulaire, dont tout le contour *cc* presse, d'une manière égale, le dos de la coquille. Le cadre *cc* est d'ailleurs entouré d'une tresse de chanvre logée dans la capacité *ee;* cette tresse est pressée, par un contre-cadre interposé, à l'aide des boulons à oreilles *bb*, et enfin les deux cadres sont maintenus à demeure fixe et serrés sur le dos du tiroir, à l'aide des vis extérieures *aa*. Il résulte de cette disposition que la capacité A, isolée complétement de la vapeur qui l'entoure (car ce fluide remplit les capacités VV), se trouve ainsi constamment en communication, d'une part avec l'intérieur de la coquille, et d'autre part avec le gros tuyau E aboutissant au condenseur. Comme conséquence immédiate et évidente de cette disposition générale, il résulte que la vapeur qui occupe les capacités VV ne presse plus le dos de la coquille que sur une partie très-minime, ce qui réduit ainsi le travail nuisible dont il a été question ci-dessus.

Il est bon d'observer aussi que, dans la plupart des cas, ainsi que l'indique la figure, il existe deux boîtes à étoupes (haut et bas) (1) pour laisser passer les tiges T et T' de la coquille; cette disposition

(1) Disons une fois pour toutes que le haut du cylindre, quelle que soit la position de ce récepteur, s'entend de l'extrémité par laquelle sort la tige du piston.

a pour but, et permet effectivement, un frottement bien plus égal sur les surfaces frottantes.

Enfin, on rencontre encore parmi les tiroirs en coquille un genre de tiroir à quatre orifices que nous nous bornons à mentionner. Ce système assez compliqué et peu employé présente simplement l'avantage d'une réduction de course.

110. Résumé historique relatif à la régulation. — Maintenant que nous connaissons les divers genres de tiroirs que l'on emploie le plus ordinairement dans les machines marines, nous allons nous occuper de l'étude des conditions auxquelles doit satisfaire un quelconque de ces tiroirs, pour que la distribution de la vapeur ait lieu de la manière la plus convenable et en même temps la plus économique.

Dans le principe, on faisait la hauteur des barrettes précisément égale à celle des orifices, et on *calait* la manivelle du tiroir de telle sorte que la position moyenne de ce dernier correspondait exactement aux positions extrêmes du piston. Ce sont ces conditions que nous avons admises pour l'explication que nous avons donnée du jeu du tiroir de Watt (Figure 55). Si l'on a bien compris cette explication, on a dû remarquer qu'il résultait forcément de ces conditions que l'introduction de la vapeur dans le cylindre avait lieu au moment même où le piston commençait à se mouvoir, et pendant tout le temps de sa course, et que l'évacuation au condenseur ne commençait qu'au moment où le piston, rendu à bout de course, venait à rétrograder. Mais la condensation de la vapeur n'ayant jamais lieu aussi subitement qu'on le pensait alors, il résultait de cette disposition du mouvement du tiroir qu'un vide très-imparfait existait derrière le piston, pendant un temps très-appréciable, ce qui occasionnait une résistance nuisible, très-notable, durant une partie de sa course; d'où résultait, ainsi que nous allons le voir plus loin, une perte énorme de puissance.

Il paraît que cette disposition vicieuse n'échappa point à la sagacité de Watt, car il faut remonter jusqu'à lui pour trouver la première trace des recherches tentées dans le but de faire disparaître l'inconvénient majeur dont il est question. La date et l'origine des recherches de Watt sont mises hors de doute par la copie d'un dessin communiqué, il y a déjà bien des années, à M. Campaignac, ingénieur de la marine, par M. Miller, célèbre constructeur anglais. Ce dessin est tracé d'après les indications de Watt, et porte la date de 1805; il prouve que, dès cette époque, Watt avait reconnu la convenance d'interrompre l'admission de la vapeur aux 0,87 de la course du piston, et à ouvrir la communication avec le condenseur, lorsqu'il reste encore à la grande manivelle 24 degrés $^1/_2$ à parcourir avant d'atteindre le point mort; il fait voir, en outre, que le grand mécanicien obtenait le résultat qu'il désirait, en faisant les barrettes du tiroir plus hautes que les orifices, et en calant d'une manière particulière, sur l'arbre de rotation, l'excentrique qui conduit le tiroir. Cette méthode fut conservée dans l'établissement de Watt et Boulton, à Soho, où M. Miller la recueillit vers 1814 ou

1815. Un petit nombre de constructeurs en eurent connaissance, par la même voie, et cet utile perfectionnement, dû au génie de Watt, resta pendant longtemps la propriété exclusive de quelques-uns de ses élèves.

Lorsque la marine française, après avoir importé d'Angleterre les premières machines destinées à l'armement de ses bâtiments à vapeur, en eut fait construire d'autres sur les mêmes modèles, dans les établissements français, on fut frappé de la différence des effets obtenus avec ces diverses machines, identiques, en apparence, aux machines anglaises. Avec les appareils français, la production de la vapeur était insuffisante, le nombre de coups de piston moindre qu'avec les machines anglaises, et les bâtiments marchaient moins vite, quoique la consommation du combustible fût plus considérable. Après bien des recherches, il fut enfin reconnu que cette différence d'effet tenait uniquement à la *régulation des valves glissantes*, c'est-à-dire au règlement des tiroirs. Les appareils anglais arrêtaient l'admission de la vapeur aux 0,8, et même aux 0,7 de la course du piston, tandis que dans les machines françaises cette admission se prolongeait jusqu'à la fin.

Cette découverte fut principalement due à des recherches suivies avec persévérance par M. Reech, ingénieur de la marine, qui fit voir, en résumé, dans un rapport au ministre de la marine, en date du 7 décembre 1836, que l'infériorité des appareils français disparaîtrait si, *par un simple déplacement de l'excentrique des tiroirs* sur l'arbre de rotation, on arrêtait l'introduction de la vapeur entre les 0,7 et les 0,8 de la course du piston.

Si nous nous reportons en effet à la figure 55 et (105) à la description du jeu du tiroir fonctionnant avec la régulation primitive, il nous sera bien facile de voir, sans plus amples explications, à l'examen même de la figure :

1° Que, pour la position supérieure du piston que représente la figure, si l'on fait seulement avancer le tiroir d'une certaine quantité, au delà de sa position moyenne, sans changer la position du piston, on déterminera par là même l'ouverture de l'orifice B, et que si, pour produire cet effet, l'on avance d'une manière convenable la manivelle du tiroir, puis qu'on la *fixe alors*, il y aura *avance à la condensation;* car, par cette disposition, le dessous du piston se trouvera évidemment en commuunination avec le condenseur avant la fin de sa course. Nous voyons donc déjà que l'avance à la condensation sera produite par ce seul fait du déplacement du tiroir, déplacement que l'on obtient en avançant la manivelle du tiroir, au delà de sa position moyenne, d'un certain angle qu'on appelle *angle d'avance;*

2° Que l'avance à la condensation, obtenue de cette manière, produira nécessairement une avance égale à l'admission, puisque, évidemment, l'orifice B ne peut pas se découvrir du côté du condenseur sans que l'orifice H se découvre également à la vapeur.

Or, cette avance à l'admission serait évidemment très-nuisible, car elle s'opposerait à la marche du piston. Il est donc important de l'éviter, au moins en majeure partie. Mais, pour cela, le moyen est bien simple; il suffit, en effet, d'augmenter la hauteur de la barrette supérieure du côté de la vapeur, car, si on l'augmente juste de la quantité dont le tiroir a été élevé au-dessus de sa position moyenne, il est clair que l'admission de la vapeur ne commencera qu'au moment même où le piston rétrogradera. Il est presque inutile de faire observer que l'avance du tiroir provoquera de même évidemment l'avance à la condensation pour le piston ascendant, et que, pour prévenir l'avance à l'admission, il faudra aussi augmenter la hauteur de la barrette inférieure du côté de la vapeur.

111. Epure de la régulation d'après M. Reech. — Mais pour ne rien laisser d'obscur dans cette importante question de la régulation des machines à vapeur, mise en lumière au profit de la marine militaire par M. Reech, dès 1836, puis vulgarisée ultérieurement (de 1842 à 1844), par les travaux de M. Clapeyron (*Comptes-rendus de l'Académie des sciences*, tomes XIV, XVII et XVIII), nous allons avoir recours à une épure très-simple, indiquée dans le mémoire de M. Reech. Cette épure, qui fait connaître pour chaque instant, de la manière la plus claire et la plus nette, les positions du tiroir et les positions correspondantes du piston, suppose il est vrai le parallélisme de la grande bielle et celui de la bielle du tiroir, mais cette hypothèse ne contrarie en rien les résultats généraux que nous voulons mettre bien en évidence, et d'ailleurs nous reconnaîtrons facilement quelle modification nous devrons apporter à ces résultats, si nous voulons nous maintenir dans la stricte réalité de l'obliquité des bielles.

Considérant en premier lieu le tiroir en D, nous représenterons seulement sur la figure 60 l'orifice et la barrette d'en haut, et nous nous rappellerons que, dans ce système de tiroir, la vapeur afflue entre les deux barrettes, et que l'évacuation se fait par les extrémités de la boîte à tiroir, ainsi que l'indiquent du reste les flèches V et E; nous représenterons le recouvrement à la vapeur par la portion de barrette *mm'*, et nous supposerons qu'il y ait arête pour arête du côté du condenseur, et, enfin, que l'admission commence au moment même où le piston rétrograde.

Cela posé, sur la ligne *ma*, prolongement du dessous de la barrette supérieure, traçons d'un point quelconque O la circonférence que décrit le bouton de la manivelle du tiroir, que nous supposons d'ailleurs marcher dans le sens de la flèche *f*. Le diamètre *bb'* de cette circonférence, représentant ainsi la course du tiroir, inscrivons-la dans un carré formé par les quatre tangentes *a*, *b*, *a' b'*; ensuite portons, à partir du point *a*, sur le côté du carré, le recouvrement à la vapeur *mm'*, puis, après, une distance égale à la hauteur de l'orifice H : nous intitulerons cet orifice HV (*haut vapeur*); à partir de *a'*, toujours sur le côté du carré, portons de même une distance égale à la hauteur de l'orifice H (lequel est d'ailleurs égal à l'orifice du bas du cylindre) : nous intitulerons cet orifice BC (*bas condenseur*); enfin, au-dessous du diamètre *aa'*, continuons symétriquement la figure, en intitulant HC (*haut condenseur*) et BV (*bas vapeur*) des distances représentant toujours les orifices du cylindre.

Si nous suivions maintenant le bouton de la manivelle du tiroir dans sa marche circulaire, à partir de sa position moyenne a jusqu'à la position a_1 qu'il occupe lorsque le dessous de la barrette supérieure est venu en m', il est clair que l'angle $aoa_1 = \alpha$ représentera ce que nous avons appelé l'*angle d'avance*, et que, conséquemment, le rayon oa_1 représentera la position de la manivelle du tiroir, lorsque le piston est à bout de course, autrement dit *lorsque la grande manivelle est à son point mort*. Or, d'après ce que nous avons dit (30), nous savons qu'un point quelconque de la circonférence, *représentant le bouton de la manivelle*, le point b, par exemple, projeté d'une part en e sur la ligne HV, nous indiquera

Fig. 60.

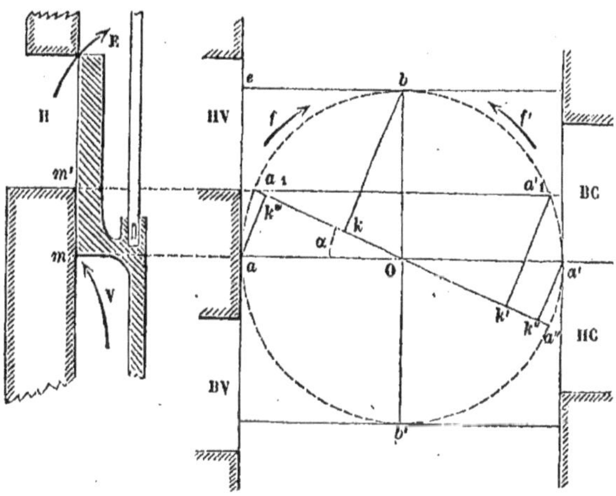

la position correspondante du dessous m de la barrette, tandis que la projection k du même point b, sur le diamètre a_1a'', nous représentera la position correspondante du piston, descendu de la distance relative a_1k.

Ceci étant bien compris, considérons à présent la face supérieure du piston, que nous prenons à partir de son point de départ supérieur a_1, et que nous allons suivre pendant sa descente et son ascension, jusqu'à ce qu'il soit revenu au même point a_1.

En premier lieu, nous remarquerons que de a_1 en b l'orifice H se démasque de plus en plus, et que, pour la position b du bouton de la manivelle, cet orifice est à son maximum d'ouverture HV. On voit combien cet orifice s'ouvre promptement, car le piston, alors en k, n'est pas encore parvenu au tiers de sa course. A partir de b, l'orifice commence à diminuer, mais très-lentement; lorsque le bouton est en a'_1, cet orifice est tout à fait clos et le piston se trouve en k'. Cette position du piston est à noter, car elle termine ce que l'on nomme la *période d'admission;* en effet, pour cette position du bouton a'_1, le dessous de la barrette supérieure du tiroir est revenu en m'. Alors commence la *période de détente* qui finit lorsque le bouton de la manivelle est en a'. Pendant cette période, en effet, la vapeur est enfermée dans le haut du cylindre, et elle ne commence à s'échapper au condenseur, par l'ouverture H (figurée sur l'épure par HC), que quand le bouton est venu en a' et le piston en k'', *pas encore à bout de course.* A ce moment commence la *période d'évacuation*, qui va se continuer tant que HC sera ouvert au condenseur, c'est-à-dire, comme on le voit, jusqu'à ce que le bouton soit venu en a, et que le piston, parti de k'', soit d'abord descendu en a'', puis remonté de a'' en k'''. Pendant le tout petit chemin qui reste à parcourir au piston pour venir de k''' en a_1, l'ouverture du haut n'étant plus en communication avec le condenseur, et pas encore avec la vapeur, la petite quantité de fluide qui existe au-dessus du piston se trouve comprimée, et c'est à cause de cette circonstance que l'on nomme cette très-courte période *période de compression.*

Telles sont les quatre périodes distinctes que comporte un double coup de piston dans le mode de régulation que nous exposons.

En résumé, donc, un tiroir sera réglé de manière à donner lieu à *l'avance à la condensation*, sans *avance à l'admission*, si :

1° Le tiroir a dépassé sa position moyenne d'une certaine quantité, lorsque le piston est à bout de course; et 2° si, *lorsque le tiroir est dans sa position moyenne*, les barrettes du côté de la vapeur recouvrent les arêtes des orifices de quantités, qu'on appelle *recouvrements à la vapeur*, pourvu que ces recouvrements soient précisément égaux à la quantité dont le tiroir dépasse sa position moyenne, lorsque le piston est à bout de course.

L'angle d'avance, qui fait connaître d'une manière précise comment la manivelle d'excentrique doit être calée sur l'arbre de rotation de la machine, ou sur l'arbre des tiroirs, si le tiroir n'est pas conduit directement; et puis aussi *les recouvrements à la vapeur* sont les deux éléments nécessaires et suffisants, ainsi que nous venons de le voir tout à l'heure, pour déterminer toutes les circonstances de la régulation d'un tiroir, lorsqu'on sait d'ailleurs (ce qui est le cas qui se présente presque exclusivement) que les barrettes du tiroir, lorsqu'il est dans sa position moyenne, correspondent du côté du condenseur, à très-peu près, *arête* pour *arête*, avec les orifices haut et bas du cylindre.

Ce mode de régulation est celui qu'on adopte aujourd'hui, sauf une légère modification que nous allons mentionner : cette modification consiste dans l'*avance à l'admission.*

La pratique, d'accord avec la théorie, a fait reconnaître, en effet, la convenance d'introduire la vapeur un peu avant que le piston ne soit arrivé à bout de course, et cela afin d'atténuer les chocs au point mort, et aussi afin de remplir prématurément les conduits H et B de la vapeur affluente, et d'établir ainsi l'équilibre de pression entre le générateur et le cylindre, dès que le piston renverse sa marche. Mais il est bien entendu que cette avance doit toujours être très-faible; elle est en moyenne, dans la pratique actuelle, de 0,01 de la course du piston.

D'après la figure 60, il est facile de voir que l'on obtiendra l'avance à l'admission, soit en diminuant convenablement le recouvrement à la vapeur *mm'*, sans changer l'angle d'avance, soit en augmentant convenablement l'angle d'avance sans toucher au recouvrement. L'un ou l'autre de ces deux moyens produira l'effet désiré; mais le second moyen est préférable, car, ainsi que le fait voir l'épure de la régulation, la période de détente ne variera pas sensiblement, tandis que par la diminution du recouvrement cette période diminuerait notablement.

Souvent les barrettes, au lieu d'être *arête pour arête* du côté du condenseur (lorsque le tiroir se trouve dans sa position moyenne), recouvrent ou découvrent un peu les orifices. Dans ces circonstances, on dit qu'il y a *recouvrement ou non-recouvrement* au condenseur. Ces recouvrements ou ces non-recouvrements, qui ne doivent jamais être très-considérables, ont une légère influence sur les périodes de détente et d'évacuation, et l'épure de M. Reech accuse parfaitement les modifications qui en résultent pour la régulation. Ainsi l'on voit facilement que le recouvrement au condenseur augmente la durée de la période de détente et diminue d'autant la période d'évacuation, tandis que le non-recouvrement ou, comme on dit, le *recouvrement négatif* diminue la période de détente et augmente d'autant l'avance à la condensation.

On doit remarquer, à l'inspection de l'épure de régulation, que les orifices H et B se découvrent en grand au condenseur, et que même l'extrémité de la barrette dépasse, dans son mouvement, l'arête de l'orifice, tandis que, pour l'admission, les mêmes orifices ne se découvrent que partiellement. Cette dernière circonstance n'offre d'ailleurs aucun inconvénient relativement à l'effet de la vapeur, car il suffit, pour parer à cet étranglement des ouvertures d'admission, soit de prendre les orifices plus larges, soit de donner une plus grande course au tiroir, afin d'obtenir pour les dimensions de la partie de l'orifice qui se démasque des valeurs telles que l'introduction se fasse convenablement.

Nous avons déjà dit plus haut que l'angle d'avance suffit pour déterminer la position que doit occuper la manivelle du tiroir sur l'arbre afin de satisfaire aux convenances de la régulation, de sorte qu'il est inutile de se préoccuper de ce que l'on appelle quelquefois l'*angle de calage*, qui, en définitive, comme on le voit, n'est pas autre chose, dans l'hypothèse du parallélisme des bielles, que le complément de l'angle d'avance.

Lorsqu'on donne, dans un certain mode de régulation, la quantité r, dont s'élève le tiroir au-dessus de sa position moyenne quand le piston est à bout de course, et puis la demi-course R du tiroir, on trouve immédiatement, à la simple inspection de la figure 60, la relation très-simple

$$\sin \alpha = \frac{r}{R},$$

qui permet de déterminer la valeur de l'angle d'avance α en degrés. Il est bon de savoir que cet angle, qui dépend du mode de régulation, vaut, dans la pratique actuelle, avec la régulation que l'on adopte aujourd'hui, 35 degrés en moyenne, ce qui donne lieu à une période d'évacuation qui commence lorsque le piston est aux 0,90 de sa course.

Si on néglige l'avance à l'admission, qui, comme nous l'avons déjà dit, est toujours très-faible, la figure 60 permet aussi d'établir une relation très-simple entre la période d'introduction, le recouvrement r et la demi-course R du tiroir; on a en effet dans le triangle $a_1 a'_1 a''$ la relation bien connue

$$a_1 k' \times a_1 a'' = (a_1 a'_1)^2 = (a_1 a'')^2 - (a'_1 a'')^2 = 4R^2 - 4r^2,$$

puisque $a_1 a'' = 2R$ et que $a'_1 a'' = 2r$.

Divisant de part et d'autre par $4R^2$, il vient $\frac{a_1 k'}{2R} = 1 - \frac{r^2}{R^2}$. Or, le rapport $\frac{a_1 k'}{2R}$ représente précisément l'introduction que nous désignons par i; nous pouvons donc écrire : $i = 1 - \frac{r^2}{R^2}$. Cette expression nous fait voir que l'introduction finit d'autant plus promptement que r est plus grand par rapport à R. Cette remarque nous sera utile n° 116.

L'épure si simple de M. Reech, qui nous a suffi pour mettre en évidence toutes les circonstances principales de la régulation, s'applique tout aussi bien au tiroir en coquille qu'au tiroir de Watt. Cela résulte de ce que nous avons dit (106) relativement à la modification que doit subir le mouvement de la machine pour obtenir du jeu du tiroir en coquille une distribution identique à celle que donne le tiroir. Cette modification n'ayant évidemment aucune influence sur les positions relatives du tiroir et du piston, les résultats auxquels nous sommes parvenus pour le tiroir en D conviennent donc tout aussi bien au tiroir en coquille.

Maintenant, n'oublions pas, toutefois, que cette épure est tracée dans l'hypothèse du parallélisme parfait des bielles; il convient donc d'examiner l'influence que peut avoir leur plus ou moins grande obliquité sur les positions relatives du tiroir et du piston. Or, si nous nous reportons à ce qui a été dit (31) relativement aux chemins parcourus par le pied d'une bielle oblique, et qui diffèrent entre eux, pour le même angle décrit par la manivelle, suivant que la bielle monte ou descend, nous pourrons facilement apprécier les perturbations causées par l'obliquité en question. De cette circonstance (l'obliquité des bielles), il résulte en effet que, sur l'épure de la régulation, les projections du bouton de la manivelle du tiroir ne représentent pas tout à fait les positions relatives du piston et du tiroir, et que la différence est d'autant plus grande que les bielles sont plus courtes. La bielle du tiroir étant généralement très-longue par rapport à sa manivelle, l'influence de son obliquité peut être négligée; mais il n'en est pas de même pour la grande bielle de la machine, qui est ordinairement très-courte par rapport à sa manivelle, comme dans le cas des machines marines actuelles, où elle n'est quelquefois que trois fois ou même deux fois et demi la longueur de la manivelle. De l'obliquité de cette bielle il résulte, par exemple, que la distribution diffère notablement, suivant que le piston monte ou descend. C'est par suite de la latitude que l'on a, dans certaines limites, de modifier la hauteur des barettes, haut et bas, que l'on parvient à rendre cette distribution à peu près la même, malgré l'obliquité des bielles, pour le piston montant comme pour le piston descendant.

Mais pour se rendre bien compte de toutes les circonstances de la régulation d'une machine en expérience, sans s'appuyer sur des formules qui seraient par trop compliquées, sans tâtonnements et sans corrections, on fait alors usage de procédés entièrement pratiques qui, bien que très-simples, ne sauraient être décrits ici. Nous nous bornerons à dire que ces procédés fournissent des épures de régulation de natures diverses, plus ou moins commodes; et, parmi ces épures, bien connues des mécaniciens, nous citerons, entre autres, les courbes ovales de M. l'ingénieur Fauveau, la courbe sinussoïdale de MM. Moll et Montéty, qui confirment entièrement tous les résultats généraux que nous avons déduits de l'épure circulaire dont nous avons fait usage.

Nous ajouterons, pour terminer ce qui a trait à la régulation, qu'en dehors des résultats saillants obtenus primitivement à bord des navires de guerre, des expériences précises, faites ultérieurement sur les locomotives, vers 1840, ont prouvé que la substitution de la régulation *modifiée* à la régulation primitive avait augmenté la puissance des machines, de 40 à 50 pour 100, pour la même dépense de combustible. Ce fait, qui n'a pas besoin de commentaires, prouve suffisamment toute l'importance de cette question.

CHAPITRE III.

Du renversement de marche.

112. Problème général du renversement de marche. — Dans les appareils marins, comme dans les locomotives, la machine est appelée à tourner soit dans un sens, *le sens direct,* soit en sens contraire, *le sens rétrograde;* autrement dit, elle doit avoir tantôt une marche directe, tantôt une marche rétrograde, et le problème *du renversement de marche* consiste à déterminer les conditions que doivent remplir les organes de distribution pour que la machine, dans sa marche *avant* comme dans sa marche *arrière,* puisse être réglée de telle sorte que toutes les circonstances de la distribution se présentent identiquement de la même manière.

Un simple coup d'œil sur la figure 60 va nous faire connaître immédiatement la solution de cette question. L'épure nous fait voir, en effet, que si, partant toujours de la position supérieure du piston, la manivelle du tiroir était placée dans la position oa'_1, symétrique de la position oa_1 par rapport au diamètre bb', toutes les circonstances de la régulation se produiraient identiquement de la même manière, pourvu que le bouton de la manivelle a'_1 tournât de droite à gauche, dans le sens de la flèche f', au lieu de tourner de gauche à droite, comme nous l'avons supposé dans notre étude : ce qui donnerait précisément le mouvement rétrograde de la machine.

Pour obtenir, à un moment donné, ce changement de direction dans la machine, sans qu'il y ait modification dans la régulation, il suffit donc évidemment :

Soit de pouvoir déplacer à l'occasion, pendant la marche même de la machine, ainsi qu'il va être expliqué ci-dessous, la manivelle de tiroir par rapport à la grande manivelle, d'une quantité angulaire égale à deux fois le complément de l'angle d'avance : ou, réciproquement, de pouvoir déplacer l'arbre de rotation, de la même quantité angulaire, par rapport à la manivelle du tiroir ;

Soit, d'avoir deux manivelles de tiroir calées à demeure sur l'arbre de rotation, de manière à faire entre elles l'angle $a_1oa'_1$ (deux fois le complément de l'angle d'avance), et de se servir de l'une et de l'autre successivement pour conduire le tiroir ; l'une, oa_1, produirait le mouvement direct, l'autre, oa'_1, le mouvement rétrograde.

L'un ou l'autre de ces deux moyens, mis en pratique pour renverser la marche d'une machine, satisfait complétement à la condition énoncée plus haut, que l'on peut appeler *le principe du renversement de marche*, et ces deux moyens donnent lieu à deux systèmes fondamentaux que nous allons examiner successivement.

113. Premier système du renversement de marche. — Dans ce premier système, où l'on fait usage, soit d'une seule manivelle, soit d'un seul excentrique, qui en tient lieu, comme on l'a vu (33), cette seule manivelle ou ce seul excentrique n'est pas calé à demeure sur l'arbre qui conduit le tiroir, que cet arbre soit d'ailleurs l'arbre même de la machine, comme dans le cas des machines à balanciers, ou qu'il soit un arbre spécial, comme dans le cas des machines à bielles en retour et autres que nous avons examinées au chapitre Ier. Quoi qu'il en soit, cet excentrique (supposons qu'il s'agisse d'un excentrique) porte, ainsi que l'indique la figure 61, une saillie métallique t qu'on nomme *toc*, laquelle est entraînée par une sorte de croissant ou collier cab boulonné sur l'arbre O, et, comme d'autre part, cet excentrique est installé sur l'arbre, ainsi qu'une roue sur son essieu, de telle sorte qu'on puisse le déplacer et faire venir le toc de t en t' sans que l'arbre bouge, il en résulte que, si l'angle tot' est égal au double du complément de l'angle d'avance, il suffira de caler le collier cab à demeure sur l'arbre, de manière que, le piston P étant à bout de course, la barette du tiroir en coquille (c'est le genre de tiroir que nous supposons ici) soit sur le point de découvrir l'orifice H à la vapeur.

La flèche f indique le mouvement direct, et la flèche f' le mouvement rétrograde, qui se produirait évidemment si le toc t se trouvait primitivement en t'.

Or, pour mettre ce premier système en application, on peut faire deux manœuvres distinctes, qui donnent lieu à deux variétés d'organes de renversement de marche.

Fig. 61.

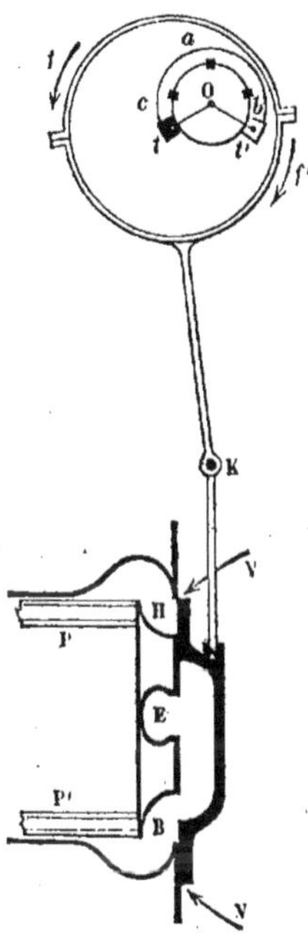

En premier lieu, le toc étant en *t*, on peut imaginer que l'on fasse rétrograder la machine, *à bras*, de manière à faire passer le piston de sa position supérieure P à sa position inférieure P'. Dans ce mouvement, on voit que le tiroir ne bougera pas de sa position actuelle tant que la face *b* du collier *cab* ne sera pas venue se mettre en prise avec le toc *t* qui reste en repos; à ce moment, le piston ne sera pas tout à fait à bout de course, mais il s'y trouvera précisément au moment où le point *b* ayant décrit une demi-circonférence, aura soulevé le tiroir de manière à mettre le dessous de la barette inférieure juste *arête pour arête* avec l'orifice B. Alors la machine sera prête à prendre la marche inverse comme elle était prête tout à l'heure à prendre la marche directe, lorsque, comme le représente la figure, la partie *c* du collier était en prise avec le toc *t*.

C'est cette manœuvre que l'on exécute notamment pour changer la marche des machines à balanciers, et aussi, quelquefois, pour changer celle des machines à cylindre oscillant et autres; mais alors, au lieu de faire rétrograder la machine, à bras, ce qui serait impraticable, on déclanche la bielle d'excentrique, disposée à cet effet; puis, à l'aide d'un système *ad hoc*, on manœuvre convenablement les tiroirs à la main, et c'est la vapeur elle-même qui entraîne la machine; lorsque le mouvement rétrograde est ainsi en train, on enclanche la bielle et le mouvement se continue naturellement.

La seconde manœuvre consiste à changer l'excentrique de place sans faire bouger la machine, de manière à placer le toc *t* dans la position symétrique *t'*. La figure 61 fait bien comprendre, en effet, qu'après le déplacement du toc le tiroir, qui aura été entraîné dans le mouvement, sera revenu dans sa position primitive, et comme le piston est resté immobile, la machine se trouvera prête à marcher en arrière, sans qu'évidemment rien soit changé dans le mode de régulation.

On conçoit de suite, qu'à l'aide d'une simple roue à bras ou volant, attenant au cercle excentrique, et conséquemment emporté dans son mouvement, on pourrait, lorsque la machine est arrêtée ou tourne lentement, déplacer l'excentrique et faire passer le toc à la position qui lui convient pour le mouvement inverse; mais, désirant obtenir ce changement pendant la marche à toute vitesse de la machine, on a été conduit à imaginer des dispositions particulières pour arriver à ce but (1).

114. Changement de marche Mazeline. — Le premier système de ce genre, connu sous le nom de *mise en marche Mazeline,* fut inauguré en 1851, par M. Cody, sous la direction de M. Mazeline, à bord du *Primauguet,* en même temps que la communication du mouvement des tiroirs à l'aide d'un arbre commun parallèle à l'arbre principal de la machine, ainsi que nous l'avons vu (102 et 103) pour les machines à deux et à trois cylindres.

Un brevet pour ce changement de marche fut pris le 19 novembre 1853, au nom de MM. Mazeline frères; depuis, ce dispositif a été appliqué à presque toutes les machines horizontales construites par l'établissement Mazeline pour la marine impériale.

Les figures 62 et 62 *bis*, et quelques mots d'explication, vont nous suffire pour faire comprendre ce remarquable mécanisme.

Fig. 62.

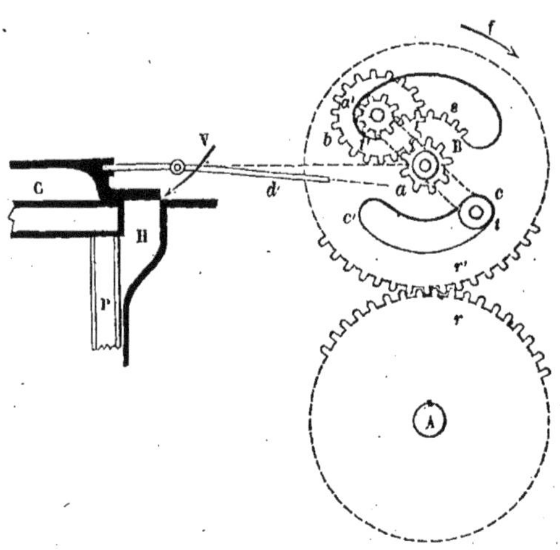

Fig. 62 *bis*.

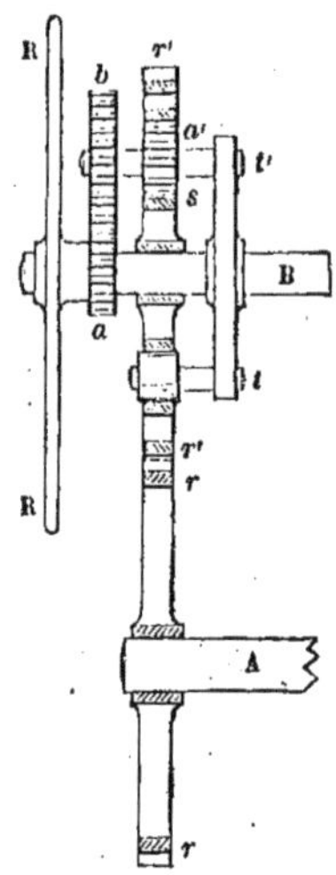

L'arbre principal A communique le mouvement de rotation à l'arbre B des tiroirs, à l'aide de deux roues dentées égales r et r'. L'arbre des tiroirs porte d'ailleurs deux ou trois manivelles, sui-

(1) Pour plus de simplicité nous avons supposé dans la figure 61 que l'arbre de rotation conduise directement le tiroir; mais il est évident que nous pouvons imaginer cet arbre, *en place*, quelle qu'en soit la position, sans qu'il en résulte aucun changement dans ce que nous venons de dire relativement au renversement de marche; que l'arbre soit mû directement par la tige du piston, comme dans les machines horizontales à hélice, ou qu'il s'agisse des machines à balanciers ou autres, les choses auront lieu de la même manière qu'il vient d'être dit.

vant que la machine est à deux ou à trois cylindres; ces manivelles, qui sont fixés sur l'arbre B de telle sorte que, pour la position actuelle du *butoir t*, la coquille C soit sur le point de découvrir l'orifice H à la vapeur, déterminent le mouvement des tiroirs à l'aide de bielles correspondantes, telle que la bielle *d*, articulées directement sur les extrémités des tiges des tiroirs. La roue r' n'est pas fixée à demeure sur l'arbre B; elle s'y trouve installée *follement*, comme l'excentrique dont nous avons parlé plus haut, et elle entraîne l'arbre des tiroirs en pressant sur le butoir t, lequel termine, d'un côté, le levier à bras égaux tt', fixé à demeure sur l'arbre B. La coulisse semi-circulaire cc' pratiquée dans l'épaisseur de la roue r', et dans laquelle est engagé le butoir t, a précisément pour longueur le double du complément de l'angle d'avance; et, à cause de cette circonstance, on voit qu'en plaçant le butoir dans la position c', symétrique de celle qu'indique la figure, ce qui ne peut se faire d'ailleurs qu'en entraînant le tiroir, on mettrait par cela même la machine dans la condition de prendre la marche inverse sans changement de régulation, puisque, après le déplacement du butoir, la coquille C sera évidemment revenue dans la position qu'elle occupe lorsque ce butoir est en c.

Il nous reste à faire comprendre à présent le mécanisme à l'aide duquel on arrive à déplacer facilement, à un moment donné, le butoir t, que la machine soit en repos ou qu'elle marche. Remarquons, pour cela, que le pignon a, monté *follement* sur l'arbre des tiroirs, engrène avec une autre roue dentée b; cette roue dentée fait corps avec un autre pignon a', et l'une et l'autre sont montés, *follement* aussi, sur le tourillon t', fixé à l'autre extrémité du levier tt', dont il a été question ci-dessus. En outre, le pignon a' engrène avec le secteur denté s, entaillé, de même que la coulisse cc', dans l'épaisseur de la roue r'. Enfin, il faut comprendre qu'une roue à bras, ou volant représenté seulement par RR sur la figure 62 *bis*, fait corps avec le pignon a et permet de lui communiquer un mouvement de rotation autour de l'arbre B, sur lequel, nous le répétons, ce pignon est *follement* monté.

Cette description étant comprise, si d'abord nous considérons la machine en repos, le piston P étant à bout de course, et la coquille C étant sur le point de découvrir l'orifice H à la vapeur, il est clair qu'en faisant tourner le volant R, et par conséquent le pignon a, en sens contraire de la flèche f, la roue b et par suite le pignon a' tourneront de gauche à droite sur l'axe t'; mais, comme d'un autre côté, les dents du pignon a' engrènent avec le secteur s entaillé dans la roue r', il en résultera évidemment que le pignon a' roulera sur le secteur s, qui ne peut pas être mis en mouvement par ce pignon, puisque ce secteur fait partie de la roue r' qui est maintenue et conduite par la roue r : l'axe t' devra donc se déplacer de gauche à droite; conséquemment le butoir t viendra de la position qu'indique la figure à la position symétrique c'.

Donc, en résumé, la machine étant au repos, et prête à se mouvoir dans le sens direct, par exemple, pour déplacer le butoir de sa position c et l'amener dans la position c' qui convient au mouvement rétrograde, il suffit de faire tourner le volant R en sens contraire de la flèche *f* qui représente le sens de la marche directe.

Si la machine est en mouvement lorsqu'on veut changer la marche, il est facile de voir qu'il suffit de maintenir le volant fixe pour que le butoir *t*, primitivement en *c*, vienne en *c'*. En effet, le mouvement ayant lieu, par exemple, dans le sens de la flèche *f*, il est clair que si l'on maintient le pignon *a* fixe, la roue *b* prendra forcément un mouvement de rotation de gauche à droite sur son axe *t'*, ce qui forcera le pignon *a'* à rouler sur le secteur *s*; le butoir *t* viendra donc, comme dans le cas du repos, de la position *c* à la position *c'*.

Dans l'examen que nous pourrions faire des différents dispositifs les plus en usage pour résoudre le problème du renversement de marche dans le premier système, nous rencontrerions plusieurs autres mécanismes employés par divers constructeurs. Les bornes de cet ouvrage ne nous permettent pas de décrire tous ces appareils, qui, d'ailleurs, reposant sur le même principe fondamental, ne diffèrent en général les uns des autres que par des agencements de détail. Cependant, il en est un que nous devons signaler spécialement, car il possède les mêmes avantages que le dispositif Mazeline, avec lequel, du reste, il a des rapports si nombreux qu'un coup d'œil jeté sur la figure 62 bis, et quelques explications vont nous suffire pour faire comprendre cet organe de mise en marche, dû à M. l'ingénieur Dupuy de Lôme.

Comme l'appareil Mazeline, la mise en marche Dupuy de Lôme comporte deux roues dentées *r* et *r'*; et la roue *r'* est aussi montée follement sur l'arbre B des tiroirs. De même, le volant de mise en train R et le pignon *a* qui fait corps avec lui, sont montés follement sur l'arbre B et servent à faire tourner la roue *b* et le pignon *a'*; seulement ici, ces deux roues dentées font corps avec un axe implanté perpendiculairement à la roue *r'*, dans laquelle il tourne comme sur un coussinet. En outre, le levier *tt'* est remplacé par un disque, fixé comme ce levier, à demeure sur l'arbre B, et c'est ce disque qui porte les deux coulisses circulaires qui, dans l'appareil Mazeline, sont pratiquées dans l'épaisseur de la roue *r'*. L'une de ces coulisses, identique à la coulisse *cc'*, fait fonction de *toc*; à cet effet une forte cheville implantée à demeure sur la roue *r'*, et faisant fonction de *butoir*, se trouve engagée dans cette coulisse et vient agir, suivant que la marche est directe ou rétrograde, sur l'une ou l'autre extrémité. Enfin, l'autre coulisse, placée symétriquement à la première sur le disque, porte un secteur denté sur lequel s'exerce le pignon *a'*, lorsqu'à l'aide du volant R on agit pour renverser la marche. Mais, les dents de ce secteur sont disposées *intérieurement* à lui; sans cette disposition, l'*inverse de la disposition Mazeline,* il faudrait, pour réussir la manœuvre du changement de marche, faire tourner le volant R dans le sens même du mouvement que posséderait l'arbre B, ce qui ne permettrait pas d'opérer cette manœuvre alors que la machine est en marche. La mise en marche Dupuy de Lôme se rencontre dans toutes les machines à bielle en retour de cet ingénieur; sa manœuvre présente la même facilité, la même sécurité et la même promptitude que celle du dispositif Mazeline.

C'est en 1855, à bord du vaisseau l'*Algesiras*, que M. Dupuy de Lôme a installé pour la première fois son appareil de renversement de marche.

115. Second système du renversement de marche. — Le second système de changement de marche, où l'on fait usage de deux excentriques, faisant entre eux un angle égal au double du complément de l'angle d'avance, calés invariablement, soit sur l'arbre principal de la machine, soit sur un arbre intermédiaire (l'arbre des tiroirs), est celui dont on a fait usage dès le principe pour les locomotives. Ce système donne lieu à plusieurs variétés, parmi lesquelles nous distinguerons, comme types principaux, le mécanisme qui comporte deux bielles indépendantes et le *secteur Stephenson*.

Le premier type, que l'on rencontre notamment sur les machines marines du Creuzot, est représenté par la figure 63. Les deux manivelles Oa et Oa' faisant entre elles l'angle convenable sont clavetées sur l'arbre O; l'une, la manivelle Oa, communique le mouvement direct à la tige t du tiroir, par le moyen de la bielle b qui est enclanchée sur le bouton K, pendant que la bielle b' est maintenue suspendue par un mode de suspension quelconque, que nous indiquons simplement ici sans plus ample explication, et qui lui permet toutefois d'obéir au mouvement d'entraînement que lui communique la manivelle Oa'. Lorsqu'on veut changer la marche, on déclanche la bielle b en la relevant, elle reste suspendue, et l'on abaisse la bielle b' qui vient s'enclancher à son tour sur le bouton K; à cet effet un pignon m, manœuvré par une manivelle à bras, permet de déplacer le tiroir de manière à établir cet enclanchement de la bielle b'.

Fig. 63.

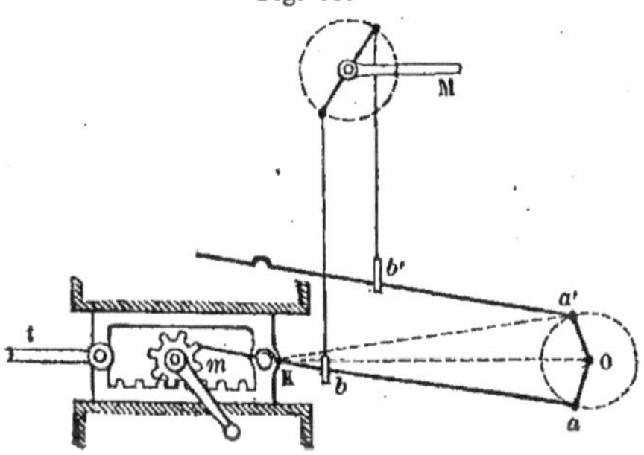

116. Coulisse Stephenson. — C'est à l'aide d'un système analogue à celui que nous venons de décrire que, dans le principe, on obtenait le changement de marche des locomotives. Plus tard, le célèbre ingénieur Stephenson inventa le dispositif qui porte son nom, et non-seulement ce remarquable organe est aujourd'hui d'un usage universel pour les locomotives, mais on le rencontre encore dans beaucoup de machines marines.

Pour bien comprendre le jeu du secteur dont les mouvements sont d'ailleurs très-compliqués, considérons d'abord (Figure 64), comme nous l'avons fait ci-dessus (113 et 114), le piston à bout de course et les deux manivelles d'excentriques *ao* et *a'o* dans la position correspondante. La bielle *ba*, qui conduit le mouvement direct, est articulée, non pas sur la tige T du tiroir, mais bien à

Fig. 64.

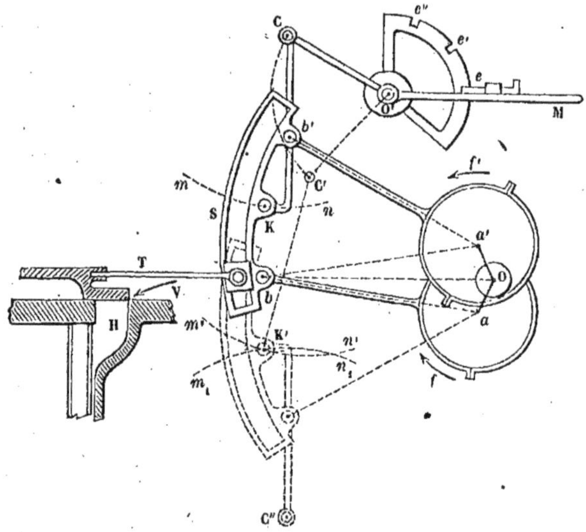

l'extrémité *b* d'une coulisse S qui porte le nom de *secteur*; de même la bielle *a'b'* est articulée à l'autre extrémité *b'* de ce secteur, et les trois points *b*, K, *b'*, sont situés sur l'arc du cercle décrit du point *a'* comme centre avec un rayon égal à cette bielle, qui est d'ailleurs de même longueur que la bielle *ab*. Le vide de la coulisse est formé par deux arcs de cercle concentriques à l'arc *b*K*b'*, et la longueur de cet arc, ou mieux de sa corde, est d'environ les deux tiers de la longueur des bielles. Cette dimension n'est pas de rigueur absolue, mais elle ne saurait varier beaucoup, soit en plus soit en moins, sous peine, ainsi que nous allons le voir plus loin, de fatigue pour les articulations du système. Dans la coulisse se trouve engagé un coulisseau relié, avec articulation, à la tige T du tiroir. Ce coulisseau porte d'ailleurs deux joues latérales qui le maintiennent dans la coulisse, de telle sorte que cette dernière puisse glisser entre ces joues, en se déplaçant circulairement par rapport au coulisseau dont le centre reste fixe, puisque ce centre n'est autre chose que l'extrémité de la tige du tiroir.

Cette description préalable étant bien comprise, imaginons d'abord que le secteur soit détaché de sa tige de suspension CK dont nous allons parler plus loin avec détail, et qu'on fasse faire une révolution complète à l'arbre O, dans le sens de la flèche *f*, en astreignant l'extrémité *b* de la bielle *ab* à se mouvoir sur la droite

ObT. Il est clair que, grâce aux articulations b, b', a', a, ce mouvement sera possible; le polygone articulé $b\ b'\ a'$ O a prendra, en conséquence de ce mouvement, diverses formes et le point K décrira dans l'espace une certaine courbe plane. Or, cette courbe plane mKn étant, de fait, *très-sensiblement* un arc de cercle dont le centre est en C, si on lie le point K au point C, à l'aide de la bielle pendante CK, articulée en K sur le secteur, et libre d'osciller autour d'un axe C, rendu momentanément fixe, il est évident que la bielle de suspension CK aura pour effet, non-seulement de soutenir le secteur pendant le mouvement, mais encore de le guider de telle sorte que la tige du tiroir sera conduite, par la coulisse agissant sur le coulisseau, exactement comme si la bielle ab était directement articulée sur ce coulisseau. *Pendant la marche directe, la régulation que donne le secteur sera donc la même que celle que donnerait le dispositif à bielles indépendantes.*

Voyons maintenant s'il en sera de même pour la marche rétrograde.

L'axe C n'est autre chose que l'extrémité d'un levier CO'M, qui peut d'ailleurs s'abaisser autour de l'axe O' lorsqu'on agit sur le bras de levier O'M, et que l'on maintient immobile dans diverses positions déterminées, à l'aide d'un *verrou* que porte le bras O'M, et que l'on engage dans des encoches e, e', e'' pratiquées sur l'arc fixe eO'e''.

Si, à l'aide du levier O'M, nous descendons le secteur S dans sa position la plus inférieure, celle où le point K vient se placer en K' et où la bielle $a'\ b'$ vient prendre la position $a'\ b$; puis, imprimant le mouvement inverse à l'arbre O, dans le sens de la flèche f', si nous imaginons encore, comme précédemment, que le secteur soit détaché de sa bielle de suspension et seulement astreint à ce que l'extrémité b' de la bielle $a'b'$ se meuve sur la ligne OT, on trouve que le point K' décrit, *à très-peu près*, l'arc m_1K'n_1. De ce fait, il résulte évidemment que, pour que le tiroir se meuve dans le mouvement rétrograde comme s'il était conduit directement par la bielle $a'b$ (ce qui est (112) la condition qu'exige le principe du renversement de marche), il faut que le nouvel axe de suspension soit en C'', et que la nouvelle bielle directrice du secteur soit le rayon C''K'.

Or, bien que pratiquement cette disposition soit possible, afin d'éviter les complications inhérentes au dispositif qu'il faudrait adopter pour y satisfaire, on se borne à une seule et même suspension de laquelle il résulte que, dans la marche rétrograde, le centre K de la coulisse étant astreint par le fait à décrire l'arc m'K'n' au lieu de l'arc symétrique m_1K'n_1, le secteur ne conduit pas tout à fait la tige du tiroir comme l'exige rigoureusement le principe du renversement de marche.

De sorte que : *pendant la marche rétrograde, la régulation que donne le secteur n'est pas tout à fait la même que celle que donnerait le dispositif à bielles indépendantes.* Toutefois, si l'on choisit convenablement les dimensions du secteur et de la bielle CK, ainsi que la position C du point de suspension; en un mot, si l'on se maintient dans les limites que fixe la théorie de cet organe de transformation de mouvement, les différences que nous avons signalées peuvent être considérées comme nulles dans la pratique, et le secteur Stephenson devient un organe des plus commodes et des plus parfaits pour résoudre le problème du renversement de marche des machines à vapeur.

Le mode de liaison des bielles d'excentriques à la coulisse donne lieu à deux dispositions différentes de secteurs que l'on désigne sous le nom de secteurs à *bielles décroisées* ou à *bielles croisées*. Les secteurs sont à bielles décroisées ou à bielles croisées suivant que, à l'instant où l'angle des deux manivelles d'excentriques est tourné du côté de la coulisse, les bielles sont *décroisées* ou *croisées*. Le secteur que nous avons examiné est à bielles décroisées. Ces deux dispositions présentent chacune leur avantage et leur inconvénient, de telle sorte que, somme toute, on peut les employer à peu près indistinctement; mais pourtant on préfère d'ordinaire le secteur à bielles décroisées parce qu'il faut, dans ce cas, moins relever ou moins abaisser la coulisse pour déterminer la mise en marche de la machine; bien que, d'un autre côté, la seconde disposition offre plus de garantie d'immobilité pour la machine lorsque la coulisse est à mi-suspension. Cette dernière assertion exige quelques explications. En effet, quoique la situation du secteur, maintenu à mi-suspension à l'aide de l'encoche c', soit celle qui convient au *stoppage*, puisqu'on est alors également prêt pour marcher en avant ou pour marcher en arrière, il ne faudrait pas croire que, dans cette position, le tiroir ait un mouvement presque nul, car le déplacement du milieu de la coulisse peut atteindre quelquefois les trois quarts de celui de ses extrémités. Mais, bien qu'alors la machine puisse bouger un peu, sous l'influence de la vapeur, on peut néanmoins affirmer que la distribution se trouve troublée à tel point que la machine ne pourrait pas faire un tour complet.

Le secteur Stephenson permet de renverser instantanément, de la manière la plus simple et la plus commode, non pas la marche de la machine (ce qui n'est pas possible, même lorsqu'elle fonctionne à petite vitesse, à cause de l'inertie des masses en mouvement), mais bien la marche de la vapeur et de maintenir cette marche *à contre*, sans qu'il soit besoin d'intervenir d'une manière permanente, comme il faut nécessairement le faire avec le dispositif Mazeline et autres, tant que le mouvement n'est pas changé. Cette circonstance, d'une action permanente sur le mécanisme du renversement de marche, n'est sans doute pas d'un très-grand avantage dans le cas des machines marines où le changement de mouvement se produit toujours assez rapidement; mais cet avantage devient précieux dans beaucoup de circonstances, notamment pour les locomotives où l'arrêt complet ne peut se produire qu'à la longue.

Le secteur Stephenson jouit encore d'une propriété importante dont on fait un usage fréquent et qui permet de modifier entre certaines limites la période de détente. En effet, l'épure très-simple, qui représente graphiquement, pour une révolution complète de l'arbre de rotation, les positions successives des différents points de la coulisse, fait reconnaître, d'une part, qu'on peut réduire la course du tiroir en élevant ou en abaissant convenablement le point de suspension C de manière à rapprocher le coulisseau du point milieu K de la coulisse, et, d'autre part, que ce rapprochement du coulisseau fait que les choses se passent comme si l'angle d'avance était augmenté. Or, d'après ces deux effets simultanés, la diminution de la course du tiroir et l'augmentation de l'angle d'avance, on peut reconnaître facilement, en jetant un coup d'œil sur la figure 60, n° 111, que le commencement de la période d'introduction ne variera pas sensiblement; mais, comme la course 2R du tiroir se trouve diminuée et que le recouvrement r reste le même, il en résultera, d'après l'expression : $i = 1 - \frac{r^2}{R}$ (111), que l'introduction sera réduite et que, par conséquent, la période de détente sera augmentée. Le secteur Stephenson peut donc être considéré comme un organe de *détente variable,* c'est-à-dire un organe analogue à ceux que nous mentionnerons (128), susceptible de donner à volonté une détente plus ou moins considérable. Mais, sous ce point de vue, il est important d'observer que ce dispositif ne peut être employé que d'une manière assez restreinte, car si l'on diminuait l'introduction au-dessous de 0,50 on nuirait beaucoup aux fonctions du tiroir, et, d'autre part, sa course deviendrait tellement amoindrie que les orifices H et B ne s'ouvriraient plus suffisamment, tant pour l'introduction de la vapeur que pour son évacuation, ainsi qu'on peut du reste le reconnaître facilement à l'inspection de la figure 60.

CHAPITRE IV.

Condensation et alimentation.

117. Principe de la condensation. — Ainsi que nous l'avons dit dès le début de ces leçons, c'est à Denis Papin que l'on doit la première idée d'utiliser la condensation de la vapeur d'eau pour obtenir un effet mécanique. Ce fut, plus tard, le capitaine Savery qui proposa, le premier, un moyen pratique de condenser cette vapeur, en répandant de l'eau froide sur le vase qui la contient; et ce fut plus tard encore qu'on découvrit, à l'occasion de la machine atmosphérique, un autre moyen de condensation plus prompt, celui d'injecter de l'eau froide, sous forme de pluie, au milieu même de la masse de vapeur qu'on veut condenser. Enfin, c'est à Watt que l'on doit le principe théorique du *condenseur séparé,* ainsi que sa première application.

Nous avons peu de chose à dire relativement à ce principe, que nous avons déjà fait connaître en partie lorsque nous avons développé succinctement les brillantes recherches de Watt; nous ajouterons seulement *qu'il* est à peu près évident de lui-même. De la propriété d'expansion des fluides élastiques il résulte, en effet, que, la communication étant établie entre le cylindre et le condenseur, la vapeur se répand incessamment dans ce condenseur, où elle s'anéantit incontinent, du moins en majeure partie, au contact de l'eau froide; de telle sorte que, si l'on emploie assez d'eau pour que la température du mélange ne dépasse pas 40 degrés, par exemple, la force élastique de la vapeur, qui émane de ce mélange, est celle qui correspond à la vapeur saturée dont la température est de 40 degrés. Cette force élastique serait donc alors de $0^{at},0698$, environ de 7 centièmes d'atmosphère, si le condenseur était complétement privé d'air.

118. **Procédés usuels de condensation.** — La condensation de la vapeur, dans les machines, peut être obtenue par trois procédés distincts :

Le premier, celui du capitaine Savery, consiste à entourer d'eau froide le condenseur; on lui donne le nom de condensation *à sec*, par contact ou à surfaces;

Le second, celui de Watt, consiste à introduire, dans l'intérieur même du condenseur, un jet d'eau froide, qui vient se mélanger avec la vapeur; on le désigne sous le nom de condensation par injection, ou par mélange;

Enfin, le troisième consiste à expulser la vapeur directement dans l'atmosphère, où elle se condense naturellement.

Bien que dans ce dernier procédé, qui, du reste, ne peut être employé qu'autant que la tension de la vapeur est notablement plus élevée que la pression atmosphérique (127), il y ait bien évidemment condensation de cette vapeur, l'usage est de désigner les machines qui s'y rapportent sous le nom de machines sans condensation; pour nous conformer à l'usage, nous ne considérerons, comme procédés de condensation, que les deux premiers que nous allons examiner successivement.

119. **Condensation par contact.** — La condensation par contact, qui fut employée par Watt dans ses premières machines, exige, pour se produire d'une manière complète, un certain temps, qui dépend de l'étendue des surfaces refroidissantes, de leur nature, de leur état d'entretien, et enfin de la quantité d'eau froide employée à la condensation. Dans les appareils marins, la condensation obtenue par ce procédé offrirait l'immense avantage de fournir de l'eau douce pour l'alimentation, ce qui couperait court à l'inconvénient si grave des dépôts dans les chaudières; aussi, a-t-on cherché, à plusieurs reprises, une solution pratique de ce problème; d'autant que l'on a été forcé d'adopter le procédé dont il est question, malgré ce qu'il pouvait encore avoir d'imparfait, pour les grandes canonnières françaises à haute pression, par suite de l'impossibilité où l'on se trouve d'empêcher la formation des dépôts incrustants qui s'accumulent d'une manière énorme dans les chaudières, sous l'influence de la haute température de la vapeur qu'elles contiennent.

L'appareil de condensation par contact que l'on a adopté finalement, après nombreuses modifications, est dû, en principe, à Hall, ingénieur anglais, qui le proposa dès l'année 1830. La figure 65 représente sommairement les dispositions principales du condenseur de Hall. Cet appareil se compose en résumé d'une

Fig. 65.

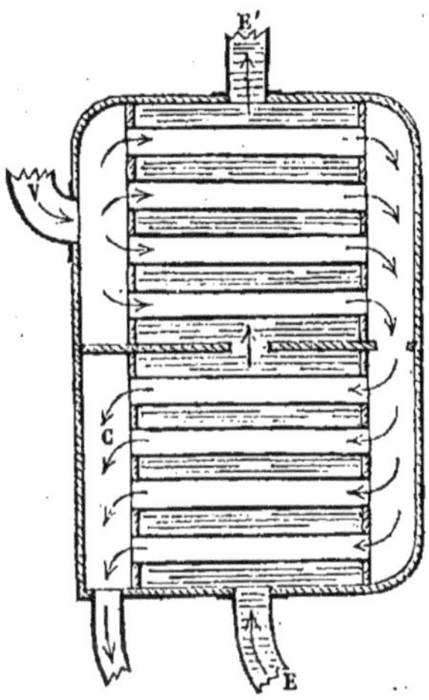

très-grande quantité de tubes métalliques, de très-petit diamètre, maintenus à leurs extrémités par des plaques métalliques percées où s'encastrent les tubes, et qui forment ainsi une sorte de caisse intérieure dans laquelle on fait circuler un courant d'eau froide de E en E', renouvelée incessamment, et dont on maintient la circulation à l'aide de pompes spéciales mues par la machine. Le faisceau de tubes est plongé, comme on le voit, au milieu du courant d'eau froide, et la vapeur qui circule dans l'intérieur de ces tubes, où elle arrive par le tuyau V, se condense au contact de leurs parois froides et se réduit en eau distillée, qui tend à s'accumuler dans un compartiment inférieur C, d'où elle est enlevée au fur et à mesure, à l'aide de pompes d'extraction, pour être ensuite employée à l'alimentation de la chaudière.

D'après les derniers renseignements que nous tenons de M. Mazeline, on peut considérer le problème de la condensation par contact comme complétement résolu aujourd'hui, pourvu que l'on fasse usage de surfaces suffisamment grandes, et que l'on prenne certaines dispositions pratiques dans le détail desquelles nous ne pouvons entrer. Aussi M. Dupuy de Lôme a-t-il annoncé à l'Académie des sciences (note du 15 juillet 1867, relative aux machines à trois cylindres) que, pour les machines nouvelles en construction, il était arrivé à employer des condenseurs à surfaces, et, par suite, à alimenter les chaudières avec de l'eau distillée, ce qui permet, entre autres avantages, d'aborder, sans danger des incrustations, les pressions les plus élevées.

120. Condensation par injection. — Pour les machines à basse ou moyenne pression, la condensation par injection est encore presque exclusivement employée aujourd'hui.

Le condenseur proprement dit est une capacité ordinairement en fonte, mais dont la forme varie beaucoup suivant le système de machines. La figure 66 représente une coupe faite dans le condenseur d'une machine à balanciers, ainsi que dans la pompe à air, qui fait pour ainsi dire partie intégrante de ce condenseur. La capacité C est le condenseur proprement dit; la vapeur s'y rend, en temps opportun, par les deux conduits E et E', comme il a été expliqué, lors de la description du jeu des tiroirs.

Les deux tuyaux T et T' sont des tuyaux par lesquels arrive l'eau froide ; le tuyau T amène l'eau de la mer, et le tuyau T' est celui que l'on appelle tuyau d'injection supplémentaire, *dite de cale ;* il a pour objet, en cas d'une forte voie d'eau, d'utiliser le vide du condenseur à extraire l'eau de la cale. La capacité C communique par le bas avec la partie inférieure de la pompe à air, à l'aide d'une soupape ordinaire à charnière S, qu'on appelle soupape, *ou clapet de pied,* et qui s'ouvre du dedans du condenseur au dedans de la pompe à air. La pompe à air est munie d'un piston P fonctionnant à l'aide de la machine elle-même, comme il a été dit (102) ; ce piston porte deux soupapes à charnière *s*, *s'*, s'ouvrant de bas en haut ; de telle sorte, comme l'indique la figure, que tout en aspirant l'eau du condenseur pendant l'ascension, il refoule en même temps l'eau qui est parvenue au-dessus de lui dans la capacité B (qu'on nomme *bâche à eau chaude*), où cette eau est retenue, alors que le piston descend par la *soupape de tête* S'. On voit d'ailleurs que, pendant la descente du piston, les soupapes *s* et *s'* doivent se maintenir ouvertes, ce qui lui permet de descendre au milieu du liquide qu'il a aspiré en montant, mais que, pendant ce mouvement de descente, il ne produit aucun effet utile. C'est à cause de ce moment d'arrêt qui se reproduit ainsi, pendant la moitié du temps dans le jeu de ce système de pompe, qu'on la nomme *pompe aspirante élévatoire à simple effet.* Il est à peine utile de faire remarquer que c'est la faible pression de la vapeur rare, qui se trouve au condenseur jointe à celle de l'air qu'il renferme toujours en plus ou moins grande quantité, qui fait monter l'eau dans le corps de pompe à air, alors que le piston opère son ascension.

Fig. 66.

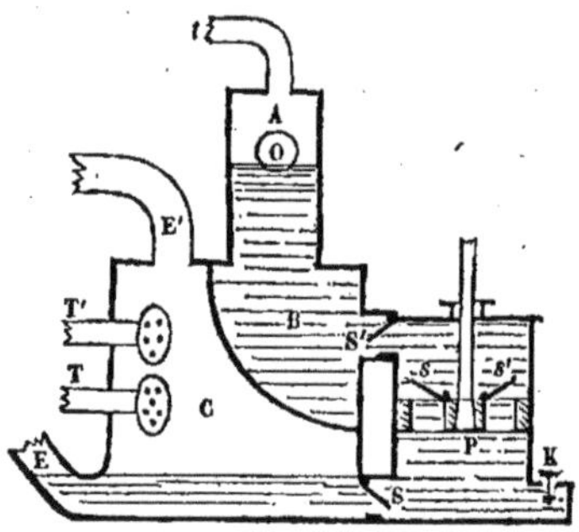

La bâche B, dont il sera parlé plus loin, porte un orifice O, qu'on appelle *tuyau de trop-plein ;* ce tuyau débouche à la mer et se trouve d'ailleurs surmonté d'un réservoir d'air A, ainsi que d'un petit tuyau *t*, qui débouche à l'extérieur et qui sert de tuyau de trop-plein pour l'air qui s'amasse dans la partie supérieure du réservoir A. Enfin, on remarque en K, sur l'avant de la pompe à air, une soupape appelée *reniflard,* s'ouvrant de dedans en dehors, et dont l'objet est de purger préalablement la machine d'air, lorsqu'on commence à la mettre en marche.

Le condenseur et la pompe à air, dont nous venons de donner la description, appartiennent aux premières machines employées dans la marine. Mais, depuis l'application de la machine à vapeur aux navires à hélice, on a apporté successivement de grands changements aux appareils de condensation, surtout en ce qui a trait à la pompe à air ; et, notamment dans ces dernières années, il y a lieu de signaler des perfectionnements remarquables.

La figure 67 représente un appareil de condensation où l'on rencontre toutes les modifications principales les plus récentes que comportent les nouvelles machines à trois cylindres, dont il a été question (103). Dans cet appareil nous remarquerons d'abord la capacité C, qui représente le condenseur proprement dit, et qui comporte, comme dans le condenseur précédent, les deux tuyaux d'injection T et T', le tuyau d'arrivée de vapeur E et le reniflard K.

Fig. 67.

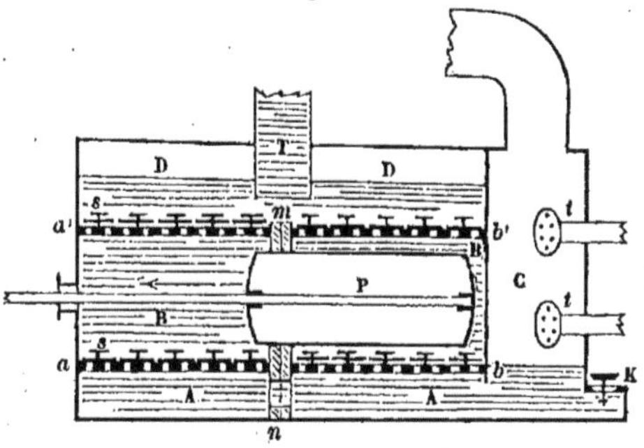

Cela posé, à la suite du condenseur, viennent trois compartiments AA, BB, DD, qu'il nous faut examiner avec soin. Le compartiment AA communique immédiatement avec le condenseur; il en forme pour ainsi dire le fond; le compartiment du milieu BB, qui n'est autre que la pompe à air, dont la forme extérieure quelconque, parallélipipédique par exemple, est borné, haut et bas, par deux cloisons planes *ab* et *a'b'*, qui portent une série d'ouvertures, qui sont des soupapes s'ouvrant toutes de bas en haut. Nous reviendrons tout à l'heure sur les dispositions de détail de ces soupapes. Une cloison verticale *mn* partage le compartiment BB en deux parties égales, et porte, en son milieu, une large ouverture circulaire, parfaitement ronde, dans laquelle se meut, à frottement doux, le piston plongeur P, sorte de gros cylindre en laiton, parfaitement rond aussi, et dont l'intérieur est creux dans le seul but de le rendre moins massif. La tige de ce piston, qui sort du compartiment BB, en traversant une boîte à étoupe ordinaire, est mise en mouvement par la machine elle-même, à l'aide de la traverse *c* par exemple, si l'on se rapporte à la figure (52). Enfin, le compartiment DD n'est autre chose que la bâche à eau chaude, dans laquelle plonge le tuyau de trop-plein T, de manière à laisser à la partie supérieure de la bâche un réservoir d'air pour faire ressort sur le liquide et lui donner ainsi un écoulement continu, et à peu près régulier, sans cahos ni secousses.

Les soupapes, dont il a été parlé précédemment, sont composées chacune simplement de quatre petites ouvertures disposées circulairement autour d'une petite tige métallique fixée au milieu; une rondelle de caoutchouc vulcanisé, enfilée sur cette tige, joue le rôle de clapet et permet à l'eau de pénétrer du compartiment AA dans la pompe à air, ou de pénétrer de la pompe à air dans le compartiment DD, suivant la marche du piston. Dans les machines à trois cylindres du Creuzot, qui sont destinées au navire cuirassé *l'Océan*, chaque compartiment du bas, *an* ou *nb*, comporte quinze clapets; chaque compartiment correspondant, en haut, en comporte vingt-quatre.

Au lieu d'une série de petits clapets circulaires, qui peuvent se gêner réciproquement dans leur fonctionnement, parce qu'ils peuvent se trouver par trop rapprochés les uns des autres, il paraît qu'il y a avantage à employer, comme le fait M. Mazeline, de longs vides *rectangulaires et parallèles* sur lesquels on applique de longues bandes en caoutchouc, pliées en charnières, qui fonctionnent comme des clapets rectangulaires ordinaires.

La description sommaire que nous venons de faire suffit pour faire comprendre le jeu de l'appareil; et l'on voit clairement que le piston P, dans son mouvement de va-et-vient, aspire d'un côté tout en refoulant de l'autre : le système de pompe à air est donc ici *à double effet, aspirant et foulant.*

Le système des pistons plongeurs adopté aujourd'hui dans toutes les machines récentes permet d'obtenir au condenseur les plus beaux vides, quelle que soit la vitesse du piston de la pompe à air; ce qu'on ne pourrait certainement pas obtenir au moyen d'un piston plein ordinaire fonctionnant à frottement le long des parois d'un corps de pompe. Ainsi que l'a fait remarquer M. Dupuy de Lôme, à l'occasion des machines du *Friedland*, le corps de pompe fût-il ouvert par les deux bouts de tout son diamètre, l'eau, poussée par une pression aussi faible que celle d'un dixième d'atmosphère, que l'on veut obtenir dans le condenseur, ne pourrait pas suivre généralement le piston, quelle que fût la somme des orifices des clapets de pied; de là des chocs, des pertes notables dans le volume théorique décrit par le piston de la pompe à air, et finalement vide insuffisant dans le condenseur. Mais, à l'aide des pistons plongeurs, fonctionnant dans une large capacité terminée, haut et bas, par de larges boîtes à clapet, on évite ces inconvénients, et l'excellence du vide au condenseur n'est plus limitée par la vitesse des pistons des pompes.

121. Baromètres du condenseur. — Les instruments dont l'objet est d'accuser le degré de vide du condenseur, ou, plus correctement, la tension des gaz qui s'y trouvent (air atmosphérique et vapeur d'eau), sont désignés sous le nom d'*indicateurs du vide,* ou de *baromètres du condenseur.* On en distingue de plusieurs sortes, que nous allons décrire successivement.

Le moyen le plus simple et le plus naturel de mesurer la tension du condenseur consiste à établir une communication entre ce condenseur et la chambre d'un baromètre ordinaire.

La figure 68 suffit pour faire comprendre cette disposition ; l'air agit sur le mercure de la cuvette c, comme dans le baromètre ordinaire, et la chambre b du baromètre communique, à l'aide du tuyau t, avec la partie supérieure du condenseur. Si le vide était parfait, il est clair que le mercure s'élèverait à environ $0^m,76$; mais, si le mercure ne s'élève qu'à $0^m,62$, par exemple, cela signifiera que le vide est incomplet; et, si l'on désigne par φ la tension au condenseur, on aura évidemment, si la pression atmosphérique est alors de $0^m,76$,

$$0^m,76 = \varphi + 0^m,62, \text{ d'où } \varphi = 0^m,14.$$

Fig. 68.

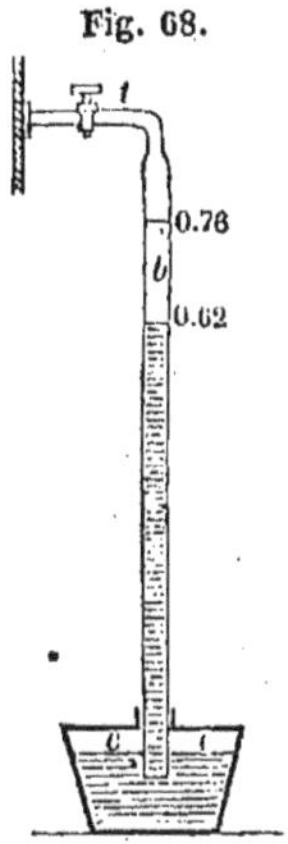

Au lieu de cet instrument, on peut aussi employer un siphon à deux branches, de longueurs différentes, mais parfaitement calibré dans toute son étendue. Dans cet instrument, analogue au manomètre décrit (77), la grande branche communique avec le condenseur, et, si ce condenseur est plein d'air, le niveau du mercure sera le même dans les deux branches; mais si le vide y existe en partie, le mercure montera dans la grande branche et descendra d'autant dans la plus petite, qui est en communication avec l'air extérieur; alors la différence de niveau indiquera évidemment l'excès de la pression atmosphérique sur la tension au condenseur, et, si la graduation de l'échelle de l'instrument a été faite en demi-centimètres, on aura immédiatemen la mesure de la tension cherchée.

122. **Baromètre tronqué.** — On fait encore usage, pour la recherche qui nous occupe, d'un instrument analogue à celui qu'on emploie pour mesurer le degré de vide obtenu avec la machine pneumatique. Cet instrument (Figure 69) se compose d'un tube en verre, d'environ 30 centimètres de longueur, fermé hermétiquement à sa partie supérieure. Ce tube, rempli de mercure, plonge dans une cuvette qui en contient aussi jusqu'en *mn*. La surface du liquide est mise en communication avec le condenseur, à l'aide du tuyau *t*. De même que dans le baromètre ordinaire, cette surface doit être choisie assez grande pour que l'on puisse négliger la variation du niveau du mercure dans la cuvette. Cela posé, la graduation étant faite en centimètres à partir de *mn*, où se trouve le zéro, jusqu'à l'extrémité du tube où se trouve le n° 30, il est clair que, tant que la tension au condenseur est supérieure à la pression d'une colonne de mercure plus grande que 30 centimètres, l'instrument ne donne aucune indication, ce qui est indifférent du reste, car, dans aucun cas, on n'a à considérer un vide aussi imparfait; mais, au-dessous de cette tension, la colonne de mercure inférieure à 30 centimètres accuse par sa hauteur, comptée à partir du zéro, la tension au condenseur. Si le vide était parfait, le mercure se trouverait au même niveau dans le tube et dans la cuvette

Fig. 69.

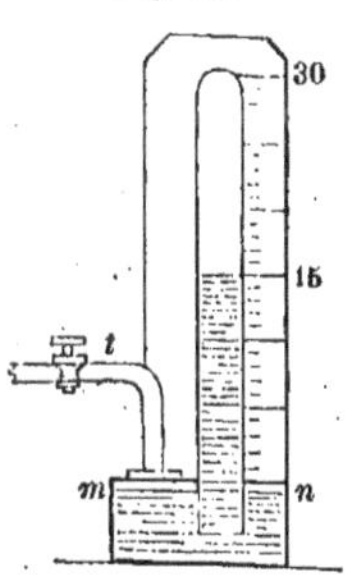

Il est à remarquer que les indications de cet instrument sont tout à fait indépendantes de la pression atmosphérique diurne; elles représentent, d'une manière absolue, les tensions au condenseur.

123. Indicateur métallique de M. Bourdon. — A ces trois appareils nous devons encore ajouter l'appareil de M. Bourdon, en tout semblable au manomètre de cet ingénieur (77). Dans l'indicateur du vide en question, à mesure que le vide se produit au condenseur, c'est la pression atmosphérique extérieure qui tend à aplatir le tube, lequel s'enroule alors, ainsi que nous l'avons expliqué, et fait marcher l'aiguille dont les indications font connaître le plus ou moins de tension qui existe au condenseur. Dans cet instrument, le point de départ, pour la graduation, correspond à la pression atmosphérique moyenne de $0^{m},76$.

124. Quantité d'eau froide nécessaire pour condenser un poids de vapeur. — Si nous désignons par q la quantité de chaleur, autrement dit le nombre de calories que contient 1 kilogramme de vapeur, alors que cette vapeur arrive au condenseur, par P, le poids de vapeur à condenser dans un temps donné, une minute par exemple, par t_1 la température de l'eau d'injection, par t' la température du mélange, enfin par x la quantité d'eau cherchée, rien n'est plus facile que d'établir une relation entre ces diverses quantités. En effet, il nous suffit de remarquer que la quantité de chaleur $Pq - Pt'$, a été employée tout entière à échauffer l'eau d'injection x et à la faire passer de la température t_1 à la température t'; or, le nombre de calories qu'il a fallu dépenser pour cela est évidemment $x(t' - t_1)$; on aura donc la relation :

$$Pq - Pt' = x(t' - t_1),$$

d'où on tire :

$$x = \frac{P(q - t')}{t' - t_1}.$$

Cette relation bien simple nous fait voir d'abord que le poids de l'eau d'injection croîtra très-rapidement à mesure que la température du mélange sera moins élevée ; et si l'on voulait que cette température fût celle de l'eau d'injection, on trouverait pour x une valeur infinie, ce qui implique une impossibilité.

La théorie mécanique de la chaleur démontre que la quantité de chaleur q, que renferme un poids de vapeur P, n'est pas du tout la même lorsque cette vapeur arrive au condenseur que celle qu'il a fallu dépenser pour la transformation de l'eau en vapeur, et les principes de cette théorie donnent le moyen de calculer cette quantité q, et, par suite, la quantité x d'eau froide à injecter au condenseur. Mais ne pouvant entrer ici dans ces considérations, nous nous contenterons de prendre pour la quantité de chaleur q, ainsi qu'on le fait habituellement, la chaleur totale de constitution, c'est-à-dire (78) : $q = 606,5 + 0,305 \times t$; alors, la formule ci-dessus nous donnera une valeur, *trop grande pour x*, mais que nous pourrons considérer comme une limite supérieure de la quantité que nous cherchons.

C'est ainsi que faisant $t = 100°$, c'est-à-dire considérant de la vapeur à 1 atmosphère et admettant que l'eau d'injection soit prise à 12 degrés, et que le mélange atteigne 30 degrés, nous trouverons pour la quantité d'eau nécessaire pour condenser 1 kilogramme de vapeur : $x = \frac{(606,5 + 0,305 \times 100 - 30)}{30 - 12} = 33^k,72$. Les principes de la théorie mécanique de la chaleur donneraient dans les mêmes circonstances, pour la véritable quantité d'eau à injecter, $x = 28^k,86$, soit une différence d'environ $\frac{1}{6^e}$ en moins.

125. **Alimentation des chaudières.** — Toute chaudière fonctionnant d'une manière continue exige une alimentation continue, afin que l'eau qui s'y dépense, tant par l'évaporation que par les extractions, s'y maintienne toujours au même niveau; ou du moins afin que le niveau ne varie qu'entre des limites fort restreintes, ce qui, comme nous le savons, est un point essentiel dans la conduite des chaudières à vapeur.

L'eau d'alimentation se prend dans la bâche à eau chaude, afin de bénéficier de sa température et de son moindre degré de salure.

L'alimentation se fait à l'aide de pompes aspirantes et foulantes, à pistons plongeurs, dont les dispositions ne diffèrent, dans chaque système particulier, que par des détails insignifiants, ou peu essentiels.

Voici, en quelques mots, la description d'un appareil complet d'alimentation. La bâche à eau chaude porte, en une place quelconque, une boîte à soupapes, dite boîte alimentaire, dont la figure 70 fait comprendre la disposition intérieure. La partie inférieure de cette boîte communique, à l'aide d'un tuyau quelconque, avec un corps de pompe à piston plongeur, placé d'ailleurs dans n'importe quelle partie de la machine; de telle sorte, par exemple, que, nous reportant à la figure 52, le piston plongeur soit mis en mouvement à l'aide de la traverse e'. Le tuyau T, surmonté d'un réservoir d'air H, aboutit à la chaudière, et les ouvertures t et t' débouchent dans la bâche à eau chaude au-dessous, bien entendu, du tuyau de trop plein. Enfin, les trois soupapes s, s', s'', sont des soupapes à siége, et s'ouvrent toutes trois de bas en haut. La soupape s'', dite soupape de trop plein, est maintenue fermée à l'aide d'un contre-poids ou d'un ressort, de manière à ne fonctionner qu'à une pression supérieure à la tension maximum effective de la vapeur des chaudières. D'après cela, on voit qu'à chaque coup de piston montant le corps de pompe se remplit d'eau chaude, et qu'à chaque coup de piston descendant cette eau est refoulée dans la chaudière. Dans le cas où, par une cause quelconque, l'alimentation de la chaudière serait interrompue, la soupape de trop plein s'' fonctionnerait et l'eau serait refoulée dans la bâche à eau chaude.

Fig. 70.

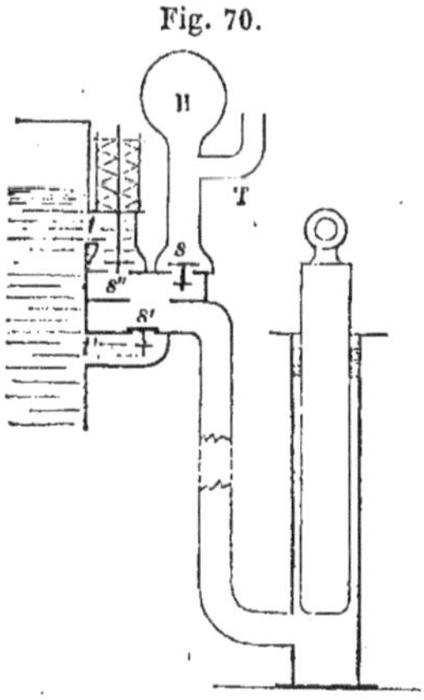

Les pompes alimentaires doivent être proportionnées, bien entendu, de manière à fournir largement l'eau consommée par l'évaporation et par les extractions ; l'expérience, bien plus que la théorie, sert de base au calcul de leurs proportions. Dans les appareils marins actuels le volume d'une pompe alimentaire à simple effet est d'environ la 160e partie du volume du cylindre à vapeur ; dans ce cas, le débit correspond au double de la quantité d'eau consommée, afin de pouvoir facilement parer aux fuites, et, le cas échéant, à un surcroît d'alimentation.

En outre des pompes alimentaires mues par la machine, toute machine à vapeur marine est encore munie de pompes spéciales que l'on peut manœuvrer soit à bras, soit à l'aide d'une petite machine auxiliaire, que l'on nomme *petit cheval.* Ces pompes sont destinées à achever le plein des chaudières, qui généralement ont leur niveau au-dessus de la flottaison, à alimenter pendant les temps d'arrêt, etc. Quant au *petit cheval,* c'est une toute petite machine à vapeur, ordinairement sans condenseur, dont l'objet est de faire mouvoir une pompe alimentaire, indépendante aussi de la grande machine. Habituellement cette pompe est tellement agencée qu'elle fait partie intégrante de la petite machine motrice, qui, suivant les circonstances, présente elle-même des dispositions bien diverses.

126. **Injecteur Giffard.** — Vers la fin de l'année 1858, M. Giffard inventa un nouvel appareil d'alimentation qui produisit une très-grande sensation, tant à cause de son étonnante simplicité, qu'à cause de l'espèce de paradoxe qu'il présentait en apparence. Cet appareil, connu aussi sous le nom d'*injecteur automatique,* est représenté en coupe sur la figure 71. L est un tuyau par lequel ar-

Fig. 71.

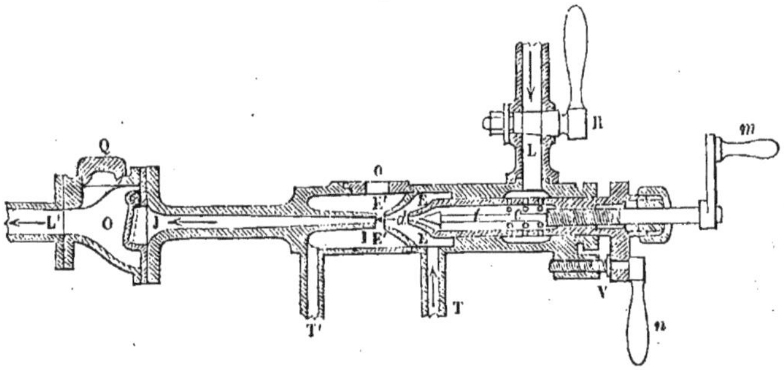

rive la vapeur de la chaudière, dont l'émisssion peut être modérée ou interrompue complétement au moyen du robinet R. La vapeur pénètre dans le cylindre *c* par une série de petits trous disposés sur la circonférence de ce cylindre, qui se termine par une partie conique, au bout de laquelle est pratiqué un petit orifice circulaire. Une tige cylindrique pleine *t*, occupant l'axe du cylindre, est terminée par une pointe conique, que l'on peut enfoncer graduellement dans l'ajutage conique du cylindre qui l'enveloppe, de façon à faire varier par degrés la grandeur de l'ouverture annulaire produite de cette manière, et par laquelle la vapeur doit jaillir. A cet effet, la tige pleine *t* est enfoncée ou retirée au moyen d'une vis dont l'écrou fixe est taraudé dans la douille qui termine le cylindre, à l'opposé de l'orifice; cette vis est manœuvrée à l'aide de la petite manivelle *m*. La vapeur, à l'issue du cylindre *c*, doit jaillir dans l'intérieur d'un espace EE, terminé par un cône *d* fixe, court et percé, dans lequel peut avancer ou reculer l'ajutage conique du cylindre *c*, afin de régler l'ouverture de sortie de la capacité EE. A cet effet, le cylindre *c* peut être mis en mouvement, graduellement, soit dans un sens, soit dans le sens opposé, à l'aide de la vis à long pas V, que l'on manœuvre à l'aide de la manivelle *n*. La capacité EE communique avec un tuyau T plongeant par son extrémité sous le niveau de l'eau d'alimentation que contient une bâche établie à un ou 2 mètres au-dessous de E. Exactement en face du cône court *d*, à une distance d'un centimètre au plus, se trouve l'orifice d'un autre cône creux, très-allongé, IJ, dont l'axe est sur le prolongement de l'axe commun du cône *d* et du cylindre *c*, mais qui est évasé en sens contraire, et qui est mis en communication avec la chaudière à l'aide du tuyau L'; un clapet O à charnière, s'ouvrant vers cette chaudière, est interposé sur le trajet. Ce clapet est maintenu fermé par l'excès de la pression intérieure de la chaudière sur la pression atmosphérique, lorsque l'injecteur ne fonctionne pas. La capacité E'E', qui existe autour des extrémités des deux cônes *d* et IJ, communique par sa partie inférieure avec un tuyau de trop plein T', débouchant dans l'atmosphère et servant à ramener dans la bâche d'alimentation l'eau qui peut être aspirée en excès, avant que l'appareil soit réglé, ou l'eau de la vapeur condensée qui peut aussi se trouver en trop dans les premiers instants de la mise en train de l'appareil. Cette capacité E'E' porte, sur son contour, des ouvertures circulaires *o*, qui permettent de voir passer l'eau du cône *d* dans le cône IJ, et que l'on peut d'ailleurs maintenir fermées à l'aide d'une bague extérieure que l'on fait mouvoir circulairement à cet effet.

Cette description étant bien comprise, essayons maintenant de faire concevoir le jeu de l'appareil. Pour y arriver facilement, il convient de faire abstraction tout d'abord du cône IJ, et de ne considérer simplement que ce qui aurait lieu à la sortie du cône *d*. Dans ce cas, après être parvenu, à l'aide des manivelles *m* et *n*, à régler l'instrument d'une manière convenable, la vapeur de la chaudière aspirant d'abord, par succion, l'air de la capacité EE et du tube T, l'eau montera de la bâche d'alimentation dans cette capacité EE, la vapeur se condensera au contact de cette eau, les molécules de la vapeur animées de vitesses très-considérables relativement aux molécules de l'eau aspirée entraîneront ces dernières, et, finalement, un jet d'eau chaude sera projeté, d'une manière continue, dans l'atmosphère par l'orifice du cône fixe *d*. Or, ce qu'il est important de remarquer dans ce phénomène, c'est que la puissance motrice du jet sera susceptible de déterminer alors contre une paroi fixe qu'elle choquerait, par exemple contre la surface du clapet O, une pression plus grande que celle qu'oppose, en sens contraire, la pression de la vapeur dans la chaudière; de sorte que, si nous rétablissons, par la pensée, le cône IJ dans sa position normale, et si nous remarquons d'ailleurs que, dans ce cas, tout ce que nous venons de dire relativement à la mise en train de l'injecteur subsistera toujours, il arrivera alors que le clapet O s'ouvrira sous l'action du jet projeté, que l'eau s'introduira dans la chaudière et que, conséquemment, l'injecteur deviendra un appareil d'alimentation continue.

Mais pour que la pression de la veine liquide soit suffisante pour ouvrir le clapet O, on aperçoit *a priori* qu'il faut que la vitesse de la veine liquide, à la sortie du cône *d*, ait une intensité convenable. La théorie prouve, en effet, que, pour une tension de vapeur déterminée, cette vitesse dépend du rapport $\frac{Q}{q}$ et aussi de la température θ de l'eau aspirée, et que, pour une tension moyenne, cette température θ ne doit pas dépasser 50 degrés. Le rapport $\frac{Q}{q}$ dans lequel Q représente le poids de l'eau aspirée dans l'unité de temps et q celui de la vapeur dépensée dans le même temps est tel, en pratique, que $Q = 15 \times q$; lorsque l'appareil est réglé de cette façon il faut, pour que l'injecteur fonctionne régulièrement, que θ, dont la théorie fixe la limite à 50 degrés, ait une valeur notablement inférieure. Aussi, a-t-il été reconnu dans les machines marines, pourvues d'un injecteur, que l'instrument n'a pas bien fonctionné quand il a aspiré l'eau du condenseur dont la température est assez souvent égale ou supérieure à 50 degrés, et on a dû puiser l'eau à l'extérieur où la température est d'environ 15 degrés.

Au point de vue économique, c'est-à-dire au point de vue de la consommation de la vapeur et de l'effet utile rendu, l'injecteur est tout à fait défavorable lorsqu'on le compare aux bonnes pompes alimentaires ordinaires, et il ne reste plus en sa faveur que l'avantage précieux, il est vrai, de pouvoir fonctionner pendant les temps d'arrêt de la machine. La théorie prouve, en effet, que, dans le cas de la pompe alimentaire ordinaire aspirant l'eau, de la bâche à eau, chaude à la température de 50 degrés, l'alimentation coûte 1 pour 100 du travail utile produit par la vapeur, tandis qu'avec l'injecteur prenant l'eau d'aspiration à 15 degrés, elle coûte 6 pour 100, et que les deux appareils ne peuvent être sur le pied d'égalité qu'autant que l'eau aspirée, par l'un et par l'autre, soit à la même température.

CHAPITRE V.

Divers modes d'emploi de la vapeur. — Évaluation de la puissance mécanique des machines.

127. Classification des machines, d'après le mode d'emploi de la vapeur. — La vapeur peut être employée dans les machines : soit *à basse pression*, soit *à moyenne pression*, soit enfin *à haute pression*. De là, d'abord, trois classes de machines, savoir :

1° Les machines à basse pression;

2° Les machines à moyenne pression;

3° Les machines à haute pression.

A part la plus ou moins grande pression de la vapeur employée, on peut aussi utiliser ou ne pas utiliser la propriété que possède la vapeur de se condenser au contact de l'eau froide; de là encore une nouvelle classification des machines, savoir :

1° Les machines à condenseur;

2° Les machines sans condenseur.

Enfin, on peut aussi utiliser ou non utiliser la propriété que possède toute quantité déterminée de vapeur, ayant déjà fourni un certain travail, de se détendre et d'exercer, en se détendant, un effort variable susceptible de produire encore un nouveau travail, lequel s'ajoute au premier. De là, encore, une troisième classification des machines, savoir :

1° Les machines à détente;

2° Les machines sans détente.

Les machines dites *à basse pression* sont celles dans lesquelles la *tension absolue* de la vapeur ne dépasse pas $1^{at},5$; les machines dites *à moyenne pression* sont celles dans lesquelles la tension absolue de la vapeur ne dépasse pas 3 atmosphères; enfin les machines dites *à haute pression* sont celles où le minimum de la tension absolue de la vapeur est de 3 atmosphères, cette tension pouvant d'ailleurs s'élever à 5, 6, 7 atmosphères et au delà. On aperçoit de suite :

1° Que les machines à basse pression ne sont pas susceptibles de fonctionner sans condenseur, et que l'emploi de la détente doit y être fort restreint;

2° Que les machines à moyenne pression ne pourraient fonctionner sans condenseur que très-désavantageusement, mais que la détente peut y être poussée notablement plus loin que pour les machines à basse pression;

3° Enfin, que les machines à haute pression sont susceptibles de fonctionner sans condenseur, sans qu'il en résulte un désavantage marqué, et qu'elles peuvent utiliser la détente entre des limites fort étendues.

Dans le principe, jusqu'en 1843 environ, les machines marines étaient toutes à basse pression, avec condenseur, et sans autre détente que celle qu'exige une bonne régulation (110); mais, depuis l'adoption des chaudières tubulaires les machines marines fonctionnent presque exclusivement, à moyenne pression, à condensation et *à détente variable*, ainsi qu'il va être expliqué plus loin. On a construit, en outre, particulièrement pour les canonnières et les batteries flottantes, des machines marines à haute pression, de 4 à 5 atmosphères, à détente, sans condenseur ou avec condenseur à surfaces ou par *contact* (119).

De tout ce qu'on vient de dire, il résulte que l'on peut résumer, comme suit la classification des machines marines actuelles, au point de vue de l'emploi de la vapeur :

1° Machines à basse pression, à condensation, sans détente variable;

2° Machines à moyenne pression, à condensation, avec détente variable;

3° Machines à haute pression, à condensation, avec ou sans détente variable;

4° Machines à haute pression sans condensation, avec ou sans détente variable.

Ces divers systèmes ont, suivant les circonstances, leurs avantages et leurs inconvénients : ainsi, les machines à haute pression, sans condensation et sans détente, sont de construction très-simple, ont peu de poids et sont très-peu encombrantes, mais, en revanche, au point de vue de l'économie du combustible, elles sont, des quatre systèmes ci-dessus, de beaucoup les moins avantageuses; au contraire, les machines à haute pression, à condensation avec détente variable, sont de beaucoup plus compliquées, mais bien supérieures au point de vue économique.

128. De l'emploi de la détente. — Il serait superflu de s'étendre longuement pour prouver l'avantage qui résulte de l'emploi de la détente, car on aperçoit, *a priori* et avec évidence, le bénéfice net que l'on doit en retirer; nous ajouterons donc seulement que, lorsque les circonstances le permettent, l'emploi des machines à très-haute pression, avec détente très-prolongée, peut donner lieu à un bénéfice fort considérable. C'est même dans cet ordre d'idées que la théorie mécanique de la chaleur indique le perfectionnement capital dont est susceptible la machine à vapeur; malheureusement, relativement aux machines marines, on se trouve arrêté dans cette voie par suite de certains inconvénients qui résulteraient d'une détente trop prolongée et qui se traduisent, en résumé, par l'emploi de machines lourdes et volumineuses que nécessite l'emploi de la détente, lorsqu'on veut la pousser à ses dernières limites. On se trouve donc forcé, dans cet état de choses, de n'user de la détente que dans des limites fort restreintes, sous peine, pour obtenir un avantage, de subir d'autres désavantages majeurs.

C'est Watt qui le premier eut l'idée d'employer la détente de la vapeur. Non-seulement il en fit usage, ainsi que nous l'avons déjà dit (110), pour obtenir une bonne régulation, mais encore la patente qu'il prit en 1782 prouve nettement qu'il avait parfaitement reconnu l'économie que l'on devait retirer en interceptant l'introduction de la vapeur dans le cylindre, alors que le piston avait encore à parcourir une fraction notable de sa course. Depuis Watt, on a appliqué fréquemment dans l'industrie cette idée qu'on lui doit, d'arrêter l'admission de la vapeur dans la boîte à tiroir, à un moment donné, à l'aide de valves particulières disposées à cet effet. Dans les machines marines, on a appliqué aussi l'idée de Watt, et, comme d'ailleurs il est nécessaire, suivant les circonstances, de restreindre ou d'augmenter les limites de la détente, on emploie des valves indépendantes des tiroirs, lesquels restent toujours réglés de la même manière que nous l'avons dit (111).

Relativement à ces valves, appelées *valves* ou *soupapes de détente variable*, il existe plusieurs systèmes dans le détail desquels nous ne saurions entrer ici; nous nous bornerons, à cet égard, à signaler les généralités suivantes qui suffisent pour donner une idée nette du système employé.

L'organe complet de détente variable comporte trois parties distinctes, savoir :

1° La valve, qui présente plusieurs variétés suivant les cas et suivant les constructeurs;

2° Le mode de transmission du mouvement de la valve, lequel mouvement peut être aussi, suivant le genre de valve, soit continu, comme dans le cas des tiroirs (et alors la valve est mue par un excentrique circulaire), soit intermittent, auquel cas la valve est mue à l'aide de cames fixées sur l'arbre de rotation de la machine;

3° Les mécanismes secondaires, plus ou moins simples, dont le but est de régler la durée de l'admission et, le cas échéant, d'interrompre complètement le jeu de l'organe, lorsque, par exemple, on veut marcher à pleine pression.

La détente d'une quantité déterminée de vapeur peut avoir lieu de deux manières distinctes :

1° Dans le cylindre même où elle s'exerce d'abord à pleine pression pendant une partie de la course du piston, comme l'avait proposé Watt, et comme on le fait, jusqu'à présent, le plus habituellement dans les machines marines : alors, dans ce cas, l'appareil peut fonctionner *avec détente variable*;

2° Dans un ou deux cylindres spéciaux : alors la détente est forcément fixe.

C'est à Hornblower, constructeur anglais, que l'on doit la première idée de laisser la vapeur se détendre dans un cylindre spécial; il prit à cet égard une patente en 1781, mais ce ne fut réellement qu'à partir de 1804 qu'on reconnut à ce système, perfectionné et reproduit par M. Arthur Woolf, les avantages économiques qui l'ont fait généralement adopter pour les machines des manufactures.

La machine de Woolf diffère des autres machines en ce qu'elle possède deux cylindres de capacités différentes; dans le plus petit, la vapeur agit généralement à pleine pression pendant toute la course du piston, et cette même vapeur, lorsqu'elle a ainsi travaillé à faire descendre, par exemple, le piston du petit cylindre, est introduite dans le grand, *au-dessus du grand piston*, sur lequel elle agit pour le faire remonter *en même temps* que de nouvelle vapeur afflue de la chaudière sous le petit piston. Lorsque les pistons sont en haut de course, la vapeur afflue toujours de la chaudière sur le petit piston pour le faire descendre en même temps que la vapeur qui a précédemment servi à le faire monter vient agir dans le grand cylindre sur le grand piston; enfin le grand cylindre étant toujours en communication avec le condenseur, soit par un bout soit par l'autre, la vapeur, après sa détente vient incessamment s'y anéantir. On conçoit, sans qu'il soit besoin d'insister à cet égard, comment, à l'aide de deux tiroirs, l'un pour le petit cylindre l'autre pour le grand, la distribution de la vapeur puisse satisfaire à ces conditions; on conçoit aussi, *parce que les pistons montent et descendent simultanément et qu'ils ont une surface différente*, que la vapeur, au sortir du petit cylindre, occupe un volume qui va croissant et que par conséquent elle se détend; bien qu'il y ait contre-pression sur le petit piston et par suite un effort qui s'oppose à sa marche, on conçoit enfin que, comme le second piston possède une surface plus grande, il résulte en définitive de cette dernière circonstance un excès de force qui s'ajoute à la force de la vapeur de la chaudière, affluant sur le petit piston, et que ces forces développent un travail moteur totalement employé à faire tourner l'arbre principal de la machine, attendu, d'autre part, que les tiges des pistons agissent, par l'intermédiaire des bielles, simultanément et dans le même sens, sur leurs manivelles respectives. Dans la machine de Woolf, il est important de remarquer que la vapeur de la chaudière n'arrive pas directement dans la boîte à vapeur du tiroir du petit cylindre; elle débouche préalablement dans une capacité cylindrique, qu'on appelle *enveloppe* ou *chemise,* qui entoure le grand cylindre seulement, et de là elle se rend dans la boîte à tiroir du petit cylindre. L'utilité de cette enveloppe de vapeur autour du cylindre *détendant* consiste, ainsi que nous l'avons déjà fait remarquer (73), à prévenir le refroidissement des parois du cylindre pendant que son intérieur communique avec le condenseur.

Que la détente de la vapeur s'opère dans le même cylindre où elle travaille d'abord à pleine pression, ou qu'elle s'opère dans un cylindre séparé, théoriquement parlant le travail total définitif est identique dans les deux cas; mais ce qui fait la supériorité incontestable des machines de Woolf, lorsqu'il n'y a pas d'inconvénient d'ailleurs à n'avoir qu'une détente fixe, et malgré la complication due à un second cylindre, c'est que, dans ce système, le petit cylindre où afflue la vapeur de la chaudière n'étant jamais en communication avec le condenseur, ses parois ne se refroidissent point et, en conséquence, la vapeur qui y arrive ne se condense pas partiellement comme dans le cas d'un seul cylindre dont les extrémités communiquent alternativement avec le condenseur. Toutefois, pour la plupart des hommes compétents, il n'est plus douteux, aujourd'hui, qu'on puisse obtenir avec un seul cylindre, muni d'une enveloppe à vapeur, des résultats aussi économiques qu'avec le système de Woolf.

Après la machine de Woolf, dont les tiges de piston s'exercent à l'extrémité d'un même *balancier en l'air* dont l'autre extrémité communique le mouvement à l'arbre principal, à l'aide d'une bielle et d'une manivelle, comme dans la machine à double effet de Watt, on eut l'idée d'établir des machines à trois cylindres égaux où l'on admit la vapeur de la chaudière dans le cylindre du milieu seulement, en la laissant se détendre ensuite simultanément dans les deux cylindres extrêmes; de cette manière on réalisa encore une détente fixe exactement comme si, dans une machine à un seul cylindre, on eût admis la vapeur pendant le tiers de la course du piston, en la laissant se détendre pendant le reste du parcours. Nous avons vu fonctionner dès 1834, dans le département du Haut-Rhin, une telle machine à trois cylindres due aux constructeurs anglais Steel et Aitken. L'avantage de ce système sur celui de Woolf consiste dans une plus grande régularité dans le mouvement, car en modifiant convenablement la distribution on peut établir, sur l'arbre de rotation, trois manivelles espacées à 120 degrés, mises en mouvement simultanément par les trois tiges des pistons; bien que les trois forces soient très-inégales, puisque l'une d'elles (celle que développe la vapeur à pleine pression) peut être considérée comme constante, et que les deux autres sont évidemment variables, la théorie fait voir que néanmoins la régularité du mouvement est beaucoup plus grande que dans le cas où ces forces agiraient simultanément sur une seule manivelle.

L'économie du combustible bien constatée dans les machines de Woolf n'a pas manqué d'attirer l'attention à ce sujet, et déjà, depuis longtemps, quelques constructeurs, entre autres MM. Randolph et Elder, MM. Rowan et Horton, etc., n'ont pas hésité à accroître le poids et la complication de leurs machines afin d'obtenir pour les machines marines les avantages du système de Woolf. En 1863, ainsi que nous l'avons déjà dit (103), M. Dupuy de Lôme a inauguré le système de machines à trois cylindres, en introduisant la vapeur dans le cylindre du milieu et en la laissant se détendre dans les cylindres extrêmes entourés d'une chemise où afflue préalablement la vapeur de la chaudière. Mais, la grande question aujourd'hui est de savoir, tant au point de vue des résistances variables qu'éprouvent les navires à la mer qu'à celui de plusieurs autres conditions auxquelles doivent satisfaire les bâtiments de guerre, s'il est bien prudent d'adopter un système où la détente est invariable et de se lier les mains, pour ainsi dire, de telle sorte qu'à un moment donné on ne puisse accroître, momentanément suivant les exigences, la puissance de la machine en faisant usage de la pleine pression. Ne serait-il pas préférable d'adopter le système de machines à trois cylindres indépendants quant à l'admission de la vapeur, où l'on peut faire varier à volonté l'emploi de la détente suivant les circonstances du temps et de la mer; et, enfin, dût-on brûler un peu plus de combustible, ne vaudrait-il pas encore mieux, malgré cela, se réserver, non-seulement la puissance à un moment donné, mais encore la possibilité, en cas d'avaries dans un, ou même dans deux cylindres, de fonctionner momentanément avec deux ou un cylindre?

Dans une note, présentée à l'Académie des sciences (15 juillet 1867), M. Dupuy de Lôme revendique plusieurs avantages en faveur des machines à trois cylindres (système de Woolf) comparées aux machines ordinaires à deux cylindres et signale trois points principaux, savoir :

1° Économie de combustible de 20 pour 100;

2° Faculté de reculer la limite du nombre de tours qu'on peut obtenir pour les hélices, sans engrenage multiplicateur;

3° Equilibre statique presque complet des pièces mobiles autour de l'axe, quelle que soit au roulis la position du navire.

Ces divers avantages bien constatés seraient de nature, sans doute, à faire prendre en grande considération le système en question, quoiqu'il lui restât pourtant ce double inconvénient de ne pouvoir augmenter la puissance, en marchant à pleine pression, et de ne pouvoir user de la machine, en cas d'avarie du cylindre du milieu ou de ses dépendances; mais, en dehors de ces deux graves inconvénients, la question reste toujours indécise, car M. le vice amiral Labrousse, si compétent en pareille matière, nie formellement les conclusions de M. Dupuy de Lôme et, dans une brochure récente, conclut au contraire :

Que, relativement à la machine à deux cylindres, ces avantages sont ou nuls ou exagérés; et que, relativement à la machine à trois cylindres indépendants, la machine nouvelle, dérivée du système de Woolf, est très-inférieure sous tous les rapports, sauf sous celui de la consommation du combustible, où elles sont sensiblement sur le pied de l'égalité.

Dans cet état de choses il est évident qu'on ne saurait encore se prononcer, et qu'il est au moins prudent d'attendre les résultats d'expériences nouvelles.

Quoi qu'il en soit, nous pouvons résumer tout ce qui est relatif à la détente, en disant : que, pour les machines marines ainsi que pour les machines de terre, la détente offre les plus grands avantages, au point de vue économique; mais que, à bord des bâtiments, on se trouve forcé de n'en faire qu'un usage restreint, afin d'éviter les inconvénients majeurs de poids et d'encombrement des appareils.

129. Expression générale de la puissance mécanique des machines à vapeur. — Il est facile d'établir immédiatement la formule générale qui va nous servir de point de départ pour l'évaluation numérique de la puissance d'une machine. Si nous représentons, en effet, par F la puissance mécanique d'une machine à vapeur qui fait N tours d'arbre à la minute, et par T le travail, en kilogrammètres, accompli par la vapeur pour chaque coup simple de piston, nous aurons évidemment $(2\,TN)^{km}$ pour le travail que développe cette machine en une minute ou 60″, et nous pourrons poser (17), pour l'expression de la puissance en question :

$$F = \frac{2\,TN}{60 \times 75}^{\text{ch.v.}} \qquad (1)$$

Toute la question consiste donc à déterminer le travail de la vapeur pour un coup de piston.

Or, rien de plus facile que de trouver ce travail, lorsqu'on connaît la course et le diamètre du piston, puis l'effort moyen, sur sa surface, rapporté à sa course. En effet soit E, cet effort moyen, évalué en kilogrammes, C la course du piston évaluée en mètres, ainsi que son diamètre D, π le rapport de la circonférence au diamètre; on aura d'abord (20) pour exprimer le travail T d'un coup de piston :

$$T = (EC)^{km}.$$

Mais, si l'on désigne par p, ainsi qu'on le fait habituellement, la force élastique moyenne de la vapeur dans le cylindre, c'est-à-dire l'effort moyen en kilogrammes que supporte 1 centimètre carré, nous aurons, pour l'effort moyen rapporté au mètre carré,

10000 p kil. (attendu que le mètre carré contient 10000 centimètres carrés); et la valeur de E deviendra par suite :

$$E = \left(10000\, p\ 3{,}1416\ \frac{D^2}{4}\right)^k = (7854\ p\ D^2)^k;\ \text{d'où :}$$

$$T = (7854 \times p\, D^2\, C)^{km}.$$

Substituant enfin cette valeur de T dans l'expression (1) et réduisant, on obtient finalement, pour exprimer la puissance mécanique demandée :

$$F = (3{,}4907\ p\ D^2\ C\ N)^{ch.v.} \qquad (2).$$

Connaissant ainsi la course du piston et son diamètre, ainsi que le nombre de tours de l'abre principal que fait une machine dans une minute, la formule (2) permet de calculer immédiatement la puissance en chevaux de cette machine, si l'on connaît d'ailleurs la valeur de p. Mais il est bien important de remarquer que l'on n'obtient ainsi que la puissance *brute* sur le piston, ce que l'on nomme aujourd'hui *la puissance indiquée,* et que pour avoir la puissance sur l'arbre de rotation, il faudrait défalquer de la *puissance indiquée* celle qui est absorbée par les frottements de toutes les parties de la machine, depuis le frottement des pistons jusqu'à celui des tourillons de l'arbre tournant.

Nous allons voir plus loin par quel procédé pratique on peut obtenir la valeur de la pression p.

130. Puissance nominale. — Dans la pratique de Watt, la puissance des machines était toujours la puissance utile rapportée à l'arbre de rotation, et la formule qu'il employait pour son évaluation était la formule (2) modifiée de la manière suivante. D'abord le cheval étant évalué par Watt à 76^{km} au lieu de 75^{km}, le coefficient numérique de la formule (2) se trouve déjà un peu changé; ensuite, d'après de nombreuses et minutieuses expériences du célèbre mécanicien, le travail utile sur l'arbre de rotation ayant été trouvé correspondre à une pression effective de 7 livres anglaises par pouce carré sur la surface du piston, cette pression (qui, en mesure française, correspond à $0^k{,}4918$ par centimètre carré) introduite dans la formule (2) lui donne finalement la valeur suivante :

$$F = \frac{D^2\, C N}{0{,}59} \qquad (3).$$

Telle est la formule de Watt, qui donne ce qu'on appelle aujourd'hui la *puissance nominale d'une machine.* Il est bon d'observer que le nombre N représente le nombre présumé de tours que la machine doit réaliser en marchant à toute vapeur. On appelle ce nombre, *nombre de tours nominal.* Mais, comme la machine une fois construite, il peut se faire que, par suite d'erreurs d'appréciation dans la puissance évaporatoire des chaudières ou dans la résistance du propulseur, le nombre de tours obtenus réellement avec le régime à toute vapeur soit différent, il est clair que la valeur de la formule (3) peut changer, soit en plus soit en moins. Alors on donne à N (le nombre de tours que l'on obtient effectivement dans les expériences) le nom de *nombre de tours réalisé.*

La formule (3) fut introduite, en France, pour mesurer la puissance des machines à basse pression, achetées en Angleterre, et elle dut effectivement représenter leur puissance utile tant qu'on se maintint dans la pratique de Watt; c'est-à-dire avec la condition expresse que l'effort utile sur les pistons soit de $0^k,4918$ par centimètre carré. Mais bientôt on commit une erreur des plus graves, dans l'évaluation de cette puissance, lorsque l'on fit usage de la vapeur à des pressions supérieures et que l'on employa des détentes prolongées. On perdit complétement de vue les conditions toutes spéciales de la formule (3), en la considérant comme représentant la puissance d'une machine en fonction des dimensions du cylindre et du nombre de tours, *quel que fût d'ailleurs le régime de la vapeur*. Ce ne fut que vers 1840, époque à laquelle on commença à faire usage en France de l'*indicateur de Watt* (instrument dont il va être question tout à l'heure), que l'on reconnut l'énorme différence existant entre la puissance nominale et la puissance effective, et qu'il fut avéré que le cheval nominal représentait alors, suivant les tensions employées, au lieu de 75^{km} à la seconde, des valeurs de 100, 150, 200 et jusqu'à 300^{km}. On chercha naturellement à parer à cette difficulté en établissant des conventions et des règles; mais, comme ces conventions et ces règles furent établies à peu près arbitrairement, il en résulta nécessairement la plus grande confusion dans toutes les transactions relatives aux machines marines, et l'on peut dire en résumé que, pendant longtemps, les constructeurs ont estimé la puissance de leurs machines avec l'unité qui leur a semblé la plus commode : soit en *chevaux nominaux*, soit en chevaux de *basse pression*, soit en *chevaux de 30 litres*, sans compter ceux qui adoptaient le cheval de 100, 200^{km}, etc.

On paraît être sorti aujourd'hui de ce grave embarras en adoptant d'une manière qui semble être définitive les deux mesures suivantes : le *cheval nominal* et le *cheval indiqué*.

Malgré tout ce que la puissance nominale présente d'erroné, comme expression de travail, du moment qu'il s'agit d'évaluer la puissance de machines qui ne sont plus dans les conditions de celles de Watt, on peut néanmoins la conserver comme représentant la valeur vénale des machines; car, pour les machines faisant le même nombre de tours avec le même régime de vapeur, la formule en question représente une puissance proportionnelle au volume du cylindre et par suite au volume de tout l'appareil qui doit évidemment déterminer cette valeur vénale. Ce sera donc, si on le veut, d'après leur puissance nominale, que les machines doivent être achetées; mais, lorsqu'il s'agit de la mesure de leur travail, on ne doit plus se servir que d'une formule apte à faire connaître leur puissance effective : et, si l'on veut éviter toute indécision relative au travail absorbé par les résistances passives de la machine, il faut en revenir, ce que l'on fait généralement aujourd'hui, à ce que nous avons appelé la *puissance indiquée*.

Pour cela il faut reprendre la formule (2) $F = (3,4907\, D^2 CNp)^{\text{ch. v.}}$ dans laquelle p représente, ainsi que nous l'avons déjà dit, la tension moyenne effective de la vapeur dans le cylindre. Si l'on veut, comme on le fait le plus habituellement dans la pratique, substituer, à la tension p évaluée en kilogr., la colonne de mercure H, évaluée en centimètres, qui lui est proportionnelle, il suffit de remarquer que p égale autant de fois $1^k,033$ que la hauteur H contient 76 centimètres, donc :

$$p = \frac{H}{76} \times 1^k,033$$

d'où, substituant cette valeur de p dans la formule (2), on obtient finalement la formule très-simple :

$$F = (0,04745\ D^2 C N H)^{\text{ch. v.}} \quad (4).$$

Il est clair que s'il s'agit d'une machine à 2, 3 ou 4 cylindres indépendants, dans lesquels la vapeur travaille d'une manière identique, il faudra multiplier la valeur ci-dessus de F par 2, 3 ou 4.

C'est ainsi que, pour les machines à deux cylindres, on obtient immédiatement la formule $F = (0,0949\ D^2 C N H)^{\text{ch. v.}}$ (5).

Si on multiplie et si l'on divise à la fois le facteur 0,0949 par 75, et si l'on diminue en même temps H de 6 centimètres afin de tenir compte de la puissance absorbée par les frottements de la machine, on obtient finalement la formule $F = \frac{7,117}{75} D^2 C N (H - 6)$ (6).

Fig. 72.

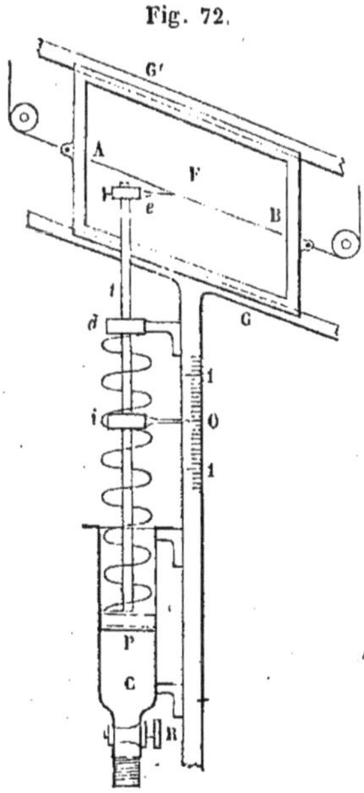

Cette formule est connue sous le nom de *formule d'Indret*.

131. Indicateur de Watt. — Il nous reste actuellement à dire comment on peut évaluer expérimentalement le facteur p ou le facteur H qui entre dans les formules ci-dessus. La méthode la plus certaine pour arriver à ce but, celle qui est employée exclusivement aujourd'hui, est basée sur l'emploi d'un instrument qu'on appelle *indicateur*. Cet instrument inventé par Watt a reçu divers perfectionnements ultérieurs qui en ont fait un instrument précieux, dont les indications sont très-suffisantes pour l'objet que l'on a en vue. Nous allons essayer d'en faire comprendre, en quelques mots, le principe et le jeu; et, bien que nous ne puissions en faire ici une étude détaillée, nous espérons que le peu que nous allons en dire, suffira pour en faire comprendre l'usage. En principe l'indicateur se compose (Figure 72) d'un petit cylindre C que l'on peut mettre en communication avec l'une ou l'autre extrémité du cylindre de la machine, soit en le vissant directement sur ce cylindre, soit par le moyen d'un tuyau intermédiaire convenablement disposé. Un robinet R sert à établir ou à intercepter la communication selon les circonstances. Un petit cylindre métallique P parfaitement rond glisse à frottement très-doux dans le cylindre C, d'ailleurs parfaitement calibré. La surface supérieure du piston P supporte la pression de l'air atmosphérique. L'action d'un ressort enroulé en spirale le long de la tige *t* et interposé entre la douille fixe *d* et la surface du piston P, s'exerce soit que le piston monte soit qu'il descende, car, dans le premier cas, le ressort est comprimé et dans le second il est allongé; et le ressort est tellement construit que, dans les deux cas, les efforts qu'il faut faire pour le comprimer ou pour l'allonger sont proportionnels aux raccourcissements ou aux allongements. A cet égard un index *i* permet de noter la grandeur des raccourcissements ou des allongements, à l'aide d'une échelle graduée en centimètres et en millimètres, et placée de telle sorte que l'index soit en regard du zéro lorsque le ressort n'est ni tendu ni comprimé. Enfin l'extrémité de la tige du piston porte un petit crayon *e*, dont la pointe très-fine vient s'appuyer légèrement sur une feuille de papier F parfaitement tendue sur un cadre AB, susceptible de prendre un mouvement de va-et-vient, ainsi que nous allons l'expliquer de suite, entre deux guides fixes parallèles G et G'. Afin de prendre ce mouvement de va-et-vient, dont nous allons bientôt reconnaître l'utilité, le cadre AB est mû, à l'aide d'une transmission de mouvement (corde sans fin, poulies de renvoi, etc...) par la tige même du grand piston de la machine, de sorte que ce mouvement de va-et-vient est proportionnel à celui du grand piston.

Les principaux perfectionnements apportés à l'indicateur, depuis Watt, portent principalement sur le système de ressort et sur le mode du mouvement imprimé à la feuille de papier; mais, quoi qu'il en soit, nous n'avons pas à nous occuper ici de ces perfectionnements, qui n'ont fait que rendre plus simple et plus commode l'usage de l'instrument, sans rien modifier à son principe.

Cette description étant bien comprise, occupons nous maintenant des résultats qu'on peut obtenir à l'aide de l'indicateur.

Remarquons d'abord que si la tension de la vapeur dans le cylindre de la machine était juste de 1 atmosphère, le ressort n'étant ni comprimé ni tendu (puisque la tension de la vapeur serait équilibrée par la pression atmosphérique) et l'index *i* étant en regard du zéro de l'échelle, la pointe du crayon tracerait pendant la descente du grand piston la ligne droite *ab* (Figure 73); d'un autre côté, si le vide était parfait au condenseur, alors que le piston remonte, la pointe du crayon tracerait, de même, pendant l'ascension du piston de la machine, une seconde ligne *a'b'* parallèle à *ab*, car alors le piston de l'indicateur serait

Fig. 73.

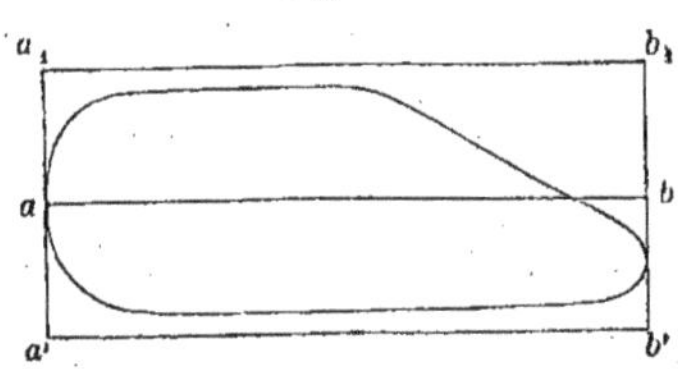

descendu brusquement, dès le commencement de la course ascensionnelle sous l'influence de la pression atmosphérique, jusqu'à ce que cette pression fût équilibrée par l'action du ressort. Dans ce cas, il est clair, d'après tout ce que nous savons, que le travail d'un coup de piston que nous avons précédemment désigné par T serait représenté par le rectangle $aa'b'b$. Si la tension de la vapeur employée, au lieu de 1 atmosphère, était, par exemple, d'environ deux atmosphères, comme dans le cas des machines marines ordinaires, et si nous admettons que la tension maximum soit atteinte, dès le début, et reste constante pendant tout le temps de la course, le crayon de l'indicateur tracerait alors la ligne $a_1 b_1$ toujours parallèle à ab, et, dans ce cas, le travail T serait encore représenté par le rectangle $a_1 a' b' b_1$. Mais, dans la réalité, les choses ne se passent pas ainsi : d'abord la tension de la vapeur dans le cylindre ne prend pas immédiatement sa valeur maximum, et cette tension ne reste pas constante, même dans le cas où la machine marche à pleine pression; cela résulte, comme nous le savons, du mode même de régulation adopté; ensuite, malgré l'avance à la condensation, le vide ne s'opère pas non plus subitement aussitôt que le piston rétrograde; ce vide d'ailleurs n'est pas parfait, et la tension au condenseur n'est pas rigoureusement constante. Par suite de toutes ces circonstances le crayon trace, pendant un double coup de piston (descente et ascension), la courbe fermée que représente la figure 73, et la surface comprise entre cette courbe qu'on appelle un *diagramme*, représente évidemment le travail d'un coup de piston de la machine. Or, si l'on divise cette surface, évaluée en millimètres carrés par exemple, par la ligne ab mesurée en millimètres, nous savons (20) que le quotient obtenu représente l'ordonnée moyenne; et, d'après les conditions que l'on s'impose dans la construction de l'instrument, cette ordonnée moyenne mesurée aussi en millimètres et rapportée à l'échelle de l'instrument peut s'évaluer facilement soit en kilogrammes par centimètre carré, soit en colonne de mercure. Par conséquent on obtient ainsi, à l'aide de l'indicateur, soit l'effort moyen p qui figure dans la formule (2), soit la hauteur de mercure H qui figure dans les formules (4) et (5).

L'effort moyen étant ainsi obtenu à l'aide de l'indicateur, lorsqu'à l'aide de l'une des formules précédentes (2), (4), (5) ou (6), on est arrivé à connaître la *puissance indiquée* de la machine, si on veut avoir maintenant, soit la puissance effective sur l'arbre de rotation, soit la puissance effective du propulseur, autrement dit l'*utilisation*, il faut nécessairement avoir recours, ainsi qu'il a été dit (37), aux coefficients de rendement admis aujourd'hui dans la pratique.

Ainsi, par exemple, supposons que l'on ait trouvé que la *puissance indiquée* d'une machine à hélice est de 1,200 chevaux, et que l'on admette 0,80 pour le coefficient de rendement de la machine, et 0,60 pour le coefficient de rendement de l'hélice, on en conclura d'abord (37) que l'utilisation est de $0,80 \times 0,60 = 0,48$, et qu'enfin sur les 1,200 chevaux indiqués $1,200 \times 0,48$, c'est-à-dire 576 seulement, sont employés utilement à pousser le navire. Les

624 autres chevaux sont absorbés par les résistances nuisibles de toutes sortes dont il a été fait mention (38).

132. Utilisation rapportée au combustible. — Si maintenant on veut aller plus loin, et que l'on désire connaître l'*utilisation* par rapport au combustible; en désignant toujours comme on l'a fait (37) par T_m, T_u, t_u, le travail sur les pistons, le travail sur l'arbre et le travail utile de l'hélice, et en prenant pour coefficient de rendement les valeurs ci-dessus, on aura déjà :

$$\frac{t_u}{T_m} = 0,80 \times 0,60 = 0,48.$$

Mais, si nous nous rappelons (63) que les meilleurs foyers ne transforment en vapeur, le plus ordinairement, que la moitié de l'eau qui serait vaporisée par le combustible, la combustion s'opérant sans perte aucune, il en résulte que, si nous représentons par T'_m le travail que produirait dans les cylindres de la machine toute la vapeur provenant d'une combustion parfaite, on pourra écrire : $T_m = 0,50 \times T'_m$. Substituant cette valeur de T_m dans la relation ci-dessus, cette relation deviendra :

$$\frac{t_u}{T'_m} = 0,50 \times 0,48 = 0,24.$$

Telle est l'expression qui représente l'utilisation rapportée au combustible; elle fait voir que le travail utile du propulseur n'est qu'une fraction du travail total que développe le combustible en brûlant, et que la majeure partie de la perte (la moitié) a lieu dans le foyer.

D'après les coefficients, résultant d'expériences directes, que nous avons adoptés, nous n'utilisons, comme on le voit, qu'à peu près le quart du combustible ; les trois autres quarts sont entièrement perdus. Ainsi, lorsqu'un navire se meut avec une vitesse de 10 nœuds, par exemple, et que la résistance à la carène exige une puissance motrice de 500 chevaux, il faut, avec nos appareils actuels (générateurs et machines), brûler assez de combustible pour développer dans les chaudières une puissance motrice de 2000 chevaux, dont 1000 seulement viennent agir sur les pistons, lesquels mille produisent, en fin de compte, une poussée utile de 500 chevaux.

Mais cette perte, si grande qu'elle soit, que l'on subit dans la transformation de l'eau en vapeur, n'est cependant pas la seule dont on ait à se préoccuper. En outre de la portion de travail moteur absorbée par les résistances nuisibles de toutes sortes, depuis le cylindre jusqu'au propulseur, on subit encore une perte bien autrement grande, qui provient de ce que dans l'état actuel d'imperfection où se trouve la machine à vapeur, eu égard à l'emploi de ce fluide, on est bien loin de retirer toute la puissance mécanique que la chaleur, produite par la combustion, a pour ainsi dire emmagasinée dans la vapeur.

Quelques mots vont nous suffire pour mettre en lumière ce point important de l'*utilisation*.

Nous savons (78) que pour transformer 1 kilogramme d'eau à

0 degré en vapeur à 3^{at}, dont la température est de 133°,91, il faut dépenser une quantité de chaleur égale à

$$606,5 + 0,305 \times 133°,91 = 647^{cal},34.$$

Mais les principes de la théorie mécanique de la chaleur (60) nous apprennent que, contrairement à ce qui a été admis jusqu'à présent, il est impossible que cette quantité totale de chaleur se trouve encore dans la vapeur, après sa formation, attendu qu'une partie a dû disparaître, ou plutôt se transformer en travail mécanique qu'exige la transformation de l'eau en vapeur. Pour le cas que nous examinons, la théorie assigne environ 42^{cal} pour la chaleur transformée; de sorte que 1 kilogramme de vapeur saturée à 3^{at} ne contient plus que $604^{cal},70$. D'un autre côté, nous savons (60) qu'une calorie représente 425^{km}, d'où il résulte que notre kilogramme de vapeur représente aussi $604,70 \times 425^{km}$, c'est-à-dire (en nombre rond) 256997^{km}. Cependant, il ne s'ensuit pas que ce travail soit entièrement disponible et que l'on arriverait à l'utiliser totalement, quand bien même on pourrait s'arranger de manière à n'éprouver aucune perte de chaleur par suite du rayonnement des parois du cylindre et des tuyaux, et lors même, en un mot, que nos machines à vapeur seraient arrivées au suprême degré de perfection. La théorie mécanique de la chaleur nous apprend, en effet, que, dans les conditions physiques qui nous sont imposées par le mode même d'emploi de la vapeur, en la supposant toujours en contact avec des organes à la même température qu'elle, ne produisant que des effets mécaniques, sans perte aucune de chaleur, il existe un *maximum* pour le travail que peut produire 1 kilogramme de vapeur, et que ce *maximum idéal* est fixé par un coefficient de rendement dont l'expression algébrique est remarquablement simple.

Si l'on désigne, en effet, par t la température de la vapeur dans le générateur, par t_1 celle de la vapeur condensée, le coefficient de rendement en question est représenté par l'expression :

$$\frac{t° - t_1°}{273 + t°}$$

dont la valeur numérique devient,

$$\frac{133°,91 - 40°}{273 + 133°,91} = 0,23,$$

en employant de la vapeur à 3^{at} et en supposant l'eau de condensation à 40 degrés.

Le maximum de travail que peut fournir 1 kilogramme de vapeur dans ces circonstances est donc $0,23 \times 256997^{km}$, c'est-à-dire 69109^{km}.

Relativement à ce nombre, que *dans aucun cas on ne saurait dépasser,* que même pratiquement *on ne saurait atteindre,* mais dont on doit s'efforcer d'approcher, voyons maintenant quel est le degré de perfection de nos machines marines.

D'après des expériences directes, on est autorisé à admettre que $2^k,50$ de charbon de bonne qualité sont dépensés par heure pour réaliser une puissance d'un cheval de 75^{km} sur l'arbre de couche d'une machine en bon état d'entretien; d'où il résulte que, si l'on n'éprouvait pas de perte de combustible dans la transformation de l'eau en vapeur, $1^k,25$ suffiraient pour produire ce résultat. De là on conclut que $1^k,25$ de charbon fournissent 75×3600^{km}, c'est-à-dire 270000^{km}; 3600 étant le nombre de secondes contenues dans une heure. Mais, comme $1^k,25$ de charbon transformeraient d'ailleurs en vapeur $15^k,43$ d'eau, préalablement à 40 degrés (ce qui est la température de l'eau d'alimentation), si la transformation se faisait sans perte, ce que nous supposons ici, il en résulte que, dans nos appareils actuels, 1 kilogramme de vapeur à 3^{at} fournit $\frac{270000^{km}}{15,43}$, c'est-à-dire 17498^{km}. Or, d'un autre côté, nous venons de voir que le maximum de travail que peut fournir 1 kilogramme de vapeur est de 59109^{km}, donc en divisant 17498 par 59109 on obtiendra pour quotient le nombre 0,29, qui représente le coefficient de rendement du travail de la vapeur depuis la sortie du générateur jusqu'au condenseur.

Ce nombre nous fait voir qu'on n'utilise aujourd'hui que 29 pour 100 du travail disponible de la vapeur, et que l'on en perd 71 pour 100 par les frottements de la machine et, surtout, par la quantité de chaleur qu'emporte l'eau de condensation, parce qu'on ne peut pas pousser la détente jusque dans les dernières limites possibles.

Ces considérations générales suffisent pour faire comprendre quelle voie l'on doit suivre pour tenter avec fruit les améliorations que réclame encore l'état actuel de la machine à vapeur. Ces tentatives doivent porter, surtout, sur l'appareil générateur, et doivent avoir aussi pour but de réduire la quantité de chaleur qu'emporte avec elle l'eau de condensation. La théorie mécanique de la chaleur a déjà rendu un très-grand service; car, si elle nous apprend, d'une part, que 1 kilogramme de vapeur à 3^{at} représente, *d'une manière absolue*, 256997^{km}, elle nous apprend, d'autre part, que ce même kilogramme de vapeur ne saurait jamais rendre plus que 59109^{km}. Nous pensons donc, avec MM. Hirn et Combes, qu'on donne une idée fausse et très exagérée de l'état d'imperfection où se trouvent encore nos meilleures machines à vapeur, en établissant leur rendement par rapport au nombre de calories, et, par conséquent, par rapport au nombre de kilogrammètres que pourrait donner 1 kilogramme de charbon, si la combustion se faisait sans perte, et si la vapeur produite rendait intégralement en travail toute la chaleur qui lui est *incorporée;* à ce compte, nos meilleures machines marines ne rendent guère que $\frac{1}{30^e}$; tandis que, dans la réalité, en tenant compte des pertes de toutes sortes, pertes dues à la transformation de l'eau en vapeur et autres, elles rendent en définitive, sur l'arbre de couche, tout près de $\frac{1}{8^e}$: si on rapporte le rendement, ce que l'on doit faire, au nombre de kilogrammètres qui représente le maximum du travail de la vapeur, *valeur qu'on ne pourra jamais même atteindre quelque progrès que l'on puisse réaliser ultérieurement.*

CHAPITRE VI.

Des propulseurs. — Roues à aubes et hélices.

133. Origine des roues à aubes; leur mode d'action. — Les deux propulseurs employés aujourd'hui dans la marine sont les roues à aubes et l'hélice. La substitution des roues à aubes aux rames ordinaires est une invention fort ancienne sans doute; mais c'est Denis Papin qui, non-seulement, dans son mémoire de 1695, émit le premier l'idée de substituer aux rames ordinaires les roues à palettes mises en mouvement par la vapeur, dont il venait de découvrir les propriétés mécaniques; et c'est encore lui qui construisit, en 1707, un petit bateau à roues mues par sa machine, qui navigua sur la Fulda, à Cassel, et qui fut mis en pièces la même année à Munden.

Les roues à aubes n'étant, en définitive, que des *rames tournantes,* implantées perpendiculairement et régulièrement de chaque côté du navire, sur l'arbre transversal de la machine, on conçoit aisément tout d'abord que ces rames, en choquant l'eau, en reçoivent, en vertu du principe de la réaction égale et contraire à l'action (7), *une poussée,* qui se communique au navire par l'intermédiaire de leur arbre de rotation.

Mais, si l'on examine attentivement la figure 74 qui nous représente les diverses situations des palettes relativement au liquide sur lequel elles agissent, on aperçoit bientôt plusieurs éléments distincts qui doivent être pris en considération, et l'on pressent qu'il doit exister certains rapports entre ces divers éléments, rapports d'où doit nécessairement dépendre un rendement plus ou moins avantageux du propulseur.

Fig. 74.

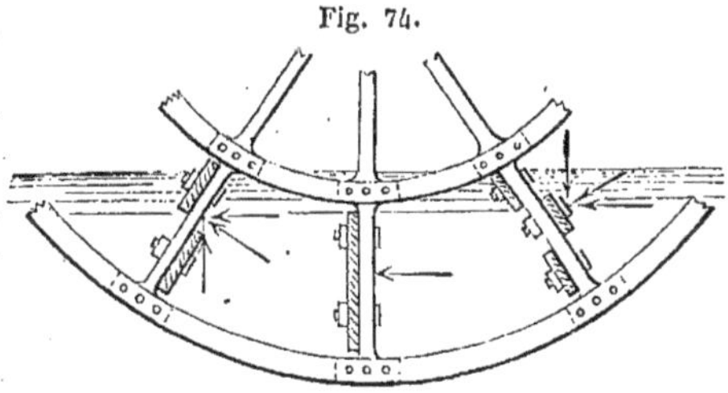

Et, d'abord, sans aller bien loin, on reconnaît facilement que l'action que chaque aube exerce sur le liquide est normale à la surface de l'aube, et que, par conséquent, cette action détermine une réaction ou poussée, normale aussi, qui n'agit, *tout entière,* pour faire avancer le navire, que dans la seule position où l'aube est verticale; pour toutes les autres positions, soit en avant, soit en arrière de l'aube verticale, la poussée en question se décompose en deux forces (15), dont l'une, verticale, est employée soit à soulever un tant soit peu le navire, soit à soulever l'eau, et dont l'autre, horizontale, agit seule pour pousser le navire en avant. Or, il résulte évidemment de cette action généralement oblique des aubes, qu'une partie seulement du travail moteur de la machine est employée utilement à faire avancer le navire.

Mais le travail perdu par suite de l'action oblique des aubes sur l'eau n'est pas le seul qui constitue le travail nuisible du propulseur; il existe encore une autre cause de perte de travail, inhérent au mode d'action même de tout propulseur prenant son point d'appui sur l'eau, et c'est de cette perte dont nous allons maintenant nous occuper.

134. Du recul et du travail qu'il consomme. — Pour bien comprendre cette importante question *du recul*, que nous retrouverons à l'occasion de l'hélice, il faut d'abord remarquer que les roues, *qui sont entraînées avec le navire,* ne peuvent avoir d'action sur le liquide qu'autant que la machine leur communique une vitesse de rotation telle que l'aube verticale plongeante se déplace horizontalement avec une vitesse plus grande que celle du sillage, sans quoi il n'y aurait évidemment pas d'action de la part de l'aube sur l'eau, et, partant, ni réaction ni poussée. Si donc on désigne par u la vitesse circulaire du milieu des aubes et par v la vitesse de sillage, il faut que l'on ait $u > v$. C'est cette différence $u - v$, rapportée à la vitesse u, que l'on appelle *recul*, et l'on écrit

$$\rho = \frac{u - v}{u}$$

Cette expression nous indique bien que le recul ne peut jamais être nul, puisqu'il faudrait pour cela que $u = v$, ce que nous venons de démontrer impossible, mais elle ne nous apprend rien sur la manière dont le recul varie et sur la perte du travail qu'il occasionne.

Mais, des considérations qui, bien que très-élémentaires, ne sauraient trouver place ici, apprennent que le rendement des roues, dans l'hypothèse la plus favorable (c'est-à-dire en négligeant l'obliquité des aubes et en considérant le propulseur avec toute la perfection possible), est exprimé par un coefficient dont la valeur numérique n'est autre que $\frac{1}{\rho}$; de sorte que, représentant le travail utile de la machine à vapeur par T_u (celui qui est disponible sur l'arbre même des roues), si le recul $\rho = \frac{u - v}{u}$ est exprimé par 0,25; autrement dit, si la différence $u - v$ est les 0,25 de la vitesse u du centre des aubes, le rendement du propulseur sera égal à $\frac{1}{0,25} \times T_u = 0,75\ T_u$.

Ce résultat fait immédiatement comprendre l'importance qu'il y a à rendre le recul le plus petit possible. Or, les considérations dont il vient d'être parlé ci-dessus apprennent que, en eau calme, pour une vitesse donnée et pour un même navire, le recul ne dépend que de la surface des aubes, qu'il diminue lorsque cette surface augmente et réciproquement, mais *non pas proportionnellement*. Ainsi, en partant de cette donnée de l'expérience que, en eau calme, le recul des roues à aubes fixes vaut, en moyenne, 0,25, on établit très-facilement que, dans le cas d'une frégate rapide, dont l'allure serait de 10 à 11 nœuds, la somme de toutes les surfaces des aubes trempantes doit être un peu plus grande que la moitié de la surface immergée du maître couple.

Connaissant le nombre n de nœuds que file un navire, le nombre N de tours de roues dans une minute, enfin le diamètre D en mètres de la circonférence que décrit le milieu des aubes, la formule

$$\rho = \frac{u - v}{u} = 1 - \frac{v}{u}$$

peut se mettre sous la forme usuelle suivante :

$$\rho = 1 - \frac{n \times 0{,}51433 \times 60}{\pi \mathrm{D N}} = 1 - 9{,}823 \times \frac{n}{\mathrm{DN}}; \qquad (1)$$

en remarquant que, d'après la valeur du nœud, $v = 0^{m},51433\ n$ (*), et que

$$u = \frac{\pi \mathrm{DN}}{60} = \left(\frac{3{,}14166\ \mathrm{D\,N}}{60}\right)^{m}.$$

Réciproquement, de la formule (1) on tire

$$n = \frac{1 - \rho}{9{,}823}\ \mathrm{ND},$$

formule qui permet de déterminer le nombre de nœuds que file le navire lorsqu'on connaît le recul.

Si l'on suppose, par exemple, ce qui est le cas le plus habituel en calme, $\rho = 0{,}25$, alors cette dernière formule se simplifie encore et devient

$$n = 0{,}0763 . \mathrm{ND}. \qquad (2)$$

Exemple : Un navire file 12 nœuds, en faisant 19 tours de roues à la minute, et le diamètre D est de $8^{m},20$, on demande le recul ?

$$\text{Réponse : } \rho = 1 - \frac{9{,}823 \times 12}{19 \times 8{,}20} = 0{,}25.$$

Dans la formule précédente (1) le facteur $\dfrac{n . 0{,}51433 \times 60}{\mathrm{N}}$ représente ce que l'on appelle l'*avance du bâtiment ;* c'est, comme on le voit, le nombre de mètres qu'il parcourt pour chaque tour du propulseur. On peut écrire cette expression comme suit :

(*) En marine, lorsqu'il s'agit d'évaluer la vitesse d'une navire, on prend, pour unité de parcours et pour unité de temps, deux grandeurs particulières qui ne sont ni le mètre ni la seconde. L'unité de parcours est le *nœud*, qui, comme on le sait, est de $15^{m},43$, et l'unité de temps est la moitié de la minute, c'est-à-dire 30 secondes. De cette manière, la vitesse d'un navire qui file n nœuds, par exemple, est exprimée par le nombre $n \times \dfrac{15^{m},43}{30} = n \times 0^{m},5143$, lorsqu'on veut rapporter cette vitesse à celle d'un mobile dont on apprécie le mouvement à l'aide des unités ordinaires, le mètre et la seconde.

$$A = \frac{n.0,51433 \times 60}{N} = 30,86 \frac{n}{N}.$$

Dans l'exemple cité, l'avance serait :

$$A = 30,86 \times \frac{12}{19} = 19^m,40.$$

135. **Cercle roulant.** — La vitesse u du milieu des aubes étant plus grande que la vitesse du navire, il est évident qu'il existe des points situés entre ce milieu et l'axe qui auraient la même vitesse v que le navire. Tous ces points se trouvent sur la surface d'un cylindre d'un certain diamètre d. C'est la base de ce cylindre que l'on appelle *cercle roulant*. On peut établir une relation bien simple entre ce diamètre d et le diamètre D, car on a évidemment $\frac{d}{D} = \frac{v}{u} = \frac{v.60}{\pi D N}$, d'où l'on tire :

$$v = 19,10 \times \frac{d}{N} \quad (3)$$

relation qui permet de déterminer la vitesse du navire lorsque l'on connaît le diamètre du cercle roulant et le nombre de tours de roues.

Si l'on rapproche la relation $\frac{d}{D} = \frac{v}{u}$ de la relation $\rho = 1 - \frac{v}{u}$, on obtient encore :

$$d = D\,(1 - \rho), \quad (4)$$

expression qui fait voir que le diamètre du cercle roulant est égal au diamètre de la circonférence que décrit le centre des aubes multiplié par le facteur $(1 - \rho)$, dont la valeur moyenne est de 0,75, lorsque l'on prend 0,25 pour la moyenne du recul.

Il résulte évidemment de tout ce qui précède que le bord intérieur des aubes ne doit jamais tomber en dedans du cercle roulant, sans quoi il y aurait une partie de leur surface qui *scierait*, surtout lorsqu'elles arrivent, en bas, dans la position verticale.

136. **Relation entre la vitesse du navire et le travail moteur.** — Si on considère un navire se mouvant uniformément avec une vitesse V, l'effort constant qu'il faudra faire pour continuer le mouvement sera $K B^2 V^{2,66}$ (40), K étant le coefficient numérique qui convient à ce navire, dont B^2 représente la surface immergée du maître couple, et le travail utile opéré par seconde sera évidemment $K B^2 V^{3,66}$. Si, maintenant, on représente par T_m le travail moteur développé dans le même temps par la vapeur sur les pistons, on sait qu'on aura, en admettant, pour rendement total de la machine (37), le coefficient 0,45 :

$$\frac{K B^2 V^{3,66}}{T_m} = 0,45,$$

d'où $T_m = 2,22\, K B^2 V^{3,66}$.

Telle est la relation qui lie la vitesse du navire avec le travail de sa machine. On en déduit immédiatement que, pour obtenir une vitesse double, il faudrait dépenser un travail moteur plus de *douze* fois plus considérable ; en effet, si, dans la relation ci-dessus, on remplace v par $2v$, elle donne, pour le nouveau travail,

$$T'_m = 2^{3,66} \times T_m.$$

Or, $2^{3,66}$ est plus grand que 12, résultat dont on peut facilement s'assurer par un simple calcul logarithmique.

Ce résultat nous montre, d'une part, quelle grande dépense de combustible il faut faire pour accroître *de bien peu* la vitesse ordinaire de 10 à 12 nœuds; et, d'autre part, à l'inverse, quelle grande économie on peut réaliser sur le combustible, sans diminuer *notablement* la vitesse d'allure ordinaire. C'est ainsi qu'un navire, qui filerait 12 nœuds, réaliserait, en passant à une vitesse de 10 nœuds, une économie d'à peu près la moitié du combustible qu'il consomme pour filer ces 12 nœuds.

137. **Éléments divers des roues à aubes.** — Les divers éléments que l'on doit considérer dans les roues à aubes sont au nombre de quatre, savoir :

1° Le rayon ; 2° l'immersion des aubes ; 3° le pas ; 4° les dimensions des aubes.

On appelle *rayon de la roue* le rayon du cercle décrit par le bord extérieur de l'aube. Lorsque la position de l'arbre des roues est fixée à l'avance, ce rayon se détermine par la condition de faire entrer les aubes dans l'eau sous l'angle le plus favorable; et l'expérience a démontré que, pour obtenir un bon rendement, l'angle aigu, formé par le rayon et la flottaison, qu'on appelle *angle d'entrée,* devait être 40 à 45 degrés.

On désigne par *immersion* la distance à laquelle le bord intérieur ou extérieur de chaque aube se trouve au-dessous de l'eau, lorsque cette aube est dans la position verticale. Par suite de diverses considérations, qu'il est inutile de développer ici, et surtout d'après l'expérience, on fixe habituellement l'immersion du bord intérieur aux deux centièmes du rayon. D'ailleurs, la quantité de cette immersion est souvent imposée par la condition indispensable de tenir la partie supérieure de l'aube en dehors du cercle roulant (135); dans tous les cas, l'immersion est utile pour diminuer l'éclaboussement de l'eau, et conséquemment le recul.

On appelle *pas de la roue* la distance circulaire qui sépare les milieux de deux pales consécutives. La grandeur du pas est déterminée par la double condition de laisser à l'eau un dégagement convenable entre deux aubes consécutives, et d'obtenir un nombre suffisant d'aubes trempant à la fois; car, évidemment, ce nombre est une conséquence forcée du pas et de l'angle d'entrée.

Les dimensions des aubes sont : leur hauteur et leur longueur. Leur hauteur résulte forcément de toutes les considérations dont il vient d'être parlé; quant à leur longueur, comptée perpendiculairement aux flancs du bâtiment, elle se trouve limitée par la condition de ne pas avoir de roues trop volumineuses relativement à la largeur du navire, ce qui donnerait lieu à des inconvénients majeurs. A part cette condition, il n'y a qu'avantage à donner aux aubes le plus de longueur possible, ce qui diminuera le recul. Dans tous les cas, il faut que la surface des aubes trempantes des deux roues soit au moins égale à 0,50, et plus, s'il est possible, de la surface immergée du maître couple.

138. Différents systèmes de roues à aubes. — Quel que soit le système de roues, elles sont toujours au nombre de deux, l'une à tribord, l'autre à bâbord du navire, vers le milieu de sa longueur, un peu en arrière de sa plus grande largeur, de manière que l'eau rejetée par les aubes ne vienne pas choquer la coque. Cette position des roues est aussi nécessitée par la condition de ne pas changer sensiblement l'assiette du bâtiment, et d'obvier à l'inconvénient de plonger trop ou trop peu lors du tangage, comme cela résulterait de leur situation, soit à l'avant, soit à l'arrière.

Il existe deux systèmes de roues à aubes : les roues à *aubes fixes* et les roues à *aubes amovibles* ou *articulées*. Dans le principe, les roues à aubes fixes, celles dont les aubes sont fixées invariablement à leurs rayons, furent employées exclusivement ; mais, à mesure que les bâtiments à vapeur se multiplièrent, on reconnut divers inconvénients au mode si simple dont on faisait usage, et l'on voulut obvier notamment à la perte de travail occasionnée par l'obliquité des aubes, surtout alors qu'elles entrent dans le liquide et alors qu'elles en sortent. Alors on imagina divers systèmes qui, tous, se réduisent aujourd'hui à rendre les aubes mobiles autour de leur axe longitudinal, de manière à les obliger à entrer dans l'eau, à s'y maintenir, et à en sortir sous l'inclinaison la plus avantageuse à l'effet utile. Ces roues, connues en Angleterre sous le nom de *roues Morgan*, et construites primitivement en France par M. Cavé, sont dites *roues à aubes amovibles*. Quoique fort avantageuses sous le rapport du mode d'action des aubes, car elles donnent lieu à moins de recul (0,20, paraît-il, au lieu de 0,25), à moins de chocs, et, en définitive, à une bonification dans le rendement, évalué en moyenne à 0,10, cependant, elles nécessitent un mécanisme relativement si compliqué et si sujet à dérangement que, somme toute, *à la mer*, les inconvénients surpassent peut-être les avantages.

Les roues à aubes fixes, qui sont le plus généralement employées, présentent deux dispositions principales quant à leur installation sur l'arbre transversal de la machine : l'installation *avec chaise* sur l'élongis du tambour, ou l'installation en *porte à faux*. Dans les deux cas l'arbre transversal B (Figures 75 et 76) est soutenu en dedans du bâtiment par les grands paliers de la machine, puis sort de la muraille à travers un presse-étoupe, ou simplement à travers une simple manche en cuir; et, suivant qu'il s'agit de la première ou de la seconde installation, l'extrémité de l'arbre va reposer, dans le premier cas, sur une chaise fixée à l'élongis K du tambour (Figure 75), disposée pour recevoir un coussinet, et dans le second cas, sur un fort palier E (Figure 76) qui supporte une chaise F solidement boulonnée contre le bord : alors, le bout de l'arbre qui dépasse le palier est très-court, et juste suffisant pour recevoir un tourteau T, en fonte de fer, dont la forme est celle de deux troncs de cône réunis par leur petite base.

Fig. 75.

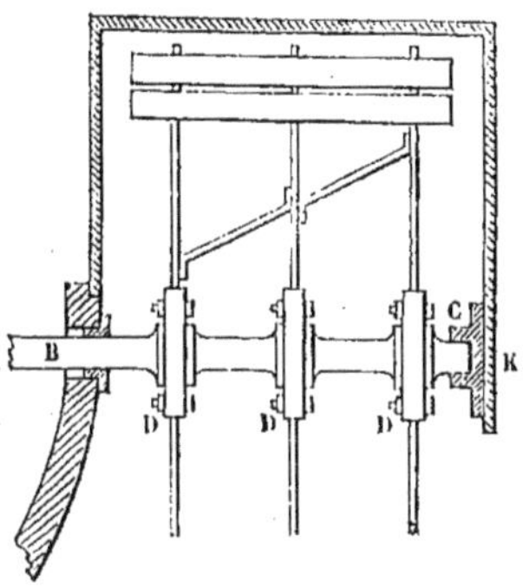

Fig. 76.

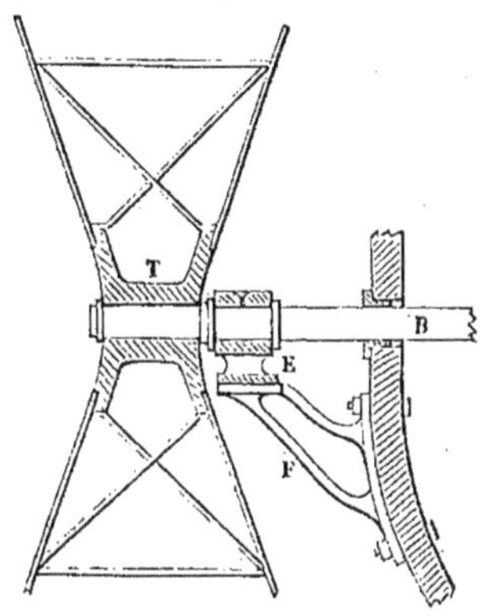

Dans le cas de la première installation, l'arbre extérieur porte deux ou trois disques en fonte D, D, D autour desquels s'épanouissent une suite de rayons en fer forgé, qui viennent aboutir aux cercles de roues, intérieur et extérieur, sur lesquels ils sont fortement boulonnés ou encastrés, et qui maintiennent leur écartement. Dans le cas de la seconde installation, la figure 76 fait suffisamment comprendre la disposition des rayons qui vont en divergeant par paire, dans un même plan passant par l'axe de l'arbre, pour venir se réunir également sur les cercles de roues, qu'ils maintiennent à un écartement convenable à la longueur des aubes.

Dans l'un et l'autre système, les rayons sont placés de façon à appuyer de champ sur les aubes.

139. **Détails relatifs aux aubes fixes.** — Les aubes fixes sont généralement des rectangles en bois dur. Quelquefois l'aube est d'un seul morceau; mais, le plus habituellement, surtout lorsqu'il s'agit d'aubes de dimensions un peu considérables, elle se compose de deux ou de trois morceaux placés de côté et d'autre des rayons. La figure 74 représente les diverses dispositions généralement employées à l'égard des aubes des roues.

Ainsi placés, de part et d'autre des rayons, les morceaux rectangulaires qui composent une même pale laissent tout naturellement entre eux un certain espace vide longitudinal qu'on se garde bien de combler, en rapprochant, par trop, les parties qui composent l'aube; il résulte en effet de ces *jours* que, non-seulement l'eau se dégage très-facilement lorsque la pale sort de l'eau, mais encore, ainsi que l'expérience le prouve, qu'il y a augmentation de résistance de l'eau et conséquemment diminution du recul, si les jours en question sont convenablement proportionnés par rapport aux parties pleines de l'aube.

Lorsque l'aube n'est fractionnée qu'en deux morceaux, on a soin de placer celui d'en bas sur la face arrière du rayon, et l'autre sur la face avant; de cette manière on diminue les chocs à l'entrée, ce qui augmente encore d'autant l'effet utile de la roue.

140. Des divers moyens employés pour neutraliser la résistance due aux roues dans la marche à la voile. — Lorsqu'on veut employer uniquement l'impulsion du vent pour faire mouvoir le navire, il est évident que l'on doit chercher à annuler autant que possible la résistance produite par les roues devenues immobiles le long des flancs du bâtiment. A cet effet, deux moyens se présentent : ou bien on *affole* les roues, c'est-à-dire qu'en interrompant la communication de l'arbre intérieur de la machine avec les parties extérieures où elles se trouvent, on les rend libres de tourner sous l'influence du sillage; ou bien on démonte les aubes trempantes.

Le mode d'affolement s'emploie surtout avec les roues articulées; mais avec les roues à aubes fixes, on ne fait usage de ce moyen que lorsque le temps ne permet pas de démonter les aubes. Dans tous les cas, pour arriver à l'affolement des roues, le seul moyen consiste à dételer les grandes bielles de leurs manivelles, quand on n'a pas de système de débrayage qui permette de séparer rapidement les arbres extérieurs de l'arbre intermédiaire.

Le second moyen, qui rend le navire entièrement libre, consiste à enlever un nombre de pales suffisant, et à faire plonger dans l'eau les portions de roue dépourvues de leurs pales. Ce moyen est sans contredit bien plus avantageux que l'affolement, car, avec les aubes enlevées, la seule résistance à la marche ne provient plus que du frottement de l'eau sur les rayons et sur les cercles qui plongent, tandis qu'avec le procédé d'affolement les résistances sont évidemment bien plus considérables.

141. De l'hélice; sa définition; son mode d'action. — Si on considère un cylindre à base circulaire, dont l'axe est AB (Figure 77), on sait que la surface convexe d'un tel cylindre se développe suivant un rectangle aee', dont la base ee' est égale, en longueur, au développement de la circonférence de base du cylindre. Si nous partageons la hauteur ae du cylindre en plusieurs parties égales, en deux par exemple, et si nous menons les diagonales

Fig. 77.

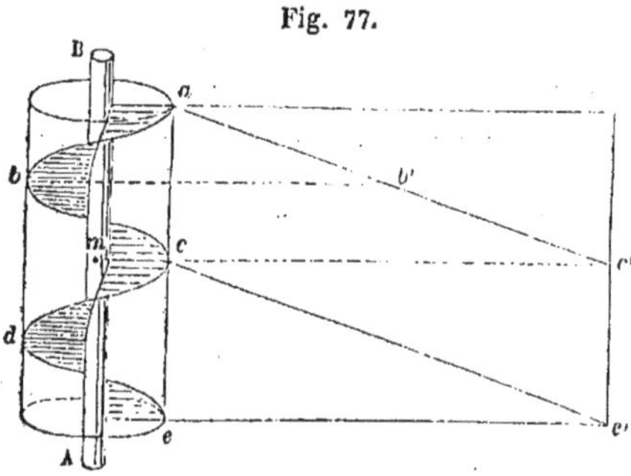

ac', ce', il est aisé de voir qu'en enroulant le rectangle ace' sur le cylindre, les deux diagonales ac', ce' s'enrouleront en spirale et formeront sur sa surface une courbe continue *abcde*. C'est cette courbe que l'on appelle *hélice*. Les deux portions d'hélice *abc*, *cde*, identiques, dont l'une commence en *a* et vient finir en *c*, et dont l'autre commence en *c* et vient aboutir en *e* se nomment des *spires*. La longueur constante $ac = ce = \ldots$ comprise sur la génératrice *ae* du cylindre, entre les extrémités d'une spire quelconque, s'appelle le *pas de l'hélice*. On voit facilement *a priori* que sans changer de nature, l'hélice, sur un même cylindre, variera suivant le pas; ainsi sur une même portion on pourra tracer une hélice ayant plusieurs spires, très-peu *grimpante* comme on dit, ou bien on aura une très-petite partie de spire, auquel cas le pas de l'hélice sera très-grand et l'hélice très-*grimpante*. Quoi qu'il en soit, une hélice à plusieurs spires étant tracée sur la surface d'un cylindre, on conçoit facilement cette hélice remplacée par un filet solide en relief sur le cylindre, ce qui constitue la vis ordinaire que l'on rencontre si fréquemment dans les machines. Si l'on imagine actuellement la vis entourée d'un corps solide, appelé *écrou*, servant de moule à la vis de telle sorte que le filet, en *relief*, sur celle-ci soit en *creux* dans l'écrou, il est clair que, maintenant l'écrou immobile, si l'on imprime à la vis un mouvement de rotation, ce mouvement déterminera un mouvement de translation de la vis dans la direction de son axe; et de telle sorte que, pour un tour, la vis s'avancera d'une distance égale à son pas. Or, une telle vis placée horizontalement à l'arrière d'un navire et tournant dans l'eau, comme dans son écrou, déterminerait évidemment le mouvement du navire, *si les particules d'eau se comportaient comme les particules d'un écrou solide;* toutefois, comme en raison de l'extrême mobilité des particules liquides celles-ci sont chassées en arrière par le mouvement de la vis, ce n'est que par suite de la réaction du liquide, ainsi projeté, que la vis reçoit une poussée; d'où il résulte que le navire ne peut prendre le mouvement de translation, dont il sera parlé (149), qu'autant que la vis satisfasse à deux conditions indispensables, qui sont : 1° que la surface du filet, que l'on appelle une *héliçoïde,* et en pratique simplement une *hélice*, soit assez grande pour qu'une masse d'eau suffisante puisse être projetée en arrière; 2° que le mouvement de rotation qu'imprime la machine à l'axe de la surface héliçoïdale soit tel que, malgré le mouvement d'entraînement du navire, auquel elle participe, ses différents points choquent le liquide en sens contraire et donnent lieu ainsi à la *poussée motrice*.

Pour se faire une idée nette de la surface héliçoïdale, il faut se reporter à la figure 77, et considérer à la fois tous les rayons du cylindre qui aboutissent à tous les points de l'hélice *abcde,* et dont l'un quelconque d'entre eux est *cm*, par exemple. L'ensemble de tous ces rayons, en nombre infini et infiniment rapprochés, constituent, deux à deux, de petites tranches élémentaires que l'on peut considérer comme planes, et dont la réunion forme la surface en question. On peut encore, si l'on veut, imaginer que l'un des rayons, le rayon *cm* par exemple, se meuve en restant toujours, d'une part, perpendiculaire à l'axe en s'appuyant constamment, d'autre part, sur l'hélice directrice, représentée en développement par les droites ac' et ce', qui, comme on le voit, font *un angle constant* $c'ac = e'ce$ avec la génératrice du cylindre; dans ce mouvement le rayon *générateur* engendre précisément la surface héliçoïdale.

Fig. 78.

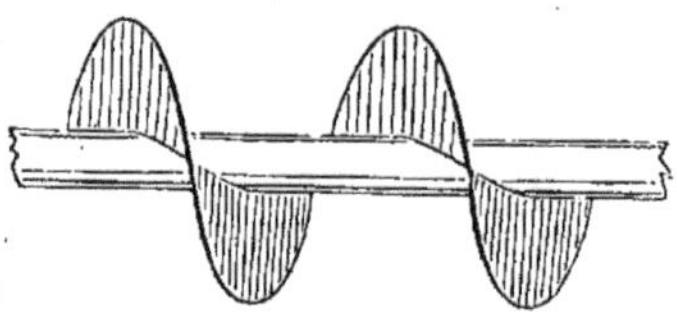

Cette surface, dégagée de tous ses accessoires de construction, est représentée figure 78, sur un moyeu horizontal, ainsi qu'elle serait placée à l'arrière d'un navire, auquel sa rotation imprimerait un mouvement de translation.

142. Historique succinct relatif à l'hélice. — Avant de passer à l'étude détaillée de ce propulseur, il ne sera pas sans intérêt et sans utilité de mentionner, en quelques mots, les essais successifs les plus récents qui ont fait que ce propulseur peut remplacer aujourd'hui si avantageusement, au point de vue militaire, les roues à aubes exclusivement en usage il y a vingt-cinq ou trente ans.

L'idée d'appliquer l'hélice à la navigation est fort ancienne, et, sans parler des nombreux projets primitifs, à cet égard, tant en France qu'en Angleterre et en Amérique, projets qui n'eurent pas de suite, nous nous bornerons à signaler, comme point de départ, un brevet relatif à l'hélice propulsive, pris en France, en 1803, par Ch. Dallery. Mais, ce n'est qu'en 1823 que le capitaine du génie Delisle, formulant nettement les avantages qu'on pourrait retirer de ce propulseur, proposa un agencement praticable pour les navires de guerre. Le ministre de la marine rejeta le projet du capitaine Delisle, qui comportait, non pas précisément l'hélice telle que nous la rencontrons aujourd'hui, mais une sorte de tambour, boulonné sur trois rayons attenants à l'arbre et portant sur son contour six segments de surface héliçoïdale, formant ensemble presque une spire complète.

Bientôt après, un constructeur du Havre, M. Sauvage, continua les mêmes recherches. Les longs et persévérants travaux qu'il exécuta mirent hors de doute les avantages de l'hélice comme propulseur sous-marin, et l'on pense, généralement aujourd'hui, que c'est à M. Sauvage qu'est due la démonstration de ce fait important, savoir : que, pour produire le maximum d'effet utile, l'hélice doit être réduite à une seule spire.

Pendant que M. Sauvage poursuivait en France, durant l'espace de vingt ans, ses laborieux et utiles travaux qui, faute d'essais sur une échelle suffisante, ne lui permirent pas d'établir, d'une manière irrécusable, la vérité de ses assertions, un grand nombre de constructeurs faisaient en Angleterre et aux Etats-Unis des recherches du même genre. MM. Ericson, Beyre, Napier, Blakman et Thimoty se distinguèrent particulièrement dans cette voie. Pendant les années 1836, 1837 et 1838, M. Ericson soumit, à des essais très-variés, un système de propulseur, composé de deux hélices, qui ne différait que très-peu de celui de notre compatriote Delisle.

Mais, à cette même époque, surgirent tout à coup, avec éclat, les travaux de M. Smith, constructeur anglais, qui produisit et fit fonctionner, avec un succès décisif, la vis du navire l'*Archimède*. Il y avait quatre ans que M. Sauvage, en France, avait pris un brevet pour un système d'hélice simple, et faisait des expériences en petit sans qu'aucune entreprise de l'Etat ou de particuliers lui vînt en aide; à force de délais, de publicité, de modèles essayés, ce qui était à craindre arriva : M. Smith, en Angleterre, se mit à expérimenter le même système sur un bateau de 10 mètres de long et du port de 6 tonneaux, nommé *Infant-Royal*, et parvint, avec cette chaloupe, à obtenir 6 à 7 milles de vitesse à l'heure. La Grande-Bretagne aussitôt nous donna son éternelle leçon, toujours la même. Il se forma une compagnie sous le titre de : *Compagnie de propulsion par la vapeur*, qui fit construire pendant les années 1838 et 1839 un grand et beau navire, l'*Archimède*, dans le but spécial d'étudier l'hélice, d'une manière définitive, dans les conditions de la grande navigation. Des expériences comparatives, prolongées pendant plus d'une année, ayant fait reconnaître tous les avantages de ce propulseur, surtout au point de vue des navires de guerre, la question fut définitivement jugée.

Ultérieurement, les travaux si remarquables de M. le professeur Taurines relativement à l'hélice, les dynamomètres si précis et si puissants qu'il a inventés et qui ont rendu déjà tant de services à la marine, enfin les expériences de M. le contre-amiral Bourgois et de M. l'ingénieur Moll, sur le bateau le *Pélican*, firent cesser toute hésitation, et, en 1844, la marine militaire eut sa première frégate à hélice, la *Pomone* (système Ericson). Vinrent après le *Chaptal*, la *Sentinelle*, la *Biche*, tous navires mixtes; ensuite le *Caton*, qui atteignit 10 nœuds de vitesse, tout en conservant sa mâture et son artillerie.

Enfin, en 1847, l'hélice fut appliquée, par M. l'ingénieur Dupuy de Lôme, sur *le Napoléon*, vaisseau de 92 canons, et lui fit atteindre une vitesse de 10 nœuds, en moyenne.

143. Divers systèmes d'hélices. — Pendant les essais de *l'Archimède*, et surtout dans les expériences qui furent faites ultérieurement de toutes parts, on ne manqua pas d'essayer un grand nombre de systèmes, dont quelques-uns ont acquis la sanction de la pratique. Après une foule d'essais divers, M. Smith avait reconnu, ainsi que l'avait déjà fait, paraît-il, M. Sauvage, que la meilleure hélice était l'hélice simple, réduite à une seule spire, d'une longueur égale au diamètre, et dont l'angle d'inclinaison de l'hélice médiane est d'environ 45 degrés. Plus tard, on réduisit encore cette longueur de moitié, en imaginant de ramener, sur la même partie du moyeu (Figure 79), les deux segments héliçoïdaux, sans diminuer toutefois la surface totale de l'héliçoïde. Sous cette forme, le propulseur

Fig. 79.

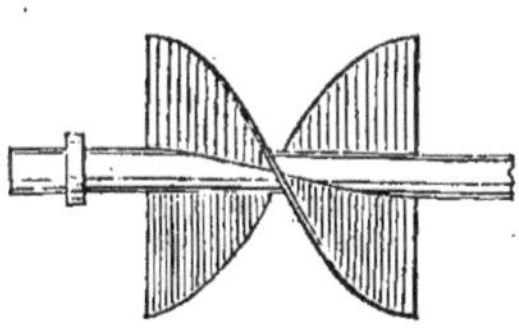

devint déjà bien plus susceptible de s'adapter commodément à l'arrière d'un navire.

Mais l'expérience fit bientôt reconnaître que l'hélice avait trop de surface, et qu'on dépensait ainsi, en pure perte, beaucoup trop de puissance pour la faire mouvoir dans l'eau. On réduisit alors, peu à peu, chaque demi-spire, jusqu'à la limite que l'expérience signala comme étant la meilleure, et, finalement, on arriva (Figure 80) à l'hélice à deux ailes. Bien plus, en fractionnant davantage le nombre d'ailes, en les portant à 3, 4, 5 et 6, sans rien changer à la surface héliçoïdale totale, on put, en installant ces ailes sur le même moyeu, diminuer d'autant la longueur du propulseur, et l'on arriva ainsi aux hélices à 3, 4, 5 et 6 ailes.

Fig. 80.

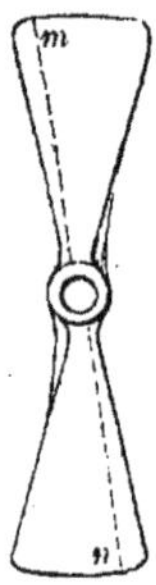

Fig. 81.

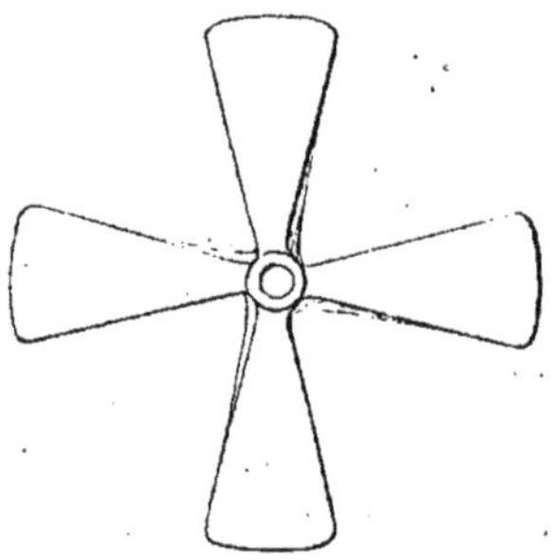

Les figures 80 et 81 représentent des hélices, à 2 ailes et à 4 ailes, vues de face.

Plus tard, ayant reconnu que les hélices de 3 à 6 ailes étaient les plus avantageuses au point de vue de l'effet utile, surtout pour les grands navires marchant à grande vitesse, on chercha à parer au grave inconvénient qu'elles présentent de ne pouvoir être démontées à la mer, ou de nécessiter, pour leur remontage à bord, de larges ouvertures (qu'on appelle *puits de remontage*), lorsqu'on veut marcher uniquement à la voile, et éviter alors la résistance très-grande que présente la présence du propulseur à l'arrière du navire, alors même qu'il est *affolé*. Dans ce but, M. Sollier, ingénieur de la marine, eut l'idée d'une hélice à 4 ailes, pouvant se ployer et se déployer, comme une paire de ciseaux, en permettant ainsi son remontage à bord, à l'aide d'un puits peu large; c'était un progrès. Mais, plus tard encore (1851), M. l'ingénieur Mangin inventa l'hélice qui porte son nom, et dota la marine du propulseur, que l'on peut regarder comme le véritable *propulseur marin,* car c'est le seul qui, tout en n'exigeant pas le remontage, permet au bâtiment de naviguer aussi bien à la voile qu'à la vapeur.

Fig. 82.

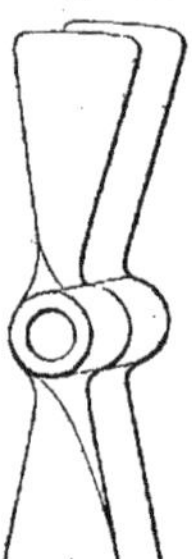

Fig. 83.

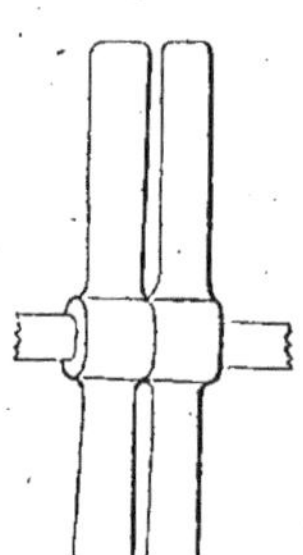

L'hélice Mangin, ainsi que le représentent les figures 82 et 83, consiste en deux paires d'ailes montées sur le même moyeu, à la suite l'une de l'autre, et de telle sorte qu'elles se trouvent l'une devant l'autre. Cette ingénieuse disposition réduit la largeur moyenne de chaque aile double, dans le sens perpendiculaire à l'axe, juste de moitié de ce qu'elle serait s'il s'agissait de l'hélice ordinaire à 2 ailes, ce qui permet de pouvoir dissimuler presque entièrement le propulseur entre les deux étambots, lors de la marche à la voile.

144. **Eléments divers de l'hélice.** — De même que pour les roues à aubes, l'hélice comporte plusieurs éléments distincts, du rapport desquels doit dépendre le degré de perfection du propulseur. Ces éléments sont :

Le pas; le diamètre; le nombre d'ailes; et *la fraction de surface.*

Une théorie parfaite de l'hélice devrait avoir pour objet de déterminer l'influence de chacun de ces éléments sur l'effet utile, et de fixer leurs rapports, pour que cet effet soit le plus grand possible ; malheureusement, cette théorie n'existe pas encore, et c'est l'expérience seule qu'il faut interroger à cet égard.

145. **Influence du pas de l'hélice; hélices à pas constant, hélices à pas variable.** — Le pas de l'hélice est, comme nous l'avons déjà dit (139), la longueur de l'axe qui correspond à une spire complète de la surface hélicoïdale à laquelle chaque aile appartient.

Il est bon d'observer que, l'hélice directrice pouvant être tracée sur un cylindre, soit de gauche à droite, soit de droite à gauche, on doit distinguer, dans les hélices, celles dont le *pas est à gauche* et celles dont le *pas est à droite*. Le pas est dit à droite lorsque, dans la marche en avant, les ailes passent de bâbord à tribord au moment où elles sont en l'air; dans le cas contraire, le pas est dit à gauche.

Quel que soit le genre d'hélice que l'on considère, on distingue comme suit les deux arêtes qui terminent chaque aile : l'une, celle qui attaque le liquide, a reçu le nom d'*arête d'entrée*, l'autre se nomme *arête de sortie*.

On conçoit, *a priori*, que le rapport du pas au diamètre du cylindre, sur lequel est tracée l'*hélice directrice*, ne peut pas être arbitraire; car, dans le cas où ce rapport serait très-grand, ce qui signifie que l'hélicoïde serait très-grimpante, les ailes frapperaient l'eau presque à plat, ne la chasseraient que très-peu dans le sens de l'axe, et ne donneraient lieu, dès lors, qu'à une très-faible poussée motrice; si, au contraire, le rapport en question était très-petit, auquel cas la surface hélicoïdale deviendrait presque un disque perpendiculaire à l'axe, les mêmes choses se produiraient encore, quant à la poussée motrice. Dans les expériences faites à Brest, en 1848, par M. le professeur Taurines, il a été constaté, sur les hélices d'essai, dont le rapport du pas au diamètre variait de 1 à 2,61, que l'effet utile tombait de 0,68 à 0,46, et cela sans aucune exception. Les expériences faites ultérieurement, à bord de *l'Elorn*, sur une grande échelle, ont établi de même, sans exception, que l'effet utile diminue lorsque le pas augmente. Dans toutes les expériences dont nous parlons, le rapport du pas au diamètre n'a jamais été plus petit que l'unité, et comme l'effet utile a été constamment en augmentant, au fur et à mesure que ce rapport s'est approché de l'unité, on serait rationnellement porté à en conclure que, si on prenait ce rapport plus petit que un, on pourrait encore bénéficier relativement à l'effet utile. Mais, à cet égard, nous dirons de suite qu'un tel résultat n'est pas probable, attendu que, le frottement des ailes sur l'eau augmentant d'un autre côté à mesure que le pas diminue, il arriverait nécessairement que l'on finirait par perdre ainsi tout le bénéfice que l'on pourrait espérer d'un pas plus faible. Bien plus, il est une considération toute pratique qui fait qu'aujourd'hui, loin de prendre le rapport du pas au diamètre égal à l'unité, on maintient la valeur de ce rapport dans les environs de 1,50; car, par ce moyen, on augmente la résistance à la rotation de l'hélice, ce qui permet, sans engrenages, de se rapprocher de la vitesse de régime la plus convenable au bon fonctionnement de la machine. De cette manière, on diminue bien un peu l'effet utile du propulseur, mais, en revanche, on gagne notablement à l'égard de l'effet utile de la machine.

Toutes les hélices dont il a été question jusqu'à présent sont dites à *pas constant;* elles sont caractérisées par ce fait que chacune de leurs ailes est une fraction d'une même surface héliçoïdale, engendrée comme nous l'avons dit (139). Mais, l'expérience a prouvé que le propulseur donne de bien meilleurs résultats lorsqu'on fait subir, à chacune de ses ailes, une modification que nous allons essayer de faire comprendre.

Reportons-nous à la figure 80, du numéro précédent, qui représente une hélice à 2 ailes, que nous supposons en place, tournant de droite à gauche, et dont, par conséquent, l'*arête d'entrée* sera celle de gauche. Imaginons qu'on ait décomposé la surface des 2 ailes, à l'aide du diamètre *mn*, en deux zônes pour chaque aile, dont les étendues sont dans le rapport de 1 à 4, et dont la plus petite pourra être appelée *zône d'entrée*, et l'autre *zône de sortie.* Nous laisserons telle quelle la zône de sortie; mais nous modifierons la zône d'entrée de manière que la petite portion d'hélice directrice qui la termine ait un pas plus petit que celui de la directrice de sortie. Il en résultera que l'on pourra infléchir la zône d'entrée de telle sorte qu'elle atteigne, presque sans choc et peu à peu, le liquide, qui, n'étant pas rejeté subitement vers l'arrière, se trouvera dès lors actionné dans d'excellentes conditions par la zône de sortie, dont le pas est resté le même. De cette façon, on diminue simultanément le choc du propulseur contre l'eau et son recul, attendu que, dans ces conditions, le liquide offre une résistance bien plus grande qu'avec l'hélice ordinaire.

Ainsi, les hélices en question ont deux pas : un *pas d'entrée* et un *pas de sortie*, et il est d'usage que les deux zônes qui y correspondent soient dans le rapport de 1 à 5. Mais, lorsqu'il s'agit de déterminer le recul des hélices à pas variable, on l'évalue habituellement par rapport au pas de sortie; ou bien, encore, on suppose à l'hélice un pas fictif, qui est une moyenne entre le pas d'entrée et celui de sortie; c'est ce qu'on nomme le *pas moyen.*

146. **Influence du diamètre.** — Les mêmes expériences de

M. Taurines ont démontré, de la manière la plus évidente, le notable avantage qu'on retirait des hélices à grand diamètre, qui augmentent considérablement l'effet utile, tout en diminuant le nombre de tours du propulseur. Malheureusement, la grandeur du diamètre est subordonnée au tirant d'eau du navire, lequel tirant d'eau doit toujours, en charge normale, surpasser, d'environ $\frac{1}{6^e}$ du diamètre, le bord supérieur de chaque aile, lorsqu'elle est dans sa position verticale.

147. **Influence du nombre d'ailes.** — Les mêmes expériences de 1848, font voir aussi la supériorité de l'hélice à 4 ailes sur l'hélice à 2 ailes; mais la conclusion est que l'avantage n'est pas assez grand pour faire rejeter la seconde, qui permet l'installation d'un puits à l'arrière pour le remontage de l'hélice à bord, lorsqu'on ne veut plus faire usage du propulseur. Les expériences du navire *l'Elorn* constatent le même résultat; elles font voir, en outre: 1° que l'hélice à 4 ailes est également supérieure aux hélices à 5 et 6 ailes, surtout pour les petites vitesses de sillage; 2° que les hélices à 2 ailes doubles (système Mangin) leur sont inférieures; 3° enfin, qu'à l'utilisation supérieure des hélices à 4 ailes, il faut encore ajouter l'avantage de ne pas fatiguer ni la machine, ni les liaisons du navire, par suite des trépidations que présentent d'ordinaire les propulseurs sous-marins.

De tous ces résultats, on devrait conclure que l'application de l'hélice à 4 ailes présente des avantages incontestables, et qu'elle devrait être employée de préférence à l'hélice à 2 ailes, et surtout de préférence à l'hélice Mangin; mais l'indécision reste permise en présence de l'avantage incontestable que possède le propulseur Mangin, à savoir de ne point exiger le démontage pour la marche à la voile.

148. **Influence de la fraction de surface.** — On entend, par fraction de surface, la fraction de la surface totale d'une spire complète de l'héliçoïde. Cette fraction représente évidemment la somme des surfaces des différentes ailes; on la désigne aussi par le nom de *fraction de pas totale,* ou par le nom tout court de *fraction de pas.*

Les expériences de M. Taurines donnent, à l'égard de la fraction de pas, une grande latitude; car elles font voir qu'on peut réduire cette fraction dans des limites très-étendues, sans altérer beaucoup l'effet utile. Toutefois, il n'en est pas tout à fait ainsi sous le rapport de la régularité de la marche du propulseur; car les mêmes expériences apprennent que les mouvements sont bien plus réguliers avec une fraction de surface convenablement choisie, surtout en employant les hélices à 4 ailes. Habituellement, la valeur moyenne de la fraction de pas est fixée à 0,25: on peut remarquer que sa projection, sur le cercle de même diamètre que l'hélice, serait précisément aussi les 0,25 de ce cercle, puisque ce dernier représente évidemment la projection de la surface totale d'une spire complète de l'héliçoïde.

149. De l'avance et du recul. — De même que pour les bâtiments à roues, on entend, par avance d'un navire à hélice, le nombre de mètres qu'il parcourt par chaque tour de son propulseur; de sorte que : N représentant le nombre de tours dans une minute, e, l'espace parcouru pendant ce temps par le bâtiment, enfin A, l'avance, on a :

$$A = \frac{e}{N}.$$

En remarquant que (le mouvement du navire étant suppposé uniforme) la vitesse v du navire $= \frac{e}{60}$, il vient, comme pour les navires à roues :

$$A = \frac{v \times 60}{N} = \frac{n \times 0{,}51433 \times 60}{N} = \frac{30{,}86\, n}{N}; \qquad (1)$$

n représente la vitesse en nœuds.

Si l'hélice tournait dans un écrou solide, à chaque tour le navire s'avancerait d'une quantité égale au pas h, et il n'y aurait pas *de recul*. Mais, comme nous le savons, les choses ne pouvant se passer ainsi, puisque le navire ne peut avancer qu'en vertu de la réaction de l'eau sur l'hélice, réaction qui est due elle-même à ce que l'eau est chassée en arrière, il en résulte que l'avance A est généralement moindre que le pas; de sorte que l'on a pour la mesure du recul :

$$\rho = \frac{h - A}{h} = 1 - \frac{A}{h}. \qquad (2)$$

Telle est la relation bien simple qui lie le recul à l'avance.

En désignant par u la vitesse de translation que possèderait l'hélice tournant dans un écrou solide, il est clair que pour N tours, faits dans une minute, on aurait $Nh = 60.u$: c'est-à-dire l'espace parcouru égal à la vitesse multipliée par le temps; donc :

$$h = \frac{60\, u}{N}.$$

D'où, substituant cette valeur de h dans l'expression (2), il viendra, à cause de (1),

$$\rho = 1 - \frac{v}{u} = \frac{u - v}{u}. \qquad (3)$$

Expression analogue à celle que nous avons établie (134) pour les roues à aubes.

Il résulte des expériences de M. Taurines, confirmées par d'autres expériences faites ultérieurement et sur une plus grande échelle :

1° Que l'avance croît avec le pas, sans lui être proportionnelle;
2° Que l'avance diminue, quand la vitesse augmente;
3° Que le recul augmente avec le pas, sans avoir de maximum;
4° Que le recul augmente avec la vitesse.

150. Effet utile de l'hélice. — Les pertes de travail de l'hélice proviennent non-seulement du recul, mais encore de ce que dans le mouvement de rotation de ce propulseur l'eau est attaquée avec choc, et de ce que la réaction de l'eau, contre les divers éléments de la surface héliçoïdale, n'a pas entièrement lieu dans la direction de l'axe. Enfin, le frottement de la surface du propulseur sur les molécules liquides donne lieu à un travail résistant très-appréciable. Ici, bien plus encore que dans le cas des roues à aubes, la théorie est jusqu'à présent impuissante à faire connaître partiellement ces différentes pertes, et l'expérience directe peut seule amener à les faire apprécier en bloc. C'est ainsi que le recul, qui peut être évalué moyennement, en calme, avec allure ordinaire, à 0,20, varie souvent, d'une manière notable, tantôt en dessus, tantôt en dessous; descend même, dans certains cas particuliers, jusqu'à zéro, et bien plus *devient négatif,* sans que pourtant l'effet utile change notablement, restant à peu près le même que lorsque le recul se maintient dans les environs de 0,20.

Disons toutefois, en passant, que, jusqu'à présent, l'explication que l'on donne de cette dernière circonstance, qui paraît paradoxale, *le recul négatif,* n'est pas très-satisfaisante; il y a même beaucoup d'ingénieurs qui nient le fait.

Nous avons déjà dit, à l'occasion du pas, que, à égalité de vitesse, l'utilisation décroît, sans aucune exception, lorsque le pas augmente; à ce résultat, sur lequel tout le monde est d'accord, il faut ajouter, ainsi que nous l'avons déjà fait observer à l'égard du nombre d'ailes, que le rendement le plus considérable paraît avoir été obtenu avec les hélices à 4 ailes, dont le pas égale le diamètre.

Enfin, il paraît résulter aussi d'expériences nombreuses, faites sur une grande échelle, que l'effet utile varie proportionnellement à la puissance $\frac{5}{12^e}$ de la vitesse multipliée par le complément du recul. Ce résultat, très-remarquable, peut se mettre sous la forme suivante :

$$E = KV^{\frac{5}{12}} \times (1 - \rho)$$

Dans cette expression K est un coefficient donné par l'expérience, V est la vitesse du navire, et ρ est le recul.

Quoi qu'il en soit, et bien que dans certaines circonstances exceptionnelles on soit arrivé à un rendement de 0,80 pour l'hélice, on admet aujourd'hui que le rendement moyen de ce propulseur est compris entre 0,60 et 0,70, soit 0,65.

151. Emplacement et nombre des hélices. — L'expérience a fait reconnaître que l'hélice devait être de même métal que le doublage de la carène : en fer ou en fonte, si le doublage est en fer; en bronze, métal qui se rapproche le plus du cuivre, si le doublage est en cuivre. L'emplacement des hélices est toujours à l'arrière du bâtiment. En général, on n'emploie qu'une hélice par navire; pourtant, lorsque les bâtiments sont à faible tirant d'eau, comme dans le cas des batteries flottantes, on est obligé, pour obtenir une fraction de surface suffisante, d'en placer deux : l'une à droite, l'autre à gauche de la quille, sous les façons arrière du bâtiment. Mais ce sont là des cas que l'on peut regarder comme tout à fait exceptionnels.

Dans le cas, le plus ordinaire, d'une seule hélice, elle occupe sur l'avant du gouvernail un trou rectangulaire appelé *cage de l'hélice.* La figure 84 fait comprendre la disposition de la cage de l'hélice, ménagée dans le massif arrière du bâtiment. Les hélices sont généralement montées, aujourd'hui, en porte à faux, disposition que représente la figure ci-jointe. L'arbre est terminé par une partie, de plus petit diamètre, qui entre juste dans le moyeu de l'hélice. Une clavette *c* traverse le moyeu et l'arbre, de manière à établir une liaison complète entre ces deux pièces; et, enfin, quelquefois un écrou *e* se visse sur l'extrémité de l'arbre, qui, à cet effet, est fileté et déborde le moyeu.

La figure 84 représente aussi comment l'arbre de l'hélice repose tout près du propulseur, sur un coussinet CC, en bronze garni de

Fig. 84.

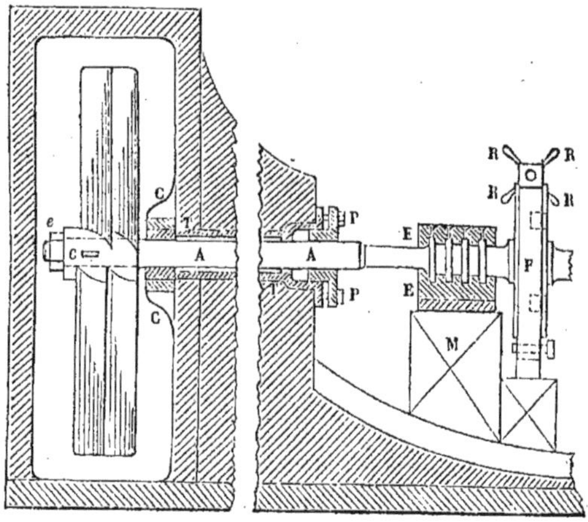

gaïac, et entre dans le navire, en traversant le tube T d'étambot, duquel il sort, à l'intérieur, en passant par le presse-étoupe PP de l'hélice, dont le but est de s'opposer à l'introduction de l'eau dans la cale. Enfin, la même figure représente la disposition du palier principal EE, qu'on nomme palier de butée, et du frein F, qui vient immédiatement après.

A son entrée dans le tube d'étambot, l'arbre de l'hélice est muni d'une enveloppe en cuivre pour éviter l'oxydation, et vient reposer, en sortant du presse-étoupe, sur le *palier de butée*, dont voici les principales dispositions. Ce palier se compose d'une série de cannelures circulaires, parallèles entre elles, et perpendiculaires à l'axe du palier. Dans ces cannelures s'emboîtent des collets, faisant corps avec l'arbre de l'hélice, en même nombre que les cannelures; ces collets tournent dans les rainures, comme autant de tourillons séparés, et transmettent simultanément toute la poussée de l'hélice, au bâtiment, par l'intermédiaire du palier de butée fixé sur le massif M, qui le supporte.

Immédiatement après le palier de butée, l'arbre porte une grande poulie en fer F, à gorge plate, embrassée par deux mâchoires circulaires susceptibles d'être rapprochées graduellement, à l'aide d'une vis manœuvrée par des leviers R, de manière à développer un frottement capable de s'opposer au mouvement de rotation de l'arbre de l'hélice. Cette poulie à frottement F constitue le frein dont on va bientôt reconnaître l'utilité.

152. **Ligne d'arbres; manchon d'embrayage; vireur; joint de raccord mobile.** — La partie de l'arbre de l'hélice, comprise à partir de l'hélice même jusqu'au palier de butée, peut être considérée comme le premier tronçon de la ligne d'arbres, dont la figure 85 nous présente les diverses autres parties.

Fig. 85.

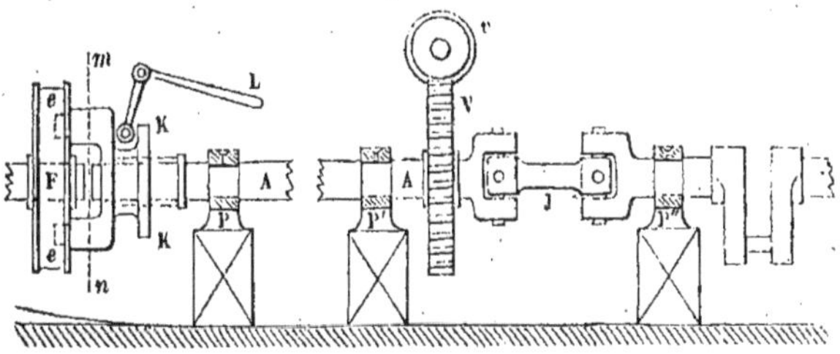

L'arbre est interrompu en *mn*, immédiatement après la poulie F du frein dont il vient d'être question au numéro ci-dessus. Cette poulie porte deux entailles *ee*, dans lesquelles viennent s'engager les dents d'un *manchon d'embrayage* K. Ce manchon, que l'on manœuvre à l'aide du levier L, peut courir le long de l'arbre de couche, tout en subissant pourtant le mouvement de rotation de ce dernier, qui porte, à cet effet, deux clavettes longitudinales, à section carrée, lesquelles pénètrent dans deux cavités longitudinales correspondantes, pratiquées dans le manchon d'embrayage.

Le tronçon d'arbre, qui porte le manchon d'embrayage, est supporté par deux paliers P et P' établis sur des massifs correspondants, qui reposent eux-mêmes sur la quille du navire. L'extrémité de ce tronçon porte, après le palier P', une grande roue dentée V engrenant avec une vis sans fin *v*. Cet ensemble constitue ce qu'on appelle *le vireur*, dont l'objet est de faire tourner, à l'aide des bras, la machine à froid, lorsque cette manœuvre est nécessaire, soit pour procéder à la réparation du mécanisme, soit pour faciliter le démontage de l'hélice. Enfin, ce second tronçon se relie avec l'arbre même de la machine, à l'aide d'un organe appelé *joint brisé* ou *joint de raccord mobile* J, dont nous allons parler tout à l'heure.

Les figures 84 et 85 font suffisamment comprendre les accessoires d'installation de la ligne d'arbres, qui sont, en résumé : le tube de l'arbre et son presse-étoupe; le palier de butée; le frein; le manchon d'embrayage; le vireur et le joint brisé. Il nous reste à donner quelques détails relatifs au presse-étoupe, au palier de butée et au joint brisé.

Le presse-étoupe PP est composé, comme les presse-étoupes ordinaires, d'un *serre-joint* et d'une boîte à étoupe fixée sur le massif arrière du navire, ou vissée sur le tube de l'arbre. La figure 84 n'en représente que les dispositions les plus générales; aussi, nous devons ajouter que cette pièce exige un soin tout spécial dans sa construction et dans son installation; car une cassure ou un dérangement quelconque, auquel on ne pourrait pas remédier de suite, occasionnerait évidemment une voie d'eau, dont il serait presque impossible de se rendre maître. Il existe plusieurs systèmes de presse-étoupe que nous ne pouvons que mentionner, mais qui, tous, doivent permettre l'addition, ou le renouvellement, au besoin, des tresses à l'entrée de la boîte.

Le palier de butée EE est la partie fixe du navire sur laquelle l'hélice exerce sa poussée lorsqu'elle fonctionne. Le genre de palier que l'on emploie presque exclusivement aujourd'hui porte le nom de *butée à collets*. Il est généralement installé, ainsi que l'indique la figure 84, très-près du massif arrière. Nous en avons déjà donné une description succincte au numéro précédent; il nous reste à ajouter que l'arbre porte ordinairement 8 à 10 collets, qui viennent s'appuyer tous ensemble, et à peu près également, sur la butée; de cette manière, la poussée de l'hélice se trouvant être répartie sur une grande surface, il résulte : que, bien que le frottement total reste le même (car (39) le frottement est indépendant de l'étendue des surfaces), les échauffements sont ainsi prévenus, et que l'usure est amoindrie. En effet, la pression est beaucoup moins grande en chaque point, et, d'ailleurs, les surfaces frottantes sont antifrictionnées, c'est-à-dire revêtues du métal *Babbit* (39).

C'est à M. Mazeline que l'on doit, non-seulement la première idée, mais encore l'application du palier à butée, dont il fit usage en 1847.

Le joint brisé ou joint de raccord, placé ici entre le vireur et le palier P″, est un organe essentiel qui a pour objet de satisfaire *à l'arc* que peut prendre le navire; de telle sorte que la ligne d'arbres à gauche n'en soit pas nuisiblement affectée, et se relie à l'arbre moteur de la machine sans qu'il y ait à craindre ni fatigue ni échauffement, malgré la dénivellation qui peut avoir lieu. Il existe plusieurs systèmes de joint de raccord; celui que nous prenons pour exemple, et dont la figure 86 a pour but de faire comprendre la disposition et le jeu, est appliqué sur la machine du vaisseau *le Friedland*. Par le fait, cet organe est ici double, et la figure ci-contre représente seulement l'un des joints.

On voit, en résumé, que le joint en question se compose de deux mâchoires B et B′, fixées, l'une sur la portion A de l'arbre de couche, l'autre sur la portion A′. Ces deux mâchoires, en forme de fer à cheval, sont reliées entre elles à l'aide de la pièce intérieure CC, qui porte quatre boulons, *b*, *c*, *d*, *e*. Ces quatre boulons sont fixés à demeure dans cette pièce CC; mais il faut bien comprendre que les boulons *b* et *c* représentent, par rapport à la mâchoire B, dans laquelle ils pénètrent, deux tourillons autour desquels cette mâchoire B et, par conséquent, l'arbre A peuvent se mouvoir. Comme la même chose a lieu pour la mâchoire B', relativement aux boulons *d* et *e*, il en résulte, finalement, que la ligne d'arbre peut notablement dévier de sa direction pendant le mouvement de la machine, sans que l'économie du système souffre de cette déviation, qui pourrait avoir lieu d'une manière incessante.

Fig. 86.

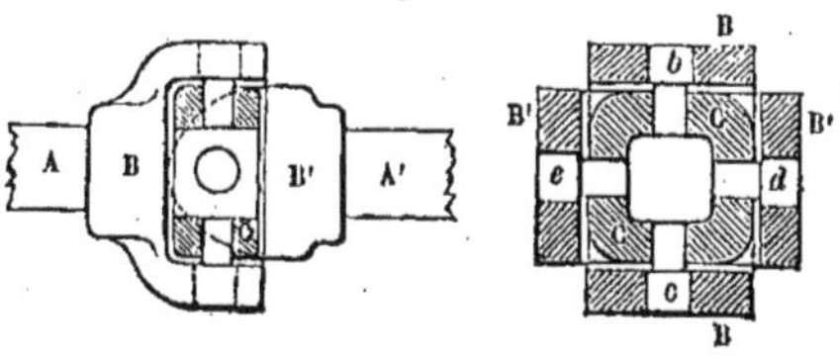

A tous ces accessoires, il faut ajouter une forte poulie ordinaire à gorge, en fonte ou en tôle, que nous n'avons pas représentée figure 85, mais qui généralement est fixée sur l'arbre de l'hélice tout contre la poulie du frein, avec laquelle elle peut faire corps. Cette poulie, dite *poulie de la marche à bras,* a pour but de faire tourner l'hélice, désembrayée, à l'aide de l'équipage, et avec assez de vitesse pour que le navire se meuve. A cet effet, la gorge de la poulie reçoit une corde sans fin, qui va s'enrouler sur l'un des cabestans, et, de cette manière, on a pu obtenir, dans certaines circonstances, des vitesses de 1 nœud $^1/_2$ à 2 nœuds.

153. Divers moyens de neutraliser la résistance de l'hélice. — Dans la marche à la voile seule, il est important de pouvoir neutraliser l'action de l'hélice, qui, sans cela, présenterait une résistance toujours nuisible au sillage. A cet effet, trois moyens se présentent, savoir :

1° L'*affolement* de l'hélice ; 2° sa disposition derrière l'étambot, en maintenant ses ailes verticales, lorsqu'elle est à deux ailes simples ou doubles ; 3° le remontage de l'hélice à bord, lorsqu'elle est *amovible.*

A l'aide du manchon d'embrayage, on obtient l'indépendance de l'hélice, et, par suite, son affolement, qui lui permet de tourner dans l'eau pendant la marche à la voile ; et, de cette manière, l'on amoindrit la résistance que produirait son immobilité. Avec des sillages de 10 à 12 nœuds, l'expérience a démontré que l'hélice affolée n'occasionne qu'une résistance presque insensible ; mais il n'en est pas de même pour des sillages de 3 ou 4 nœuds, car, alors, l'action de l'eau sur le propulseur n'étant pas assez considérable pour le faire tourner, il demeure immobile, et la résistance qu'il produit devient notable.

Lorsque l'affolement est insuffisant, et que l'hélice est à 2 ailes, on emploie alors le procédé qui consiste à masquer le propulseur derrière l'étambot. Ce procédé est, sans contredit, le plus pratique et le plus rapide.

Enfin, lorsque l'hélice est *amovible,* c'est-à-dire montée sur un tronçon d'arbre nommé *porte-hélice,* que supportent deux paliers d'un cadre en fer ou en bronze, que l'on peut hisser à bord, dans un puits ménagé à l'arrière du bâtiment, après avoir préalablement disjoint le porte-hélice de la ligne d'arbres intérieure, on procède à la manœuvre, qui consiste à remonter à bord le cadre et l'hélice. Alors le navire devient un navire à voile ordinaire, et aucune résistance ne peut influencer sa marche.

Mais, l'inconvénient d'un tel système, qui nécessite à l'arrière du bâtiment une longue ouverture, laquelle diminue nécessairement la solidité de la coque; l'emmanchement particulier du porte-hélice, et les difficultés inhérentes au remontage de l'hélice, font que l'on abandonne, de plus en plus, les hélices amovibles, pour s'en tenir simplement aux hélices fixes à deux branches.

154. Influence de l'hélice sur le gouvernail et sur le loch. — Lorsque l'hélice tourne de manière à faire avancer le bâtiment, on comprend, *a priori*, qu'elle favorise l'action du gouvernail, car alors elle projette l'eau sur le safran. Il résulte de là qu'un navire à hélice tourne plus court qu'un navire à roues. Mais, dès que la machine est arrêtée, le navire ne gouverne plus, ou gouverne mal, tant à cause des ailes du propulseur qui masquent le gouvernail, qu'à cause du large vide qui se trouve en avant de lui, et qui fait que l'action des filets liquides n'a plus lieu comme dans le cas d'un navire ordinaire, où ce vide n'existe pas. Il est donc important de tenir compte dans les manœuvres de cet inconvénient des hélices, et d'y remédier en faisant fonctionner l'hélice très-doucement, de telle sorte qu'elle ne fasse que glisser dans l'eau, en suivant pour ainsi dire les filets liquides, sans produire d'impulsion sensible au navire.

Le mouvement de l'eau en arrière, produit par l'hélice, influence aussi les résultats que fournit le loch, et fait qu'il accuse des vitesses trop grandes. C'est par suite de cet effet, que l'on a soin, à bord des navires à hélice, de doubler la longueur de la *houache*, afin de soustraire le loch à l'action du propulseur.

155. Aperçu relatif aux dynamomètres Taurines. — Pour terminer cette rapide étude sur l'hélice, nous ne saurions mieux faire que de dire quelques mots de la méthode présentée et appliquée par M. le professeur Taurines, et dont l'objet est de déterminer *l'utilisation*. Cette méthode, dégagée de toute hypothèse, est la seule qui, faisant la part des constructeurs, de la machine, du propulseur et du navire, éclaire chacun d'eux en particulier sur la valeur de son travail, et peut servir, au besoin, à juger les contestations qui peuvent surgir.

Les appareils de M. Taurines sont de deux sortes : l'un, qu'il appelle *dynamomètre de rotation,* a pour but de mesurer directement le nombre de kilogrammètres transmis à l'arbre de l'hélice ; l'autre, qu'il nomme *dynamomètre de poussée* ou *héliçomètre*, mesure directement la poussée de l'hélice et la résistance du navire.

Nous n'entreprendrons point de décrire ici ces appareils dans leurs détails de construction et d'installation, nous nous bornerons à faire comprendre les principes sur lesquels ils reposent.

Parlons d'abord du dynamomètre de rotation.

Si nous imaginons l'arbre de l'hélice interrompu en un endroit convenable, ainsi que nous l'avons déjà supposé en *mn* (Figure 85), et si nous concevons, en outre, que la partie attenante à la machine soit liée au tronçon qui porte l'hélice, à l'aide d'un système de ressorts suffisamment forts pour transmettre le mouvement, sans rompre, *tout en fléchissant d'une manière appréciable*, on comprendra facilement que, quel que soit ce système, on puisse noter la déformation des ressorts, et mesurer leurs flexions variables à l'aide de courbes analogues à celles que fournit l'indicateur de Watt (131). Dès lors, on conçoit que l'on obtiendra, même d'une manière permanente, des diagrammes qui permettront de connaître l'effort moyen et effectif de la machine sur l'arbre de rotation, à l'endroit même que l'on aura choisi. En multipliant donc cet effort moyen, ainsi déterminé, par le chemin circulaire que parcourt son point d'application (22), on obtiendra évidemment le travail que développe la machine sur l'arbre de l'hélice.

Quant à l'héliçomètre, supposons, en outre, que la ligne d'arbres soit encore interrompue immédiatement après le palier de butée (du côté de la machine), et que, malgré cette interruption, l'arbre moteur puisse entraîner, dans son mouvement de rotation, l'arbre de l'hélice, tout en lui permettant un léger mouvement de va-et-vient dans la direction de l'axe. On réalise pratiquement ces conditions en faisant en sorte : d'une part, que le palier de butée qui recevra toujours directement la poussée de l'hélice soit rendu indépendant du massif M qui le supporte, et puisse courir en avant et en arrière dans le sens de l'axe; et d'autre part, en reliant les deux tronçons au moyen d'un système très-simple et très-solide de deux manivelles doubles articulées à leurs extrémités par des menottes à boutons sphériques qui permettent le déplacement longitudinal de l'arbre de l'hélice, tout en l'entraînant circulairement. Quoi qu'il en soit de ce système de liaison, dont le jeu est facile à comprendre, à l'inspection de l'appareil Taurines, si l'on imagine actuellement que le palier de butée soit relié, en des points convenablement situés, à l'arrière du navire, à l'aide d'un système de ressorts analogues à ceux du dynamomètre de rotation, on aura l'idée de l'héliçomètre, et l'on comprendra facilement que la poussée moyenne puisse être mesurée à l'aide de diagrammes fournis par l'instrument, et que, finalement, en multipliant cette poussée par l'avance du navire, on obtienne l'utilisation.

Le principe, de transmettre le travail d'un arbre moteur à un arbre résistant, par l'intermédiaire de ressorts, afin de mesurer ce travail, pour ainsi dire au passage, sans interrompre le fonctionnement de la machine, était connu depuis longtemps. Indiqué, pour la première fois, par M. Coriolis, en 1827, ce principe a été mis en application par M. Poncelet et surtout par M. le général Morin, pour remplacer le frein de Prony. C'est même en faisant usage d'un des appareils de M. le général Morin que M. Taurines fit, en 1848, ses belles expériences sur les hélices, et c'est ainsi qu'il eut l'occasion d'étudier la dynamométrie et de lui donner l'extension qu'elle était loin d'avoir alors. Tous les appareils dynamométriques les plus perfectionnés, construits jusqu'à cette époque, n'étaient aptes qu'à mesurer, péniblement, des puissances de quelques chevaux; car la pierre d'achoppement était de confectionner des ressorts réunissant à la fois la puissance et une flexibilité suffisante, sans laquelle toute mesure devient impossible. Des recherches mathématiques de l'ordre le plus élevé conduisirent M. Taurines à vaincre cette difficulté qui paraissait insurmontable : *une grande puissance et une flexibilité non moins grande*. Les premiers résultats de ses recherches produisirent les appareils dynamométriques appliqués sur les machines du *Primauguet*, de 400 chevaux nominaux; plus tard il construisit des dynamomètres pour l'*Elorn*, et, enfin, pour le vaisseau l'*Impérial*, dont la machine est de 1,200 chevaux nominaux, un héliçomètre complet dont les ressorts supportèrent sans broncher toutes les épreuves de la graduation à terre, et ensuite toute la série des essais à bord pour l'admission en recette.

Les expériences du *Primauguet* et celles de l'*Elorn* ont fourni des renseignements précieux relativement aux coefficients de rendement. Aussi, de l'avis de tous les hommes compétents, il serait bien à désirer, sans parler du dynamomètre de rotation, que beaucoup de navires de guerre fussent munis simplement d'un héliçomètre, appareil essentiellement marin, qui permet par tous les temps d'obtenir, sans hypothèses préalables, *l'utilisation effective*, dont la grandeur est, en définitive, le but final de la mécanique navale.

CHAPITRE VII.

Entretien de la machine et des chaudières au port et à la mer. — Approvisionnements et rechanges. — Avaries et réparations.

156. **Entretien des machines au port.** — Lorsque le navire est au port ou au mouillage pour un temps assez long, il importe de prendre certaines précautions que l'on peut résumer ainsi :

1° Bien fermer toute les prises d'eau à l'extérieur du navire; visiter le presse-étoupe de l'hélice; ouvrir les robinets de purge des cylindres, ceux des condenseurs, des reniflards des pompes à air, etc...

2° Essuyer les pièces lorsqu'elles sont encore chaudes, les nettoyer, garnir de chanvre les côtés des coussinets, les trous des godets, les tiges des pistons, etc., afin d'empêcher l'introduction de corps étrangers dans toutes les articulations et entre les pièces frottantes.

3° Visiter tout le mécanisme pièce par pièce; changer les garnitures des boîtes à étoupe ou seulement les serrer.

4° Nettoyer la machine périodiquement, et chaque jour, si faire se peut.

5° Visiter et graisser les mouvements qui pendant la marche sont accidentellement ou habituellement lubrifiés avec de l'eau; visiter aussi les petits mouvements situés dans les parties basses de la machine.

6° Changer la position des pistons dans les cylindres au moins tous les huit jours, en virant aux roues, ou, au moyen du vireur, s'il s'agit d'une machine à hélice.

7° Manœuvrer tous les jours les tiroirs, les valves de détente, les registres et en général tous les obturateurs.

8° Entretenir la cale des machines dans le plus grand état de propreté possible, en la lavant et la séchant fréquemment.

9° Nettoyer souvent à l'extérieur les crepines de prise d'eau.

10° Hisser l'hélice, si elle est installée à cet effet, la nettoyer; s'il s'agit d'un navire à roues, démonter les aubes à l'occasion.

11° Enfin garantir tout l'appareil de la pluie et, surtout, de l'eau provenant du lavage et du briquage du pont.

157. **Entretien des chaudières au port.** — De même que la machine, les chaudières exigent, pour être conservées en bon état d'entretien, des soins journaliers que l'on peut résumer comme suit :

1° Après l'extinction des feux prévenir, par tous les moyens possibles, le refroidissement subit de l'appareil afin d'éviter, par suite du retrait brusque du métal, la gerçure des tôles, la disjonction des coutures et, surtout, celle des rivures des tubes. Vider les chaudières, au moyen de la pompe à bras, lorsqu'elles sont suffisamment refroidies, sans attendre toutefois qu'elles soient tout à fait froides, afin d'éviter les dépôts de sels qui ne manqueraient pas de se former. Cela fait, les sécher à l'intérieur en déterminant un courant d'air par le moyen de diverses ouvertures.

2° Extraire les dépôts salins adhérents aux surfaces de chauffe, mais avec précaution, afin d'éviter de produire des ébranlements sur les tubes, ce qui pourrait donner lieu à des fuites dans les plaques à tubes.

3° Enlever la suie et les cendres dans les passages de la flamme et de la fumée; fermer le haut de la cheminée, à l'aide d'une calotte étanche, afin de préserver l'intérieur des chaudières de la pluie.

4° Visiter et nettoyer les grilles.

5° Faire manœuvrer souvent les soupapes de sûreté, les soupapes d'arrêts et les soupapes atmosphériques.

6° Enfin, préserver de l'oxydation l'extérieur et l'intérieur du générateur, en employant, la peinture au minium ou au gris de zinc, pour l'extérieur, et l'assèchement pour l'intérieur.

158. **Entretien des machines et des chaudières à la mer.** — La conduite des machines marines en marche exige aussi beaucoup de soin et beaucoup de précautions, que nous résumons ainsi qu'il suit :

1° Economiser le combustible, en brûlant les escarbilles autant que faire se peut; n'extraire de la chaudière que la quantité d'eau nécessaire pour maintenir le degré de saturation convenable.

2° Ne jamais forcer la vaporisation outre mesure, sauf dans les cas urgents, et ne pas allumer tous les fourneaux, dans un but d'économie, lorsqu'on veut obtenir simplement la vitesse de régime de l'appareil.

3° Veiller constamment à la pression, à l'alimentation et aux extractions.

4° Eviter de jeter de l'eau froide sur les parties basses des chaudières, lorsqu'on nettoie les fourneaux ou lorsqu'on éteint les feux.

5° S'assurer fréquemment de l'état et de la quantité de combustible dans les soutes, et faire en sorte de consommer d'abord celui qui a été embarqué en premier lieu.

6° Veiller à ce que la vapeur ne se perde pas par les joints et les presse-étoupe.

7° Maintenir un bon vide dans le condenseur.

8° Empêcher les articulations, coussinets, etc., de s'échauffer, en maintenant le serrage de ces divers organes à un degré convenable, et en graissant et huilant, d'une manière permanente, les surfaces frottantes.

9° Débarrasser, préalablement et avec le plus grand soin, les huiles et les suifs de tous les corps durs et des matières étrangères qui peuvent s'y trouver accidentellement.

10° Eviter les chocs dans les mouvements, et se tenir toujours prêt à stopper la machine ou à renverser son mouvement.

159. **Approvisionnements et rechanges.** — La nomenclature détaillée de toutes les matières qui sont nécessaires pour la conduite et l'entretien des machines marines, se trouve contenue dans le règlement d'armement en vigueur dans la marine impériale; mais il convient de donner un résumé très-succinct des principales matières qui sont embarquées.

En fait de matières de première nécessité, l'approvisionnement comprend particulièrement :

Charbon en roche : de 96 à 120$^{kil.}$ par vingt-quatre heures de marche et par force de cheval.

Huile et suif pour graisser les mouvements : de $0^k,80$ à $1^k,20$ par chaque tonneau de charbon embarqué.

Coton et laine filée pour les godets graisseurs.

Torons et chanvre pour les presse-étoupe.

Etoupes ou chiffons pour le nettoyage de la machine.

En fait de matières pour réparations, l'approvisionnement comporte, d'une manière générale : du *fer* en cornière, en barre, en tôle; de l'*acier* en barre; du *cuivre* en planche et en barre; de l'*étain*, du *plomb*; enfin, toutes les matières nécessaires pour faire du mastic pour les joints des tuyaux et des parties fixes : telles que *minium, huile de lin, blanc de céruse, limaille de fonte, sel ammoniac*, etc., etc...

Quant à l'outillage indispensable il se compose : d'une *forge* et de ses accessoires, de *limes*, de *marteaux*, de *ciseaux*, de *burins*, de *bascules à percer*, d'*étaux*, de *clefs assorties* pour les boulons et les écrous, de *crics*, de *palans*, de *leviers*, etc., etc....

Enfin, les pièces de rechange à embarquer sont particulièrement : des *coussinets*, des *clapets*, des *pistons à vapeur* et des *pompes à air*, des *boulons de tuyautage*, des *clavettes*, des *aubes* et des *crochets*, des *tubes en cuivre pour chaudière*, des *tubes en verre pour les niveaux d'eau*, des *supports de grille* et des *barreaux de grille*.

160. **Avaries et réparations.** — On désigne par le nom d'*a-*

varie tout accident qui nécessite une réparation immédiate pour que la machine puisse continuer à fonctionner. Il nous serait impossible de donner ici la nomenclature complète de toutes les avaries qui peuvent se produire, tant dans les pièces mobiles que dans les œuvres mortes qui composent une machine à vapeur marine. Une telle nomenclature exigerait un volume entier sur cette matière, et encore ne pourrait-on procéder que par des exemples, car il n'y a pas de règles absolues à établir pour la manière d'effectuer ces réparations qui dépendent du temps, du personnel, de l'outillage, des matériaux dont on peut disposer, ainsi que de la partie de la machine où l'avarie se produit. Mais on peut établir une classification assez nette des avaries qui peuvent se présenter, et donner, en tout cas, des préceptes généraux que l'on doit observer en pareille circonstance.

On peut ranger en trois catégories distinctes les avaries qui peuvent se produire dans les machines marines, savoir :

1° Les avaries de détail qui ne portent que sur des dérangements minimes dans le mécanisme, et que l'on peut réparer complétement avec les moyens du bord :

Coussinets ou tourillons grippés; tiges faussées; clapets de pompe et de condenseur brisés ou déchirés; tuyaux crevés; fuites dans les coutures ou dans les tôles des chaudières; tubes des chaudières, fendus ou brûlés; rayons des roues faussées; soupapes de sûreté faussées, etc...

2° Les avaries dans des pièces qu'il faut immédiatement remplacer par une pièce de rechange, si le navire en est pourvu; mais que, dans le cas contraire, il faut réparer, ou à laquelle il faut suppléer par une installation provisoire :

Rupture partielle ou complète dans *les pistons, les balanciers, les bielles, les tiges du piston, les colliers d'excentriques, les tiroirs, les coussinets, les paliers*, etc., etc...

3° Les avaries majeures, sans probabilité de réussite avec les moyens du bord :

Rupture complète *des arbres de couche, des manivelles, des tourillons de balanciers, des soies ou tourillons de manivelles, des cylindres à vapeur, etc. Déchirement sur une grande étendue des tôles de la chaudière, affaissement des fourneaux*, etc...

Lorsqu'une avarie se produit pendant la marche d'une machine, il est évident que la première mesure à prendre est de stopper, et de mettre bas les feux si l'avarie porte sur les chaudières.

Dans certaines circonstances, où une avarie majeure, que l'on ne saurait réparer par les moyens du bord, vient à se produire, il peut se faire que l'on puisse néanmoins continuer à fonctionner. Ainsi, par exemple, s'il s'agit d'une machine à deux cylindres et que l'avarie porte sur une seule machine, on peut supprimer complétement la machine avariée, en dételant sa grande bielle de sa manivelle, puis, en séparant les tiroirs de leurs renvois de mouvement, marcher provisoirement avec un seul cylindre. Avec l'hélice, grâce à la rapidité du mouvement de rotation, la suppression d'une des machines n'altère pas notablement la régularité de la marche de l'appareil.

Dans d'autres circonstances, bien qu'une avarie majeure se soit produite dans l'une des machines, on peut quelquefois continuer provisoirement à marcher, en transformant la machine avariée en machine atmosphérique (Introduction n° III). C'est ainsi, par exemple, que si un couvercle ou un fond de cylindre vient à être brisé sans qu'on puisse absolument remédier à cette rupture, en enlevant la pièce brisée et en condamnant l'orifice situé du côté de cette pièce, on introduira la vapeur d'un seul côté du piston et l'on aura ainsi une machine atmosphérique que l'on pourra substituer, sans trop de désavantage, à la machine avariée.

De même, s'il s'agissait d'un condenseur mis hors de service par une cause quelconque, on pourrait, si d'ailleurs la chaudière fonctionnait à une tension suffisante, marcher, sans condensation, avec la machine avariée, en ne changeant rien au régime de l'autre machine. A cet effet, on enlèverait le piston de la pompe à air, et, bouchant hermétiquement le trou du couvercle, la vapeur, qui s'échappe du cylindre, se rendrait du condenseur dans la bâche et s'évacuerait, au dehors, par le tuyau de décharge que l'on prolongerait au besoin d'une manière convenable au-dessus de la flottaison.

Il va sans dire qu'en transformant ainsi une machine avariée en machine sans condensation, le jeu de la pompe alimentaire, qui prend son eau dans la bâche, est supprimé, et qu'il faut avoir recours à un moyen supplémentaire pour l'alimentation des chaudières; soit le petit cheval ou la pompe à bras, si les pompes alimentaires qui restent sont insuffisantes pour desservir tout l'appareil évaporatoire.

Nous nous bornerons à ces exemples d'avaries, et nous ajouterons simplement : qu'avec du fer et de la tôle de dimensions convenables, et qu'avec l'outillage ordinaire dont sont munis les navires à vapeur de l'Etat, le mécanicien peut faire réparer convenablement à bord, à l'aide d'hommes d'une adresse moyenne comme ouvriers en métaux, les avaries des deux premières catégories; et qu'au besoin, à terre, on peut, en construisant une forge et un ventilateur assez puissant, tenter avec quelque chance de succès, la réparation des avaries de la troisième catégorie. C'est ainsi que M. Ortolan, actuellement mécanicien principal de la marine impériale, a pu réparer l'arbre à vilebrequin de l'aviso le *Grand-Bassam* (machine oscillante de 40 chevaux) complétement rompu à la partie qui porte la manivelle du côté de bâbord.

TABLE ANALYTIQUE DES MATIÈRES.

INTRODUCTION ET PLAN DE L'OUVRAGE.

PREMIÈRE PARTIE.

NOTIONS ÉLÉMENTAIRES DE MÉCANIQUE ET DE PHYSIQUE.

PREMIÈRE SECTION.

Notions de mécanique.

CHAPITRE PREMIER. — DU MOUVEMENT. — DES MOTEURS. — DES FORCES ET DE LEUR TRAVAIL.

CHAPITRE II. — GÉNÉRALITÉS SUR LES MACHINES. — ORGANES PRINCIPAUX. — PRINCIPE DE LA TRANSMISSION DU TRAVAIL. — RENDEMENT D'UNE MACHINE. — RÉSISTANCES NUISIBLES.

DEUXIÈME SECTION.

Notions de physique.

CHAPITRE PREMIER. — ÉQUILIBRE DES FLUIDES. — ATMOSPHÈRE.

CHAPITRE II. — DE LA CHALEUR ET DE SES PROPRIÉTÉS.

DEUXIÈME PARTIE.

MACHINES A VAPEUR MARINES.

PREMIÈRE SECTION.

Production de la vapeur.

CHAPITRE PREMIER. — DE LA COMBUSTION ET DES COMBUSTIBLES.

CHAPITRE II. — LOIS DE LA FORMATION DE LA VAPEUR.

Pages

CHAPITRE IV. — CONDENSATION ET ALIMENTATION.

CHAPITRE V. — DIVERS MODES D'EMPLOI DE LA VAPEUR. — PUISSANCE MÉCANIQUE DES MACHINES.

CHAPITRE VI. — DES PROPULSEURS; ROUES A AUBES ET HÉLICES.

CHAPITRE VII. — ENTRETIEN DE LA MACHINE ET DES CHAUDIÈRES AU PORT ET A LA MER. — APPROVISIONNEMENTS ET RECHANGES. — AVARIES ET RÉPARATIONS.

FIN DE LA TABLE ANALYTIQUE DES MATIÈRES.

16210 PARIS. — Typographie de RENOU et MAULDE, rue de Rivoli, n° 144.

www.ingramcontent.com/pod-product-compliance
Ingram Content Group UK Ltd.
Pitfield, Milton Keynes, MK11 3LW, UK
UKHW031845260826
14628UKWH00002B/592

9 782014 034103